全球传播

Global Communication

陈 阳 ⊙著

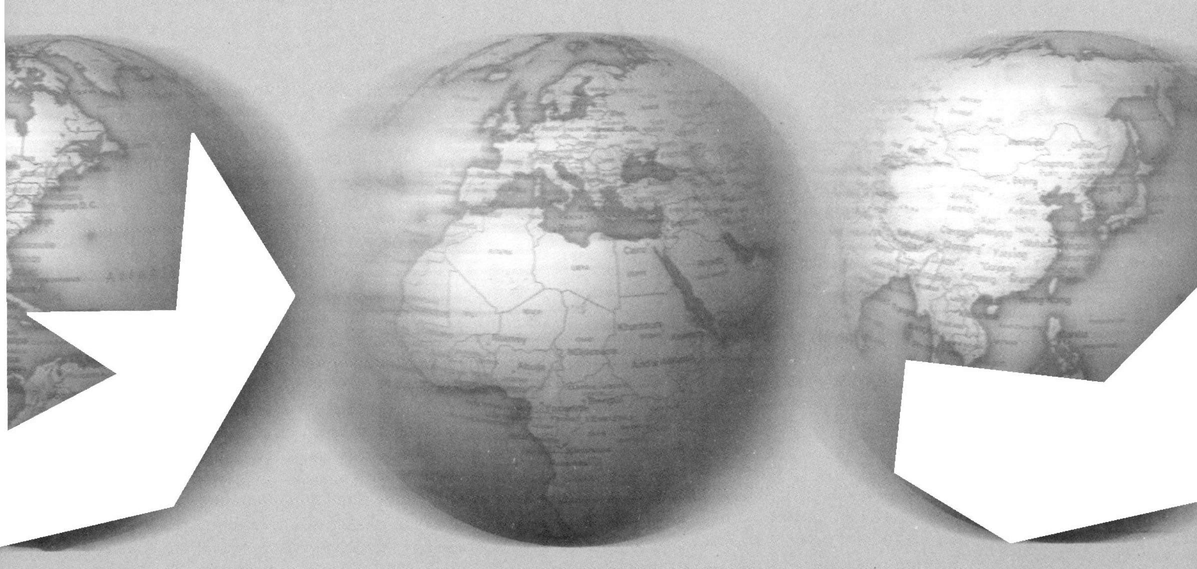

图书在版编目(CIP)数据

全球传播/陈阳著. —北京:北京大学出版社,2009.9
ISBN 978 -7 -301 -15733 -6

Ⅰ.全… Ⅱ.陈… Ⅲ.传播学 - 高等学校 - 教材 Ⅳ.G206

中国版本图书馆 CIP 数据核字(2009)第 167033 号

书　　　名:全球传播
著作责任者:陈　阳　著
责 任 编 辑:张盈盈
标 准 书 号:ISBN 978 -7 -301 -15733 -6/G·2663
出 版 发 行:北京大学出版社
地　　　址:北京市海淀区成府路 205 号　100871
网　　　址:http://www.pup.cn　电子邮箱:ss@pup.pku.edu.cn
电　　　话:邮购部 62752015　发行部 62750672　编辑部 62765016
出版部 62754962
印　刷　者:北京大学印刷厂
经　销　者:新华书店
730 毫米×980 毫米　16 开本　14.75 印张　267 千字
2009 年 9 月第 1 版　2009 年 9 月第 1 次印刷
定　　　价:24.00 元

目　录

第一章 全球化及其相关概念

无论我们是否喜欢"全球化"这个概念,也无论我们对全球化现象持什么态度,毫无疑问的是,全球化已经来到了我们身边,我们正身处一个全球化的社会之中。书店里谈论全球化的书籍铺天盖地,对它的评价有褒有贬,然而我们谈论全球化的园地——装修气派的书店、互联网、英语等等——都是全球化的产物。过去三十年中国所经历的改革开放,也是一个加速全球化发展的过程,在这一过程里我们有得有失,也不能阻止我们正视全球化这一基本事实。作为发展中国家的一员,我们对全球化的疑虑,大都集中在它起源于西方、经由西方(有时不是那么令人愉快的强行)推广而来到中国这一点上,然而,全球化全然是"纯洁的"舶来品吗?在这一进程中,美国和西欧执牛耳,发展中国家不能发出自己的声音吗?发达国家的优势地位和发展中国家的弱势地位一直如此吗?事实并非如此。历史学家发现,1800 年前后,全球白银产量的一半经由美洲和欧洲最终流向亚洲,欧洲和亚洲的贸易结构性逆差说明了当时的亚洲在经济上处于领先地位,直至 19 世纪末期,西欧和美国才逐渐超过亚洲成为世界经济中心。如果在全球化进程里,国家的地位可以转换,那么应该怎么看待国家当前的"弱势"地位?除经济发展外,民族国家是理解全球化问题的另一把钥匙,因为全球化更加直接挑战了国家权力,相对而言,个人的收获更多一些。关于全球化的问题太多,我们需要从它最基本的定义入手。什么是全球化?人人都在用这个词,然而关于它的定义,各有各的说法。

第一节 全球化概念

一、什么是全球化?

在现代汉语里,"全球化"是一个外来语。在英语世界里,"globalization"一词的历史并不长,"global"一词已有 400 余年历史,而"globalization"、"globalize"、"globazling"等词语直到 20 世纪 60 年代才被词典收录,成为正式用语。

1961 年出版的《韦氏词典》是第一本提供“globalism”（全球主义）和“globalization”这两个概念的主流词典。[①]

然而，在 90 年代之前，主流词典对“globalization”的解释并不十分符合当下我们的理解。1991 年出版的《牛津新词语辞典》（*Oxford Dictionary of New Words*, p. 133）将“global”（全球的）列为一个新英语词汇，强调它可以用于“环境保护专门术语”，同时还把“全球意识”（global consciousness）定义为“接受（和理解）本人自己的文化以外的文化，并常常作为对世界社会经济问题和生态问题的评价的一部分”，很显然，这一定义局限了全球化及其相关现象的研究视野。[②]

直至 20 世纪 80 年代初期，英语学界仍未给予全球化研究太多关注。作为形容词使用的“global”时有出现在文章里，1985 年，美国匹兹堡大学社会学系罗兰・罗伯森（Roland Robertson）教授发表了社会科学界第一篇“全球化”出现在标题里的英文学术论文[③]，1992 年，他又出版了第一本使用“全球化”做标题的专著。[④] 此后，关于全球化现象的研究快速增长，有关论文、专著和教科书也越来越多。

学者们尝试着从不同角度来定义全球化，这里列出具有代表性的几个定义。

> 全球化指的是世界范围内社会关系的强化，它联系了遥远的地方，使得本地发生的事情受到遥远地方出现的事情的影响，反之亦然。
>
> ——吉登斯[⑤]
>
> 全球化指的是世界各个部分之间正在增加的相互联系性（interconnectedness），这个过程产生了互动和相互依赖的复杂形式。
>
> ——汤普森[⑥]
>
> 作为一个概念，全球化既指世界的压缩，又指将世界视为一个整体这种

① 参见 Malcolm Waters, *Globalization*, London: Routledge, 2001, p. 2。

② 参见罗兰・罗伯森：《全球化：社会理论和全球文化》，上海人民出版社 2000 年版，第 12 页。

③ 参见 Roland Robertson, “The Relativization of Societies: Modern Religion and Globalization”, in T. Robbins, W. Shepherd, and J. McBride, eds., *Cults, Culture, and the Law*, Chicago: Scholars, 1985。早在 1983 年，罗伯森曾发表过一篇关于全球化的论文，但他使用了“globality”这个用法，考虑到罗伯森在早期全球化研究里的重要地位，如果他坚持使用“globality”，也许今天我们会更多地讨论“globality”而不是“globalization”，关于这篇文章，参见 Roland Robertson, “Interpreting Globality”, in his *World Realities and International Studies*, Glenside: Pennsylvania Council on International Education, 1983。

④ 参见罗兰・罗伯森：《全球化：社会理论和全球文化》，第 12 页。

⑤ 参见 Anthony Giddens, *The Consequence of Modernity*, Cambridge: Polity, 1990, p. 64。

⑥ 参见 John B. Thompson, *The Media and Modernity: A Social Theory of Meadia*, London: Blackwells, 1995, p. 149。

意识的强化。

——罗伯森[①]

全球化是一个社会过程，其中地理对于经济、政治、社会和文化因素的限制消失，而且人们越来越意识到了它们正在消失并据此展开行动。

——沃特斯[②]

可以看出，以上定义各有千秋，它们的共同之处是将全球化视为一个压缩或收缩的社会过程，这一点，正是加拿大学者麦克卢汉对全球化研究的贡献之一。早在1960年出版的《传播的探索》(*Exploration in Communication*)一书中，麦克卢汉首次提出了“地球村”(global village)的概念，由于世界范围内交通和电子传播网络(电报、广播和电视)的迅速发展，空间距离已经不再是障碍，信息在全球范围内自由流动，居住在遥远地方的人重新走到一起，聚集成一个地球村，这其中，广播和电视的现场直播使得全球居民能够实时共享相同的媒介产品，从而带来相同的经验和体验。在一个没有卫星电视和互联网、越洋电话费用昂贵、彩色电视在世界大多数地区并未普及的时代，麦克卢汉就预言人类社会将进入地球村时代，不能不让人佩服他的远见。

然而，从最基本的定义入手，全球化就是一个纷争不断的研究领域。吉登斯曾经将全球化争论区分为三个阶段，第一个阶段争论全球化作为一种社会现象是否存在，此后进入第二个阶段，不再追问全球化是否存在，而是问它的后果是什么，他认为我们目前已经进入了第三个阶段，即讨论全球化所带来的负面后果以及我们能够利用全球化做些什么。但是，吉登斯本人并没有明确区分作为一种现象的全球化和全球化现象所引起的后果，他指出，本地发生的事情受到了遥远地方发生的事情的影响，反过来，遥远地方发生的事情也受到了本地发生的事情的影响，这很明显指的是全球化所造成的后果。

吉登斯和汤普森都提到了世界范围内相互依赖关系的增强，罗伯森比他们更前进了一步，提出了全球化是将世界视为一个整体这种意识的强化，意识而不是社会关系，成为罗伯森研究全球化的切入点，沃特斯的定义也继承了这一点，简言之，吉登斯和汤普森忽视了文化和文明在全球化过程中的意义。社会关系往往具备外在的正规化形式，并伴以一整套社会规范和制度，具有客观属性，然而意识存在于人的头脑中，变动更多，内涵也更复杂，主观性更强。罗伯森的定义将更多社会现象纳入全球化研究的视野之中，具备更大的灵活性，对于媒介研

① 参见罗兰·罗伯森:《全球化:社会理论和全球文化》,第11页。

② 参见 Malcolm Waters, *Globalization*, p.5。

究而言,罗伯森关于全球化的定义提供了更广阔的视角。看报纸、看电视、上网这些媒介接触活动每天都在普通受众身上发生,放下报纸、关掉电视和电脑之后,普通受众更有可能继续自己的日常行为,而不是寻求立刻将从媒体上获知的信息运用于改变现有生活,因此,在日常生活里,较之更具正规化形式的社会关系、相互依赖、相互联系、社会互动等等行为的表现,临时性的、暂时性的观念和意识的转变,其表现形式更多样,内容更丰富。所谓媒介效果,从时间顺序来看,首先是受众观念转变,其次是社会行为和社会角色变化。

我们必须承认,世界每个部分、每个角落涉入全球化的程度不同,如果以社会关系和相互联系来衡量全球化,很有可能造成以量化指标来测量每个国家和地区的全球化涉入程度,而忽视了难以量化的普通人的观念和意识。比如,一个人认为自己是全球公民,然而他所在国家的全球化程度并不高,那么他的说法有意义吗?

关于全球化后果的争论,从来没有停止。这些争论中,一个最基本也是最激烈的论题是:全球化会带来同质化还是异质化后果?按照吉登斯和汤普森的定义,社会关系在世界范围内越强化,相互依赖和联系越多,那么全球化的程度越高,然而,更高程度的全球化一定等同于“更好的”全球化吗?罗伯森和沃特斯没有回答将世界视为一个整体并据此而展开行动的后果这个问题,而是留下了足够开放的空间让我们讨论。

任何定义都难以十全十美。从另一个角度来看,罗伯森和沃特斯也因为太过灵活和开放而存在模糊之处。按照他们的观点,只有人们意识到了全球化这一现象,才能说人类社会进入了全球化时代;如果人们没有意识到自己身处全球化进程之中,那么怎么研究全球化现象呢?

自从人类出现在地球上那一刻开始,不同人群之间的交流(包括令人不愉快的武力战争在内)就从来没有中断过,可以说,人类社会的发展史也是人类加强交往的历史,那么,作为一种现象的全球化是从什么时候开始出现的呢?很明显,全球化是一个伴随近代资本主义发展而出现的社会现象,必须有明确的时间起点。罗伯森和沃特斯忽视了制度化的社会实践和社会关系,也忽视了社会实践与特定话语之间的动态联系。

二、全球化要素

从经济角度,全球化被视为各种生产要素在世界范围内自由流动从而造成经济活动在世界范围内相互依赖的过程。从技术角度,全球化被视为通讯科技的进步克服地理空间的限制而造成信息自由流动的过程。从资本主义发展的角度，全球化被视为资本主义在全球范围内扩张所造成的后果。从与现代性的关系来看，全球化被视为西方现代性全球扩张的后果。

不同的认识角度决定了我们对于全球化的定义很难达成一致。本书认为，全球化是一个包含多个层面的变动着的社会过程，它最好被理解为一个多维度的、不均衡的、多元化的社会过程，其中若干要素值得我们注意。

1. 时间和空间维度

吉登斯和罗伯森讨论全球化时，都提到了"世界的压缩"这一现象。另一位学者戴维·哈维(David Harvey)在谈到现代社会变迁时也提出了"时空压缩"(time-space compression)概念。他认为，不同社会培养了完全不同的时空感受。在前现代社会，交通技术不发达，人们的活动距离有限，战争、瘟疫和饥荒又使得"到远方去"这一拓展行动空间的活动充满风险和不确定性，对时间和空间的理解往往与具体地点联系在一起，然而，"通过时间来消灭空间"(annihilation space through time)是现代资本主义社会的特征之一。在16世纪英国工业革命刚开始的年份，最快的交通工具是马车，每小时平均时速16公里，到了所谓的晚期资本主义时期即20世纪60年代，喷气式飞机的时速达到每小时1000公里以上，而进入21世纪，最快的飞机时速可以达到每小时8000公里以上。伴随通讯技术的进步，伦敦与纽约之间的三分钟电话成本从1930年的300美元(按1996年的美元值)降到了今天的1美元(*Economist*,1997年10月18日)。在现代生活里，随着我们花费在跨越空间距离上的时间急剧缩短，空间收缩成为麦克卢汉所预言的"地球村"，迫使我们重新感受和表达对时间和空间的理解。

除了交通工具的改进，其他因素也影响了人们对于时空概念的理解。这些事件包括：

——15世纪开始的环球航海旅行和地理大发现，以及日心说取代地心说，使得人们的视野从自己身边的乡镇拓宽到浩瀚无际的宇宙，人类第一次具备了世界性和全球性的眼光，开始绘制世界地图，不再依据宗教信仰来幻想世界的地理空间；

——出于方便旅行和探险的目的，人们发明了经纬度地理坐标，空间能够被测量，长途旅行有了可预测的标准单位；

——机械钟表的出现和流行推广了标准化的时间制，真实的时间是从不间断的，然而滴答作响的机械钟表"切割"了时间，使得人们能够精确度量时间，受制于机械的节奏，守时和节约时间成为美德，人们的行动越来越精确；

——格利高里历法(公历)的普及使得时间脱离了社会经验，不同地区的人能够步调一致、统一行动(只有这样，公元2000年才成为一个全球事件)；

——印刷术的改进促进了知识的普及和识字率的提高,以前人们必须聚集在同一时空下才能相互交流,如今我们可以随身携带印在纸上的知识,跟不同空间和时间里的人交流;等等。

总之,空间越来越容易被控制,空间的重要性在下降,我们不再局限于生活在一个很小的传统乡村里,通过全球旅行和探险来体验其他文化,也越来越容易,因此,在全球化时代里,我们不再依赖特定地点和固定社会关系来为自己的活动寻求坐标。生活在北京这所越来越具有国际化色彩的都市,我们可能并不知道距离自己 100 公里以外的河北某乡村发生了什么事情,但我们更有可能知晓距离北京上万公里以外的纽约和伦敦发生了什么事情。传统社会里,人际关系的亲疏很大程度上依靠地理距离,然而,在现代社会里,空间对于人际联系的深度和广度的影响越来越弱。

报纸、铁路和电报使得分散各地的人们开始共同关心一些感兴趣的话题,电子媒体更加速了时空压缩过程。20 世纪 50 年代,广播开始直播异域发生的事件,80 年代开始,电视通过通讯卫星进行直播,异域的社会生活栩栩如生地展现在电视屏幕上,使得屏幕前的观众足不出户就能实时体验不同空间下的生活。即使彼此之间毫不认识、毫无联系,来自世界各地的人也能进行有意义的互动,比如完全陌生的人一起收看世界杯和奥运会、自发组织环保运动来反对污染环境的大公司等等。

在哈维看来,时空压缩强调社会实践的暂时性和多变性,"一切坚固的东西都烟消云散了",现代生活失掉了秩序感,由此带来了紧张、惊恐、迷惘和崩溃感。他断言:"我们就这样逼近了核心的悖论:空间障碍越不重要,资本对空间内部场所的多样性就越敏感,对各个场所以不同的方式吸引资本的刺激就越大。结果就是造成了在一个高度一体化的全球资本流动的空间经济内部的分裂、不稳定、短暂和不平衡的发展。集中化与分散化之间在历史上有名的紧张关系,现在以各种新的方式产生出来了。"①

任何时候,我们都需要时间和空间维度来为自己的活动确立参照系,否则,就无法理解自己的经验和社会生活。既然在全球化时代里,对空间和时间的理解发生了变化,那么很显然,我们将重新认识自己和社会生活,重新表达自己的感受,并由此引起一系列的政治、社会和文化后果。不可想象的是,如果没有统一的时间制和历法,如果没有标准化的经纬度坐标,不同文化背景、不同时空背景下的人能够相互交流。

---

① 参见戴维·哈维:《后现代的状况》,商务印书馆 2003 年版,第 410 页。

2. 关系维度

时空压缩加强了我们在经济、生态、文化等方面的联系，全球化的另一个特征是相互联系和相互依赖程度的增强。社会学家卡斯特尔(Manuel Castells)认为，知识和信息的发展已经推动我们进入网络社会(network society)。国家、跨国公司、社会运动、市民组织、社会群体、个人之间的相互联系和依赖程度增强，形成密集的跨国交流网络，这些网络冲破了业已确立的地区疆域和传统的产业区分，突破了经济和文化限制。网络社会改变了我们的思维方式，意味着新型社会的来临，如果一个地区不能跟其他地区联结起来形成网络，那么这个地区将被抛弃和遗忘。根据联合国贸易发展会议发布的《2001 年世界投资报告》显示，2000 年，全球外国直接投资(FDI)达到创纪录的 14 110 亿美元，而且发达国家、发展中国家、转型期国家三类经济体都实现了增长。2006 年，印度吸收了 160 亿美元的外国直接投资，比前三年的总和还多。

美国能源战略与中国猪肉价格[①]

2007 年是猪年，这一年我国猪肉价格上涨幅度较大，"猪"成了猪年最值钱的动物。造成国内猪肉涨价的重要原因之一，是国际市场上粮食饲料成本价格暴涨。

2006 年 1 月，国际市场玉米价格大约为每吨 90 美元，到了 12 月，上涨到每吨约 150 美元，2007 年 12 月，上涨到每吨约 180 美元，连续上涨的趋势直接导致我国国内市场价格提高，2007 年 12 月，国内玉米创下每吨 1800 元的历史高位。

进入 21 世纪之后，国际市场上石油价格持续上涨，美国大力发展代替石油的生物能源，以玉米为原料的燃料乙醇需求量增大，2007 年美国燃料乙醇消耗了国内玉米总产量的 20%，预计 2008 年将消耗国内玉米总产量的 25%。美国是全球最大的玉米生产国和出口国，其产量占全球产量的 40% 以上，美国出口减少和国内需求增加直接导致了国际市场玉米价格上涨。

玉米是生猪饲养业最主要的饲料之一。玉米涨价带动了生猪饲养成本上升，2007 年全国各地猪肉价格从每公斤 14—15 元左右涨到 22—25 元左右，涨

① 资料来源：中国新闻网 2007 年 12 月 24 日、《经济观察报》2007 年 6 月 9 日、新华网 2008 年 6 月 18 日。

到了过去十年来的最高峰,老百姓纷纷大呼“吃不起肉”。

同时,玉米价格上涨导致玉米种植面积增加,相应地,其他粮食作物种植面积减少,产量降低,又引起了其他粮食作物价格上涨。自 2005 年至 2008 年春天,世界主要粮食价格已上涨 80%。2008 年春天,国际市场上,大米价格达到 19 年来最高,小麦价格创下 28 年来最高。仅 2008 年头两个月,世界主要粮食价格就上涨了 9%。从 2002 年至 2008 年共 6 年时间内,根据世界银行报告,国际粮食价格总体水平涨幅达 140%,其中,发达国家开发生物燃料的政策推动粮价上涨 75%,而肥料价格上浮只让粮价涨了 15%。

有人批评这种现象是“发达国家的汽车和贫穷国家的人民争夺口粮”。玉米、小麦、大豆等粮食作物价格暴涨引起了一些国家的动荡,越南、埃及和印度先后宣布暂停大米出口以维持国内供应,墨西哥和印尼老百姓上街抗议粮食价格暴涨,21 个非洲国家宣布发生粮食危机。世界银行警告 33 个国家由于粮食价格高涨而可能面临社会动荡。

随着不同地区相互依赖程度的增强,全球开始面对一些共同问题,比如生态和环境保护、公共健康、移民、失业、贫富两极分化、跨国犯罪、国际资本流动、种族冲突、战争等等。在高度压缩的全球化时代,我们的行为会影响远方的陌生人,同样,远方陌生人的行为也会影响我们。全球问题也许产生于特定地区,但它需要多个国家和组织合力解决,其原因在于,造成这些问题的原因已经超越了民族国家的界限或单个公司的解决能力。

禽流感:全球流行病即将爆发?①

禽流感本来是一种主要流行于鸡之间的烈性传染病,对人类并无伤害,1878 年首次在意大利爆发,受感染的鸡百分之百死亡。时隔 100 年后,1997 年我国香港报告了全球首宗人类感染禽流感的病例,在随后的数周内,共有 18 人感染禽流感病毒,其中 6 人死亡,香港特区政府出动紧急措施,宰杀全港所有鸡只并

① 资料来源:新华网 2008 年 3 月 13 日、新浪网 2009 年 6 月 24 日、搜狐网 2009 年 6 月 24 日“禽流感疫情”专题。

补偿鸡农，有效地遏制了病毒的流行。2003年开始，禽流感突然袭击荷兰、比利时、中国内地、泰国、越南、美国、加拿大、印尼、印度、埃及、罗马尼亚、哥伦比亚等地。

冬季一般是流感的爆发时期，2005年秋季世界卫生组织发出警告，高致命性的禽流感病毒可能是1918年导致5000万人死亡的大流感后最可怕的一次全球医疗和健康危机，在现有医疗水平下，人禽流感一旦爆发，估计至少740万人可能因此死亡。

禽流感的可怕，在于它的高死亡率，截至2008年3月，全球已有352个人感染禽流感病例，其中219人死亡，死亡率超过60%，在部分地区，它的死亡率甚至超过70%。禽流感病毒已经发生变异，随季节迁徙的候鸟成为病毒的携带者和传染源，然而试图控制候鸟、打破千年以来的迁徙规律是不可能的，候鸟迁徙更是打破了国家之间的界限，因此，禽流感这样的重大流行病只能由国际合作来解决，即使发达国家已经有效解决了本国的禽流感问题，只要有一个穷国没有采取有效的措施控制禽流感，迁徙的候鸟依然会将病毒传向世界各地，使富国抗击禽流感的努力功亏一篑。

世界银行、世界卫生组织、联合国等国际组织积极行动起来，向需要援助的国家提供贷款、医疗器械和人员，协调行动。但是，国际合作充满了矛盾和冲突。防治流行病需要大量的资金，据估计，全球对抗禽流感需要12亿美元，相比禽流感一旦爆发将会带来至少8000亿美元的损失，防治费用不算太高，然而广大第三世界国家没有资金来有效对抗禽流感，发达国家争先恐后地储备相关药物和医疗资源，加剧了第三世界国家药物短缺的局面。而且，禽流感至今没有有效的防治疫苗和抗疾病药物，某些发达国家和跨国医药集团拥有最先进的研发技术，然而他们开发出的疫苗和药物受到知识产权保护，不可能无偿或低价提供给受害最严重的第三世界使用。第三世界国家感染人数和死亡人数最多，从已感染和死亡的人身上分离病毒，是研发疫苗的关键步骤，然而第三世界国家由于得不到低价药物，不愿意让发达国家和跨国集团在自己国家内任意采集病毒标本。一方面，全球合作开发疫苗和药物迟迟不能实现，另一方面，病毒变异的速度远远超过现有医疗技术能够应付的局面，如此就会造成新的疫苗刚研制出来，病毒已经变异，疫苗失效的后果。

在全球流行病的面前，世界各国必须团结一致、通力协作、共渡难关，才能将疫情的危害程度降至最低。

"文化"是当代最难以定义的概念之一。一般地,我们认为文化是某个特定社会里特定群体共同拥有的一套观念、知识、习俗和生活方式的总称。在前现代社会,个人主要通过家庭、家族和社区来学习文化,然后,再通过战争、航海、贸易、宗教、通婚等方式将自己的文化扩散到其他社会里去。文化品位意味着阶级地位的差异,高雅文化被特权阶级垄断,属于"下等人"的文化被认为是低级趣味。

随着全球化的发展,文化互动增多,文化以前所未有的速度在扩散,不同文化之间的边界正在变得模糊,文化间的融合和混杂越来越普遍。我们比以往任何时代都更容易接触到大量外来文化,获取外来文化的成本越来越低,电子媒体的实时直播和栩栩如生的画面加深了外来文化的影响。早在 1990 年,在给《理论、文化和社会》杂志的全球文化专题所写的导言中,英国学者迈克·费舍斯通(Mike Featherstone)就提出了全球文化——即文化在全球范围内的持续互动和交流——这一概念,认为各地文化间的相互联系(interrelatedness)程度在增加。

然而,在文化交流中,本土文化总是面临外来文化的冲击,依托本土文化的体验由此被挑战,并引起对外来文化的怀疑甚至排斥。目前在关于文化全球化的各种争论中,一个基本的争论是:文化全球化究竟会带来多元化还是单一性?就文化交流的数量来看,西方发达国家尤其是美国无疑占据绝对优势。发展中国家对这一现象忧心忡忡,担心自己的独特文化会被侵蚀和消失,从而丧失多元性的文化,因此产生了"文化帝国主义"、"文化侵略"、"媒介帝国主义"、"保护民族文化"、"世界信息传播新秩序"等等讨论(关于这一点,我们在第五章会有详细介绍)。

文化全球化现象:哈利·波特个案①

1997 年,英国作家 J. K. 罗琳推出哈利·波特系列小说第一部《哈利·波特与魔法石》,2007 年,推出第七部也是最后一部《哈利·波特与死亡圣器》。10 年间,哈利·波特系列小说被译成 64 种语言,在全世界 200 多个国家销量达到 3.25 亿册,成为有史以来销量第三名的书籍,仅次于《圣经》(25 亿册)和《毛主席语录》(8 亿册),这是世界文学史上一个绝无仅有的奇迹。无论在哪个国家,

① 资料来源:百度百科、维基百科"哈利·波特"辞条。

每一部哈利·波特小说刚推出时，都是畅销书榜上的常客，而且几乎席卷各大畅销书榜的第一名。第七部（仅仅是英文版）曾经创下首次发行一天之内卖出300万册的全球图书新书销售纪录。

2003年，中国参与了第五部小说全球同步首次发行，引进的5000本英文版三天之内脱销，虽然每本书售价178元人民币，也丝毫不能阻挡中国哈迷们的热情。戴着眼镜、骑着扫帚的哈利·波特在全球掀起一股魔法旋风，被认为是继米老鼠、史努比和加菲猫以来，史上最成功的儿童偶像。

除了罗琳自己创作的系列小说，各地哈迷们自发地撰写和出版了与哈利·波特相关的图书，如《哈利·波特百科全书》、《哈利·波特完全宝典（麻瓜必读）》、《大魔法师咒语书》等等。《哈利·波特明信片》、《哈利·波特填色书》、《哈利·波特贴画书》也成为书店的畅销书。

由小说派生出的相关产品也引起阵阵热销。2001年，《哈利·波特与魔法石》电影上映，全球票房收入超过9亿美元，在电影史上最卖座影片中列第三位。截至2008年，前六部小说都被拍成电影，每部影片全球票房收入都超过7亿美元，预计全部7部影片的全球总票房将可能突破100亿美元。目前全球最卖座的20部影片里，有5部是哈利·波特系列影片。

美国时代华纳公司买断了哈利·波特的电影版权和商品经营权，后者的收入完全可能超过票房收入。100多家公司向时代华纳购买特许经营权，涉及2000多种商品，包括饮料、服装、药品、游戏等等，为时代华纳带来数十亿美元的收入。当《哈利·波特与魔法石》上映时，市场上已经出现哈利·波特文具盒、飞天扫帚、魔法帽等500多种玩具与文具。据称时代华纳公司还打算建造哈利·波特主题公园，把它打造成跟迪士尼乐园一样驰名的主题公园。

哈利·波特系列小说的出版，使其作者罗琳从一个靠政府救济金生活的穷作家，一举成为世界最富有的作家，据估计，哈利·波特系列小说平均每个单词带给罗琳的收入将超过1000英镑，名副其实的一字千金。

2007年7月21日，第七部《哈利·波特与死亡圣器》出版，这一事件被美国《时代周刊》评为当年世界十大新闻，居第四位。

你也许没有看过哈利·波特系列小说，没有看过电影，甚至可以说自己讨厌这个魔法男孩，但是你千万不要说自己从来没有听过哈利·波特，否则那只能说明你孤陋寡闻。

3. 组织维度

全球化的主要参与者包括跨国公司（TNCs）、政府间国际组织、国际非政府组织（INGOs）、国际旅行者、国际移民、跨国行动者等等。

跨国公司是全球化的主要推动力量，也是全球化经济的主要载体。正是由于资本追逐利润的本性，才导致了大公司冲破国家界限，到能够带来最多利润的地区开展经济活动，实现了从国内市场到世界市场的转变，由此将世界各个角落联系在一起。跨国公司进行经济活动，其目的是为了获取利润，而不是发展国家建设和实现国家利益，因此，在世界很多领域，跨国公司与民族国家在目标和行动上都存在着差异和矛盾，有时这也是导致世界动荡不安的根源之一。假如把超大型跨国公司和国家按经济实力排序，那么全球最大的经济实体有一半是跨国公司，一半是民族国家。2007 年，全球最大的跨国公司美国沃尔玛公司年营业收入为 3511 亿美元，与 2006 年世界各国国民生产总值相比，沃尔玛排在第 22 位。

跨国公司与我们的日常生活：美国孟山都公司[①]

美国孟山都（Monsanto）公司是全球第二大农业化工公司和头号生物工程公司，在全球有 17 000 名员工，占据了世界转基因农作物 80% 的市场份额。

在生物技术领域，孟山都公司一直走在世界前列。2000 年 4 月 6 日，孟山都公司向包括中国在内的 101 个国家申请一项有关高产大豆及其栽培、检测的国际专利，一口气提出了 64 项专利保护申请，长达 90 页的英文专利申请书详细说明了专利保护范围，其中包括：与控制大豆高产性状的基因有密切关系的“标记”（marker，生物学术语，指一段 DNA 序列）；生产具有高产性状的栽培大豆的育种方法；所有被植入这些“标记”的其他转基因植物（如大麦、棉花和土豆）；等等。

如果这些专利获得批准，今后，育种专家进行科学实验时，农民进行栽种时，如果所使用的大豆含有孟山都公司拥有专利权的“标记”，那么必须支付专利费，其他国家的大豆出口将受到限制。

由于中国对动物和植物品种不授予专利，所以这项申请没有取得专利。欧

① 资料来源：《南方周末》2001 年 10 月 25 日。

洲专利局也没有批准这项专利,并且进一步于2007年撤销了1994年批准的孟山都公司另一项大豆转基因专利,理由是这项专利不够创新。美国批准了这项专利并延续至今。

孟山都公司继续在全球其他国家就自己的种子和生物技术申请专利。如果中国大豆的出口国保护孟山都公司对高产大豆“标记”的专利权,那么中国大豆出口商将面临侵权诉讼和贸易制裁。

孟山都公司的做法引起绿色和平组织等国际非政府组织的强烈抗议,理由是这项垄断性的专利权将影响大豆的育种研究,垄断全球大豆种子市场,威胁地球生物多样性。抗议者认为,超大型跨国公司为了自己的利益而正在危害整个人类的生存环境,现有生物及基因是全人类的共同遗产,不能成为私人财产。但是孟山都公司认为,只有以专利保护的形式,才能确保生物技术公司的权利,从而推动生物技术的研究和应用。

今天,十家跨国企业控制了32%的全球种子市场,并完全拥有转基因种子市场,同时控制全球化肥和农药市场。会不会有一天,我们只能吃到由少数超大型跨国公司提供的种子生产出的粮食、蔬菜和水果?

无论对跨国公司是喜爱或憎恨,我们都应该正视它们强大的力量,在全球化进程中出现的一个新现象是,跨国公司的母国并非总是发达国家,来自新兴国家的跨国公司开始走上世界经济舞台:

——俄罗斯天然气工业股份公司:拥有世界上最长的天然气输送管道,为欧洲提供天然气进口量的四分之一。

——韩国三星电器:2001年品牌价值63亿美元,在全球消费电子和家用电器行业领域列第二位,17万名员工分布在世界68个国家和地区。

——中国联想公司:2005年收购美国IBM公司的个人电脑业务并将总部迁往美国。

——巴西航空工业公司:仅次于波音公司和空中客车公司的世界第三大民用飞机制造商,120座级以下支线喷气客机的全球最大生产商。

——埃及奥拉斯科姆电信公司:2001年击败法国电信公司买下阿尔及利亚一张手机运营牌照,目前为阿拉伯世界第四大移动运营商。

这些全球化的新面孔将给未来全球经济带来怎样的影响,让我们拭目以待。

在日益增加的国际交流中,政府间国际组织在规范国家行为、协调国家间冲突等方面扮演着十分重要的角色。19世纪,欧洲出现了国际河流委员会,协调河流沿岸各国的交往。19 世纪后半期,出现了国际电信联盟(1865)、万国邮政联盟(1875)等国际行政联盟。第一次世界大战后,出现了第一个一般性政府间国际组织——国际联盟。第二次世界大战后,联合国成立,这是迄今为止最重要的国际组织。目前,政府间国际组织既包括全球性的(如世界卫生组织和世界气象组织),也包括地区性的(如欧洲联盟和阿拉伯国家联盟),既有综合性组织(如联合国),也有专门性组织(如国际红十字会和国际奥委会)。而且,各个国际组织间合作密切,在业务和信息方面有机联系在一起,形成以联合国为中心的国际组织网络,联合国与 18 个专门性的政府间国际组织建立了非隶属关系,其中 16 个被称为联合国专门机构。① 截至 2004 年,我国参与了 6297 个国际组织,其中包括 234 个政府间国际组织。

1945 年,《联合国宪章》使用了“非政府组织”(NGO)一词,指不根据政府间协议建立的国际组织。1968 年,非政府组织在联合国体系中获得咨询地位,由此促进了非政府组织的飞速发展,目前有 2000 多个非政府组织在联合国体系内拥有咨询地位,有 1500 多个非政府组织同联合国公共信息部建立了工作联系。2002 年,在联合国组织的世界可持续发展全球会议上,参与的非政府组织多达 3500 多个。据估计,目前全世界范围内大约有 40 000 多个国际非政府组织,其活动范围遍及商业、政治、环保、女权、体育、劳工、扶贫、教育、卫生医疗等,然而需要指出的是,并非每一个国际非政府组织的活动范围都是全球。1997 年,联合国秘书长安南向第 52 届联合国大会提交的工作报告中,将“国际非政府组织的迅速发展”列为影响全球发展的八大因素之一。非政府组织在国际事务中的主要活动包括对政府行为和政府间国际组织的活动进行监督、参与执行政府间国际组织的项目、影响政府间国际组织的决策过程、从事咨询和信息活动、在不同利益冲突角色之间充当调解人等等。在很多国家,非政府组织是社会运动的重要组织者和参与者。

旅游业是仅次于石油业和汽车业的全球第三大产业。根据世界旅游组织的统计数据,2007 年,跨国游客总数达到创纪录的 9 亿人次,直接旅游总收入超过 8000 亿美元。跨国旅游是一个晚近现象。地理大发现和环球旅行为国际旅游业开拓了路线,工业革命带来的大众普遍富裕为旅游业奠定了物质基础。“外出”(day out)这一概念直到 19 世纪才出现在英语里,在当时,国际旅行是贵族

① 这 16 个联合国专门机构是:国际电信联盟,国际劳工组织,世界卫生组织,世界气象组织,世界知识产权组织,国际货币基金组织,世界银行,国际开发协会,国际金融公司,万国邮政联盟,联合国粮食及农业组织,联合国教育、科学及文化组织,国际民用航空组织,国际海事组织,国际农业发展基金,联合国工业发展组织。另外两个政府间国际组织是国际原子能机构和世界贸易组织。

和经济精英的专利，出国旅行被看成是生活富裕和闲暇时间充足的象征。20世纪60年代，喷气式飞机大规模投入民用，直接造成国际旅游成本降低，而且旅行速度更加快捷，从那时起，国际旅游成为很多国家重要的国民收入来源之一。对旅行者而言，出国旅游能够使他们身临其境体会异国文化，开拓眼界，增长见识，与目的国进行直接交流，给心灵带来巨大冲击。跟外国游客面对面，对本地人来说，也是一次巨大的心灵冲击，本地人将自己跟外国人区分开来，这也是一个重新认识自己和塑造身份认同的过程。为了吸引更多外国游客，入境国往往改造本国传统文化，打出"民族牌"，将地方文化包装成特色商品，兜售给外国游客。因此，国际旅游联系了地方和全球、入境国和出境国、经济和文化，是全球化进程的一个重要组成部分。

2005年，国际移民的数量大约在2亿人左右，占世界总人口的3%，11个发达国家接收了40%的国际移民①，这些国际移民大致包括合法移民、非法移民、难民等等。跟我们普遍认为的相反，国际移民并非母国里最穷的人，国际移民需要家庭海外关系、资金和人际关系，二战后，国际移民的趋势是从南方迁到北方，从穷国迁到富国，从前殖民地迁往前宗主国。21世纪以来，随着发达国家移民政策收紧，合法移民数量减少，非法移民数量增多，美国是全球第一大移民接收国，目前每年进入美国的非法移民超过合法移民，据估计其数量在900万至1300万之间。国际移民既有积极影响，也会造成负面后果。对母国来说，移民汇款是国民收入的重要组成部分，2005年全球移民汇到母国的款项高达2250亿美元，2007年菲律宾海外劳工汇款达114亿美元，占国内生产总值的10%，伴随汇款而来的，是新知识、新技能、新管理手段，这些都将促进母国经济发展。然而，另一方面，国际移民造成人才流失，接收国往往只对熟练工人和高科技人才感兴趣，并不参与对人才的培养，留在母国的是最穷的人和最缺乏技能的人，这又加剧了母国的贫穷。对接收国而言，国际移民弥补了劳动力短缺，大量从事本国人不愿意做的高危险和低收入工作，国际移民以年轻人为主，这推迟了接收国人口老龄化的速度；另一方面，国际移民很难在短期内培养起对接收国的文化认同感，对社会整合提出挑战，本国人对移民的歧视又加剧了社会矛盾。接收移民最多的国家，往往是经济最具活力的国家，但也往往是种族冲突严重的国家。

旅游和移民之外，还有很多跨国行动者，他们的目的形形色色：有人受跨国公司委派去往目的国从事经济活动，有些企业主和银行家为了赚取更高利润而

① 参见玛丽—弗朗索瓦·杜兰等：《全球化地图：认知当代世界空间》，社会科学文献出版社2007年版，第22页。

出国实地考察，有人为了赚取非法利润而在黑市上从事非法交易，记者为了采访而出国来到新闻发生的地点，运动员出国参赛，电影演员出国拍片，歌手展开全球巡回演出，建筑师出国参与建筑设计和建造，学者出国参加学术会议和进行学术交流，等等。无论出于何种目的，跨国行动者都把自己的文化传播到了异国，从而加强了全球文化交流。全球化造就了一张网，将世界每个角落、每一个人都联系起来，跨国组织和跨国行动者正是编织这张网的重要推动力量。

三、全球化开始的时间和地点

全球化是一个社会过程，那么它什么时候开始？在哪里开始？关于全球化的出现地点，一般没有争议，普遍认为全球化是从欧洲开始的，伴随西方文明扩张而向世界其他角落扩散。正是由于全球化是起源于欧洲的进程，所以我们当下对它的讨论需要特别警惕欧洲中心论和西方优越感。

关于全球化的开始时间，有几种不同的观点。第一种观点认为，从距今大约10万年前开始，早期智人从非洲大陆向世界其他地区扩散，人类的活动范围越来越大，从原始部落到现代国家，不同地区之间的联系越来越紧密，因此，自从有人类历史起，全球化就开始了。这种观点的批判者认为，它将全球化等同于人类历史，忽视了我们所说的全球化是一个有着特定时间范畴的特定概念，如果全球化真的等同于人类历史，那么为什么直到400多年前，“global”才进入我们的语言？

第二种观点认为，15世纪时，伴随着资本主义的发展，出现了全球化进程。马克思是最早提出这一观点的学者，受他影响的马克思主义学者也大多持这种观点。罗伯森将全球化进程划分为五个阶段①：

（1）萌芽阶段（1400年—18世纪中叶）：重要事件包括格利高里历法流行、日心说、地理大发现和对人性的肯定；

（2）初始阶段（18世纪中叶—19世纪70年代）：重要事件包括民族国家出现、国际协议出现、国际机构发展、民族主义抬头、举办国际博览会，在这一阶段末期，非欧洲国家进入（由欧洲主导的）“国际社会”的问题开始出现；

（3）起飞阶段（19世纪70年代—20世纪20年代）：重要事件包括国际联盟的成立、奥林匹克运动会的举办、诺贝尔奖、时区制和世界时间、大众媒体的影响力上升、第一次世界大战；

（4）争霸阶段（20世纪20年代—60年代）：重要事件包括第二次世界大

① 参见罗兰·罗伯森：《全球化：社会理论和全球文化》，第20页。

战、联合国的成立、冷战、原子弹爆炸；

（5）不确定阶段（20 世纪 60 年代—90 年代）：重要事件包括冷战结束、全球机构和运动在数量上大增、全球流动越来越频繁、全球意识的出现和增强、晚期资本主义社会、核武器扩散、人类实现登月、第三世界的发展、全球性媒体公司的出现。

如果为罗伯森加上第六个阶段，那么从 20 世纪 90 年代开始，全球化进入对抗阶段，主要事件包括世界贸易组织、反全球化运动、原教旨运动、恐怖主义、互联网、媒介融合。

罗伯森的研究立场是站在批判一方的学者，他关于全球化五个阶段的分期被普遍接受，但是我们依然要警惕他的西方中心论思想。他的划分完全参考了西欧（后来加上美国）历史，没有能够从他所倡导的“全球化”视角来对待地球上每个公民都参与的历史。

关于全球化出现时间的第三种观点以吉登斯为代表，他认为全球化是现代性的产物，伴随着 17 世纪以来欧洲现代性向世界扩散而出现了全球化现象。[①] 吉登斯提出，时空分离、脱域机制和对知识的反思性运用是现代性的三股推动力量，这三个方面相互强化，重塑世界范围内的社会关系。时空分离导致了统一的时间制、历法和地理坐标，使得我们能够精确确定时间和空间，为个人与陌生人的互动奠定统一的坐标轴；脱域意味着社会事件和社会关系从特定场所分离出来，从地方环境解脱出来，具有标准化形式的象征符号系统能够在不同环境下进行交换，即使是面对陌生人，个人也能够进行交换，同时个人开始信任专家，哪怕他是个陌生人，这在前现代社会里是不可想象的：这样一来，相距遥远的个人之间能够进行复杂互动，这直接促使了全球化的到来。当代社会已经进入吉登斯所说的“高度现代性”时期，出现了世界社会（a world society），个人面对着已经全球化的社会体制，现代性进入了全球阶段。因此，全球化与现代社会的发展、工业化和物质资源的积累直接结盟，它是现代性的延续而不是中断。

1978 年中国实行改革开放，世界上人口最多的国家开始融入世界经济；1989—1991 年苏联解体、东欧剧变，冷战结束，曾经与西方对立的世界上最大的国家和社会主义阵营在瓦解之后，加入了起源于西欧的全球化进程。有人认为，如果占世界五分之一的人口（中国）和六分之一的土地（俄罗斯）被排斥，那么就不能说我们已经进入了全球化时代，顶多是资本主义阵营内部相互联系加强的国际化，因此，全球化开始于东西方冲突结束后的 20 世纪 90 年代，这是第四种

① 参见安东尼·吉登斯：《现代性的后果》，译林出版社 2003 年版，第 38—45 页。

观点。

四、与全球化相联系的概念

在讨论全球化现象时，我们经常见到一些与此有关的概念，如区域化（regionalization）、国际化（internationalization）、超国化（supernationalization）、美国化（Americanization）、麦当劳化（MacDonaization）、世界主义（cosmopolitanism）、全球主义（globalism）等。这些概念从字面上并不难理解，需要特别说明的是世界主义和全球主义。

世界主义的词根"cosmopolitan"来自两个希腊单词："cosmos"和"polis"。"cosmos"的意思是普遍的，尤其是作为有顺序的整体，而且也是一套有序的观念和所有经验。"polis"的意思是一个城市或国家。"cosmopolis"从字面上来看指的是一个世界城市（a world city），虽然这个意思在古希腊并不存在。"polites"这个词的意思是公民。根据《牛津英语辞典》的解释，一个人宣称自己是"cosmopolitan"，这就意味着他是世界的一个公民，即认为整个世界都是自己母国的人，或没有民族归属或偏见的人、四海为家的人。"cosmopolitan"的引申义还包括"旅行和文化混合带有令人激动的迷人特征"，或"心胸宽广、天主教的、开放心态、彬彬有礼、见识广和精于世故"等等。马克思的著名口号"全世界无产者，联合起来！"，其德文原文为"Proletarier aller Länder, vereinigt euch！"翻译成英文就是"Cosmopolitans of the world，unite！"

世界主义和地方性，被认为是全球化过程的两种表现方式，汤姆林森[①]根据与地方性的关系来定义世界主义，认为它意味着能够同时住在全球和地方里。虽然个人总是居住在某个特定地方里，然而世界主义居民会认为自己是全球居民，他关心的是全球问题，他的行动依据是整个世界而非地方。无论从哪个角度，世界主义都被看成是一种态度、意识、观点。

在西方学术界，世界主义概念由于它的精英主义立场和西方视角而饱受批评，比如法国作家儒勒·凡尔纳笔下"80天环游地球"的主人公英国人福格可能没有太多世界主义意识，而他的印度妻子可能比丈夫更具有世界主义意识，因为她余生的每一天都将在远离祖国几千公里的地方度过。讨论全球化现象时，比世界主义更加中立的另一个概念是全球主义。按照罗伯森的说法，全球主义就是把世界当作单一整体的共同意识。[②] 当我们考虑问题时，从全球立场而非个

① 参见汤姆林森：《全球化文化》，南京大学出版社2002年版，第167页。
② 参见罗兰·罗伯森：《全球化：社会理论和全球文化》，第132页。

人或国家立场出发，将全球当成一个统一整体来考察，并且意识到文化的多样性，力争实现平等交流，那么就可以说，我们具备全球主义意识。但也有人认为，对全球化问题持天命论态度的观点就是全球主义，从这个角度看，全球主义被当做是新自由主义在全球化问题上的代名词，时常受到左翼学者的批评。

第二节 全球化理论

全球化并不是某种单一、严密而系统的理论体系，它是一个理论群，围绕着全球化这一现象，学者们尝试着从不同角度进行解释。

一、全球化理论先驱

工业革命使得原本差异极大的欧洲各国文化开始出现了相似性，空想社会主义学家圣西门提议建立一个全新的泛欧政府，并且通过一本评论杂志《环球》(*Globe*)来宣扬自己的主张。在古典社会学家里，他最早看到了全球化与社会科学之间的联系，他认为，如果没有人类的统一，那么普遍的社会科学是不可能的。

在所有古典社会学家里，马克思对全球化的描述和论证无疑是最生动、最全面的，身处世界范围内的联系和交往已经开始且日益紧密的时期，他从经济角度入手理解全球化，最早捕捉到了资本主义生产造成的全球化后果，多次提到了资本主义经济全球化的影响，但是他没有明确提出“全球化”，而是使用了“世界市场”、“世界历史”这些提法。

在《德意志意识形态》(1845)一书中，在分析“世界历史”时，马克思提到了他对经济全球化的理解，他说：“……生产力的这种发展(随着这种发展，人们的世界历史性的而不是地域性的存在同时已经是经验的存在了)之所以是绝对必需的实际前提，还因为如果没有这种发展，那就只会有贫困的普遍化；而在极端贫困的情况下，就必须重新开始争取生活必需品的斗争，也就是说，全部陈腐的东西又要死灰复燃。其次，生产力的这种发展之所以是必需的前提，还因为：只有随着生产力的这种普遍发展，人们的普遍交往才能建立起来；由于普遍的交往，一方面，可以发现在一切民族中同时都存在着‘没有财产的’群众这一事实(普遍竞争)，而其中每一民族同其他民族的变革都有依存关系；最后，狭隘地域性的个人为世界历史性的、真正普遍的个人所代替。”[①]可见，马克思把经济全球化寓于“世界历史”之中，生产力的发展导致各国人民普遍交往，彼此联系增强，

① 参见《马克思恩格斯全集》第3卷，人民出版社1995年版，第39页。

这就是世界历史的主要内容。

1848年,马克思与恩格斯在《共产党宣言》中指出:“资产阶级既然榨取全世界的市场,这就使一切国家的生产和消费都成为世界性的了……过去那种地方的和民族的闭关自守和自给自足状态已经消逝,现在代之而起的已经是各个民族各方面互相往来和各方面互相依赖了。”[①]这段话被认为是马克思关于全球化最完整的论述之一。在马克思、恩格斯看来,资本主义发展是全球化的直接推动力。“资产阶级社会的真实任务是建立世界市场(至少是一个轮廓)和以这种市场为基础的生产。”[②]世界市场在各地区、各民族广泛分工的基础上建立,并且使各地区、各民族相互依赖、相互制约,使得其他非经济方面的交往也随之发展起来。

资本从本性上会导致世界市场的出现,所以,“创造世界市场的趋势已经直接包含在资本的概念本身中。任何界限都表现为必须克服的限制……资本的趋势是(1)不断扩大流通范围;(2)在一切地点把生产变成由资本进行的生产”[③]。在揭示经济全球化的内在逻辑时,马克思不仅看到了资本主义生产关系全球扩张的动力来自资本扩张,而且首次提出了全球化进程里的时间和空间关系问题。

在《资本论》里,马克思又进一步详细论证了经济全球化的影响。他说:“生产的全球化使古老的民族工业被消灭,代之而起的是使用来自世界各国原料的工业……生产的‘国界’因此被模糊。”[④]又说:“资本输往国外……是因为它在国外能够按较高的利润率来使用。……资本输出的目的有两种,一种是作为支付手段或购买手段的输出,另外一种是作为投资为目的的输出。”“成立国际卡特尔,例如英国和德国在铁的生产方面成立的卡特尔,使得英、德两国的铁产量飞速增长……”[⑤]可以看出,马克思提到了生产全球化和资本全球化这两类经济全球化的运作方式,而且看到了跨国公司在其中的作用和影响。

马克思是资本主义社会最深刻的批判者。跟后来受其影响的依附理论对经济全球化采取的强烈批评态度不同,马克思对经济全球化的分析充满了内在的辩证法。[⑥] 他曾经举例,认为英国对印度的统治具有双重使命,除了破坏之外,还有重建。马克思谴责资本主义制度下残酷野蛮的殖民统治,但也承认殖民统

---

① 参见《马克思恩格斯全集》第3卷,人民出版社1995年版,第471页。

② 参见《马克思恩格斯全集》第29卷,人民出版社1972年版,第348页。

③ 参见《马克思恩格斯全集》第46卷,人民出版社1979年版,第391页。

④ 参见马克思:《资本论》第一卷,人民出版社1975年版,第497页。

⑤ 参见马克思:《资本论》第三卷,人民出版社1975年版,第285、653、495页。

⑥ 参见张宇、孟捷、卢获主编:《高级政治经济学——马克思主义经济学的最新发展》,经济科学出版社2002年版,第468页。

治从某种程度上不自觉地推动了落后国家的经济发展；他揭露资本主义世界体系的不平等，但并不否认发达国家的领先地位。

总而言之，通过对资本和资本主义的分析，马克思看到了资本主义发展将导致全球化这一必然结果，并带来全人类的共同解放，他对全球化持一种谨慎乐观的态度，全球化被认为是一个具有进步性的历史进程，但是他也看到了全球化进程中的矛盾、冲突和不平等。

二、20 世纪上半期的全球化理论

20 世纪上半期，具有全球影响力的最重要事件是两次世界大战，引起战争的原因之一是资本主义在全球扩张造成的国家间利益分配不均引起矛盾。按照列宁的看法，造成国家间战争的根源不在于资本争夺利润，而在于国家间确立霸权。战争爆发以前，处于上升期的资本主义制度和资本主义生产方式带给人们对未来的美好期望，然而残酷的战争打破了这一期望，促使人们开始反思资本主义制度的缺陷和危机。一战后，德国学者奥斯瓦德·斯宾格勒（1880—1936）出版《西方的没落》（第一卷出版于 1918 年版，第二卷出版于 1922 年）一书，从书名就可以看出，作者批评了当时甚为流行的西方中心论，通过对西方文化的描述，预言它终将走向没落。作者提出包括西方文化在内的八种文化平行发展，认为全人类的历史是不存在的，存在的只是各个文化自己的历史，因此研究世界历史只能是研究各个文化的历史，不同的文化是互不理解的，不能说有优劣和高下之分。

战争也促使学者们重新认识和解释资本主义社会出现的新变化。19 世纪末，西方进入帝国主义阶段，约翰·霍布森在《帝国主义》（1902）一书中提出，当政府不仅保护资本家的海外经济利益和海外市场，还维护殖民地上本国国民的利益时，就会不可避免地引起各国的武装竞赛，这样一来，一个帝国主义时代俨然成形。

马克思本人基本上只针对一国之内的资本主义发展进行分析，面对 19 世纪末 20 世纪初，资本主义经济全球化进入新发展阶段，列宁发展了马克思主义的帝国主义理论。他提出："帝国主义是发展到垄断组织和金融资本的统治已确立、资本输出具有突出意义、国际托拉斯开始瓜分世界、一些最大的资本主义国家已把世界全部领土瓜分完毕这一阶段的资本主义。"[①]在列宁阐述的帝国主义的五个基本特征里，有三个都意味着资本和资本主义的跨国活动，因此，他是从全

① 参见《列宁选集》第 2 卷，人民出版社 1995 年版，第 651 页。

球化历史进程中资本主义发展来定义帝国主义的。列宁的帝国主义理论直接影响了当代马克思主义理论家,世界体系论和依附理论中都可以看出列宁的影响。

三、现代化理论、依附理论和世界体系理论

1. 现代化理论

第二次世界大战之后,美国取代西欧,在政治上和经济上都成为世界霸主,美国的繁荣恢复了西方由于战争、社会主义革命和殖民地独立运动而被摧毁的自信,同时,出于跟苏联争夺第三世界的考虑,区域研究开始流行,第三世界受到重视,在50年代,现代化理论开始流行。跟全球化理论一样,现代化理论不是一个单一理论,而是一个理论群。所谓现代化就是西方发达国家从农业社会向工业社会、从农业文明向工业文明转变的历史过程。在美国主导世界这一背景下产生的现代化理论,隐藏着西方优越论,这一时期所鼓吹的现代化可以简单看成是西方化的别名,实际上为西方社会开脱了对非西方社会落后所应负的责任。现代化理论主张一元的线性的社会发展模式,认为发达国家和发展中国家处于同一条历史发展线条上,发展中国家未能实现现代化,其根本原因在于内部社会制度不合理,必须向西方学习才能获得成功,鼓励新独立的第三世界国家走发达国家的现代化道路,实现从传统社会向现代社会的转变。

经典现代化理论充满着乐观主义和理想主义,然而进入60年代,它遇到新的挑战。新独立的第三世界国家并没有出现现代化理论所预言的经济繁荣和政治民主,反而出现了经济衰退和社会动荡;产生现代化理论的发达国家本身也陷入了经济危机之中;深受传统社会影响的东亚并没有衰退,反而出现了强劲的经济增长势头。这些现实直接对现代化理论的有效性提出质疑,在这种背景下,许多新理论开始挑战经典现代化理论,其中跟全球化研究关系比较密切的是依附理论(dependency theory)和世界体系理论(world system theory)。

2. 依附理论

依附理论由拉美学者于60年代提出,代表学者包括阿根廷经济学家普雷比什及其领导下的联合国拉美经济委员会、长期在拉美教学的德国学者弗兰克、巴西学者卡多索、智利学者法莱托、埃及经济学家阿明等人。

受到马克思资本积累理论和列宁帝国主义理论的影响,依附理论认为发展中国家落后的根源在于不平等的世界权力关系。世界经济被划分为两极,即中心地区(西方发达国家)与边缘地区(非西方不发达国家),中心与边缘是一种剥削与被剥削、控制与被控制、被依附与依附的关系,中心国家通过制定不公平的贸易条件和不平等的产业分工来剥削边缘国家,这种不平等的交换关系是导致

发展中国家贫困的根本原因。

依附理论的激进派曾经一度认为，在资本主义制度下，唯一出路是进行社会革命，与发达国家主导的资本主义体系脱钩，实现自立，发展中国家才能获得真正的发展。依附理论是发展中国家学者首次提出的关于国际关系和国际经济的理论，克服了现代化理论的西方中心论缺陷。但是，依附理论概念混乱、论证不严密，其核心概念"依附"缺乏一个被普遍接受的定义，依附既是不发达国家落后的原因，也是不发达国家落后的现实结果，有循环论证的嫌疑。而且，依附理论仅仅从外部寻找不发达国家贫困的原因，没有考虑内部原因，将不发达国家简单地"一刀切"，不考虑它们之间的差异性，无法解释诸如亚洲"四小龙"等在资本主义贸易体系中的经济腾飞现象，鼓吹切断与资本主义体系的联系这一出路实际上是不可能的，带有悲观主义色彩。

3. 世界体系理论

1974—1989 年，美国学者伊曼纽尔·沃勒斯坦出版了《现代世界体系》三卷本，正式提出了世界体系理论。沃勒斯坦批评现代化理论的西方中心论缺陷，认为现代化理论试图从国家层面解释世界史，缺乏世界眼光，因此注定是不成功的；同时，他也批评依附理论过于机械，无法解释诸如为什么美国没有出现社会主义运动这类问题。他采取了新的观察视角，用世界体系代替民族国家为分析单位，考察 16 世纪以来的社会变迁，借鉴了年鉴学派的方法，把世界历史同地区历史有机结合在一起。他提出，人类历史在相互联系中发展，16 世纪以来形成"资本主义现代世界体系"——第一个真正全球意义的世界体系，这一体系包括经济、政治和文化三个基本维度，世界经济体是整个世界体系的基本层面，是后两者发展的决定性因素，支配资本主义世界体系的是无休止的资本积累的驱动力、政治上追求霸权地位和追求普遍性的科学文明。他在依附理论"中心—边缘"二分法基础上增加了"半边缘"地区，提出"中心—半边缘—边缘"等级结构，这一模式广泛存在于世界经济体、政治体和文化体内，半边缘地区既受中心地区的剥削，又反过来剥削更落后的边缘地区，但是，半边缘地区既可能上升为中心国家（如 19 世纪后期的日本），也可能后退为边缘国家。资本主义的全球扩张，不断地把外围地区融入世界经济体并使之边缘化，财富从边缘和半边缘地区转移到中心地区，中心和边缘的不等价交换和不平等国际贸易关系，保证了中心地区的资本积累，同时扩大了不同地区的经济差距，加剧了两极分化。

沃勒斯坦认为，世界体系的整体发展，呈现出周期性节律（cyclical rhythms），即由世界经济总需求和总供给之间的内在矛盾而引发的世界体系扩张和收缩的交替出现。世界体系大约每 40—50 年重复一个周期，每一周期的停滞期都给生产格局的重组提供了机会，在世界体系内部发生相对的位置变化，而且也为下一周期的扩张做准备，使得世界体系在广度和深度上不断扩展，每一个国家和地区的发展都受到世界体系周期性节律的影响。

世界体系理论内容宏大，历史感厚重，自成一体，对当代世界的某些认识尤其有其独到之处。但是，这一理论引起的争议也不少。首先，世界体系理论没有提供中心地区、半边缘地区和边缘地区的区分标准，比如，二战后刚独立的亚非拉前殖民地国家属于半边缘还是边缘地区？

其次，沃勒斯坦犯了经济决定论的错误，他认为，国家在世界经济体中的地位决定了它在世界政治体中的地位，然而现实是，二战后迅速发展成为第二号资本主义强国的日本经常被认为是“经济巨人，政治侏儒”，冷战时期的苏联是政治强国，经济上却存在严重问题。

第三，沃勒斯坦为世界体系理论里的每一个关键概念都先入为主地赋予了某种功能，比如他认为世界文化体的目标是将产生于16世纪西欧的资本主义特殊文明变得普遍化，实质上是维护中心地区利益的意识形态工具。浓厚的功能主义色彩使得世界体系理论对很多现象的推测难免片面化。

第四，世界体系理论过分看重外部因素，它提出，单个国家的地位和发展受到世界体系整体发展规律的制约，因而忽略了具体国家的特殊发展过程。

第五，世界体系理论是一个静态的理论。沃勒斯坦的目光只看到过去五百年的世界历史，没有看到在五百年之前，亚洲才是全球经济体系的中心，在亚欧贸易中欧洲长期处于出超地位，如果不是美洲殖民地为欧洲送来了贵金属，恐怕欧洲的边缘地位难以改变。因此，曾经身为依附理论代表人物之一的弗兰克在20世纪90年代学术立场发生重大转向，转而批评沃勒斯坦理论里潜藏的欧洲中心主义论调。

第六，通过论证世界体系内三个等级结构之间的流动性和世界体系的周期性发展，沃勒斯坦论证了资本主义的长期性、稳定性和不可避免性。但是，他同时又说，当现代资本主义世界体系的起伏波动变得过多且无规律、缺乏活力时，当危机严重到无法保证扩张时，现有世界体系就将走向终结，被新的世界体系所取代。然而，新体系究竟是什么样？如何产生？沃勒斯坦对于新体系的设计带有空想性和模糊性，在否定现有体系之后无建设，最终陷入历史悲观主义与怀疑论。

四、当代全球化理论流派

罗伯森说过，20世纪60年代是全球化进程的重要时代，也正是在60年代，麦克卢汉提出了“地球村”预言，从那个时期至今，世界各个角落之间的联系越来越紧密,全球化不仅成为我们身边的现实,而且也进入学术界,成为学者们的研究对象。目前关于全球化的理论大致分成三类:极端论、怀疑论和变革论。[①]

1. 极端论

极端全球主义者认为当代全球化标志着一个新时代的到来,民族国家已经失去了存在的理由,经济全球化正在建构新型社会组织,终将取代传统民族国家,市场将成为唯一的决定力量。全球经济的发展、全球治理结构的出现以及文化在全球的扩散和融合,被视为新的世界秩序出现的证据,民族国家的合法性和权威性受到挑战,国家或者无法控制自己领土上发生的一切,或者没有能力满足自己公民的要求。

极端论阵营内部可以大体分成两类:一方面是欢呼个人自由和市场原则的、目前在西方居主导地位的新自由主义者,有时被称为全球主义者,另一方面是某些激进的西方新马克思主义者,认为全球化代表了压迫性的全球资本主义的胜利。前者对全球化持肯定态度,后者持批评态度,尽管存在着分歧,两者还是有着一系列共同特征的,即将经济因素看成是全球化的决定力量,忽视了政治、社会、文化、军事等其他因素,尤其是作为当今世界首要经济和政治单位的民族国家的力量竟然被忽视。

代表性的极端论者包括弗朗西斯·福山和大前研一(Kenichi Ohmae)等人。在《历史的终结与最后之人》(1990)一书中,福山提出,全球化通过三种方式来终结冲突:世界统一为单一的全球市场使得国家和个人的相互依赖程度增强,降低了相互攻击;民主成为全球普遍接受的政治框架,政府不会贸然发动战争;消费文化的全球扩散缩小了文化间的价值观差距,理解多于冲突。[②] 大前研一在《民族国家的终结》(1995)中,认为从四个I(investment——投资、industry——工业、information technology——信息技术、individual customer——消费者个人)可以看出民族国家正在消失,当今世界已经进入无国界的社会,我们都要具备世界公民的眼光,才能更好地在这个世界上立足。

2. 怀疑论

怀疑论者主要包括汤普森、赫斯特(Paul Hirst)及韦斯(Linda Weiss)等人,他们使用19世纪以来世界贸易和投资的数据,通过历史比较的方法,试图证明极端论者夸大了全球化事实,建构了一个全球化神话,从根本上是错误的,在政治上也是幼稚的。

① 参见戴维·赫尔德等:《全球大变革》,社会科学文献出版社2001年版,第3—14页。

② 参见杨雪冬:《全球化:西方理论前沿》,社会科学文献出版社2002年版,第48页。

怀疑论者认为，现在所谓的全球化充其量只是更高水平的国际化，国家依然是经济活动的主要管理者，在世界经济活动中，国家的主导地位不容忽视，经济全球化不是要摆脱国家，相反，正是在国家的支持下，经济全球化才有如此瞩目的成就。极端论无法解释全球化进程加剧了南北差距，造成穷国更穷、富国更富这一事实，在怀疑论者看来，这一现象恰恰说明了在经济全球化的时代，我们不能抛弃国家这一有效工具来规范和限制全球化的负面后果，经济全球化并没有造成社会关系的深刻变革，却加剧了过去几个世纪以来世界经济的不平等状态。

赫斯特和汤普森(1996)用翔实的数据表明，现在的国际经济并没有超过第一次世界大战前的水平，比如用贸易占国民生产总值的比例这一指标来衡量，主要西方国家在20世纪90年代的经济开放度并没有超过第一次世界大战前的水平。[①] 世界经济主要集中在欧洲、亚太和北美三个地区内部的相互交流，与其说是全球化，不如说是升级了的区域化。但是，以汉语为母语的人数超过了以英语为母语的人数，这并不能说明汉语超过英语成为全球语言；同样道理，即使计算出西方国家在90年代贸易占国民生产总值的比例高于一战前的水平，也无法体现出贸易在这两个时期产生的社会政治影响。必须承认，当代国际经济与一战前有着显著不同：一战前，参与世界经济活动的只是少部分国家，大部分地区或者自我封闭，或者被封锁，没有参与国际经济活动；国际金融流量大大超越了一战前的水平，尤其是证券业和外汇交易发展迅速，虚拟资本总量超过了全球国民生产总值之和。

3. 变革论

变革论者的基本观点认为，全球化是一个多维度的社会变革过程，造成了政治、经济、社会、文化等层面的大规模变化，全球相互联系的程度前所未有，国家、跨国公司、社会组织、个人都需要调整自己的行为来适应变革的世界。

变革论的代表学者包括罗伯森、吉登斯、贝克、罗西瑙、卡斯特尔等人。这些学者对全球化所引起的社会变革评价不同，对全球化未来走向整合还是分类也各持己见，但他们都承认，全球化是一个长期的历史过程，要开放地、动态地理解它。

关于国家在全球化进程中的作用，变革论者既不同意极端论者的民族国家终结论，也否认怀疑论者的国家权力加强论，他们认为，全球化正在重组和调整

① 参见保罗·赫斯特和格雷厄姆·汤普森：《质疑全球化：国际经济与治理的可能性》，社会科学文献出版社2002年版。

国家的权力及功能,新的治理结构正在代替传统的国家形态,至少在欧洲大部分地区,民族国家不再是治理的首要形式。这不一定说明国家被削弱,相反,国家需要找到合适的战略来调整自己的行为,有可能造成更具积极作用的国家的出现。

第三节　全球化研究与中国

一、全球化研究进入中国

1993 年,中央编译局当代研究所邀请美国杜克大学阿里夫·德里克(Arif Dirlik)教授来华访问,在演讲中,德里克教授指出,人类已经进入一个全球经济的时代,对当今资本主义的分析必须立足于经济全球化这一基本时代特征之上。他提出全球化具有几个重要特征:资本和生产过程的全球化、生产的无中心化、跨国公司取代国家市场成为经济活动的中心,全球不仅在经济上,而且在社会和文化上也开始同质化,资本主义的生产方式破天荒地成为世界历史的抽象。德里克的讲稿后来发表在《战略与管理》杂志创刊号上,被认为是第一次用中文对西方全球化理论的系统介绍。1994 年原任中国社会科学院副院长的李慎之分别在《东方》和《太平洋学报》等杂志上著文倡导进行全球化研究,他被认为是国内最早倡导全球化研究的学者之一。[①]

以“全球化”为题目的中文图书,首次出现在 1995 年,其内容涉及经济全球化。[②] 90 年代末期开始,关于全球化的研究开始增多,涉及经济、政治、社会、文化、教育、历史、哲学等广泛领域。1997 年东南亚金融危机爆发,中国虽然因为人民币不可自由兑换而逃过一劫,但是,无论是在金融界和经济界,还是在国际关系学界和整个社会科学界,知识分子们发现自己竟然对此次危机的原因和过程所知甚少,竟然没有人能够就此次危机发出独立而有贡献的声音,这一情况刺激了部分知识分子开始关注全球化现象。香港也在金融危机中受到冲击,促使党和国家领导人开始关注全球化与中国经济之间的关系。1998 年 3 月,江泽民总书记在第九届全国人民代表大会香港代表团的讨论会上指出:“经济‘全球化’是世界经济发展的客观趋势,谁也回避不了,都得参与进去。问题的关键是要辩证地看待这种‘全球化’的趋势,既要看到它的有利的一面,又要看到它的不利的一面。”

① 参见俞可平:《全球化研究的中国视角》,载《战略与管理》1999 年第 3 期,第 90—102 页。
② 《人民日报》1998 年 3 月 10 日。

2001年11月,中国正式加入世界贸易组织(WTO)这一在当今全球化世界里最重要的国际经济组织,标志着中国参加全球化的趋势不可逆转,由此带动了相关研究的发展,其中影响比较大的有中共中央编译局当代研究所于1999年推出的“全球化译丛”和“全球化论丛”系列,既翻译引进了西方经典著作,也有中国本土学者的研究成果,既有专著,也有论文集,基本涵盖了全球化研究的多个领域。全球化研究在中国萌芽和流行,本身也说明了全球化对我们的深刻影响。

二、目前我国学术界关于全球化的基本看法

目前我国学术界关于全球化的研究大体上可以分成两类:第一类以全球化现象为研究对象,对它做现象学上的判断和分析,第二类以全球化为背景,关注当下中国的变化。

就第一类研究来说,我国学者主要关注以下问题[①]:

(1) 怎么认识全球化进程中的西方主导势力?全球化是一个超越国家主权和地区界限的全球发展趋势,还是资本主义的新发展阶段?全球化将促进整个世界的相互联系和相互依赖,还是造成发展中国家模仿西方国家的发展道路?全球化会造成各国各民族的生产方式和价值观念保持独特性和多样化,还是会带来同一性和西方化(美国化)?

(2) 在经济、政治和文化领域,全球化将带给中国什么样的冲击和后果?世界范围内的全球化是从经济领域最先发端的,在中国也是如此,因此早期学者们更多地关注经济全球化现象。随着中国向世界开放时间愈长,深度愈深,政治、法律和文化的全球化问题也开始引起学者的注意。当国外(主要是西方国家)文化产品大量涌入中国,中国学者最先表现出来的是文化保护主义逻辑,担心国外文化产品会削弱传统中华文明的核心价值。在儿童和青少年研究领域,保护主义心态更加明显,未成年人被视为国家的未来和希望,应该拥有纯洁而美好的成长环境,然而全球化所带来的并非全是成年人所期望的后果,于是未成年人被当做必须保护的特殊群体对待。当然,也有一些学者主张全球价值观和全球文化认同的必然性和现实性,鼓吹超越国界和社会制度的普遍化的全球文化。

(3) 中国应当如何迎接全球化的挑战?采取什么样的对策?在中国加入世界贸易组织后,通过经济全球化和政治全球化来提升国内经济和世界地位这一现实迫切的目标,直接催生了大批实用型研究,为中国迎接全球化提供了策略和

① 参见陈彪如:《迈向经济全球化的思索》,华东师范大学出版社1995年版。

办法。全球化被看成是机遇与挑战并存的社会历史进程，如何更积极主动地利用机遇、规避风险、促进发展，是中国学者的研究热点之一。

从以上讨论可以看出，我国学者研究全球化，很大程度上将“全球”与“中国（本土）”视为对比的两极，站在“中国（本土）”这一极看“全球”那一极，“全球”是“中国（本土）”的一面镜子，对照着“全球”，我们可以看出自己的落后、差距、焦虑和希望。在80年代轰轰烈烈的新启蒙运动偃旗息鼓、90年代思想界分化和论争不断的背景下，我国学者放弃了拥抱西方这一立场，转而采用更谨慎、更冷静、更务实的态度考察全球化进程。

可喜的是，进入新世纪以来，长期以来存在于学界的“谈到全球就是在谈西方、谈美国”这一现象得到学者自觉的关注，很多学者开始研究以前的冷点地区，如地缘政治关系密切的东北亚三国（朝鲜、韩国、日本）、长期被忽视的拉丁美洲和非洲、冷战结束后的原苏联和东欧地区等等。中肯地说，多元视角一定优于单一视角，因为多元视角会带来更丰富的信息和更多的选择。

目前，我国的全球化研究有两个趋势引人注目：第一，它正超越传统的“中—西”范式；第二，它正超越简单的“资本主义—社会主义”的意识形态两分法。[①] 无论我们对全球化持什么态度，无论我们对全球化研究有什么看法，更重要的是，全球化已经追问我们头脑里习以为常的共识和常识，我们在追问和回应中，获得了更深刻的认识，发出了更自主的声音。

---

① 俞可平：《全球化研究的中国视角》，载《战略与管理》1999年第3期，第90—102页。

第二章　经济全球化

今天，除了极个别国家之外，几乎所有国家都在从事着国际贸易，全球最大的经济类国际组织之一世界贸易组织有150个会员国。跨越国界的商品交换和流通形成全球市场，将世界的每一个角落联系在一起。自从改革开放以来，凭借着劳动力价格优势和广阔的国内市场，印有“made in China”的产品被出口到世界各地，同时，身为普通消费者，从食品、饮料和粮食，到奢侈品、影视作品和家用轿车，我们也消费着来自其他国家和地区的产品。在当今世界，几乎没有哪一种产品能够仅仅依赖国内原材料和国内市场，比如你们现在看到的这本书，虽然它使用的纸浆和油墨可能是中国产的，印刷厂工人也是中国人，但是印刷设备可能是进口的，这本书还可能出口到其他国家去，它的读者市场可能同时包括国内和国外。经济全球化是全球化进程里最明显的环节，正是由于全球贸易和全球金融市场的出现，全球化才成为我们关注的话题。

第一节　贸易与金融全球化

一、全球贸易的发展

不同地点的人们之间交换商品和服务，这一行为伴随着人类社会的产生就已经出现了。所谓四大文明古国——古巴比伦、古埃及、古印度、古代中国——早在三千多年前就开辟了贸易通道，其中距今两千多年开通的横跨欧亚的丝绸之路是一条重要的东西方贸易要道，丝绸之路不仅仅联系它所经过的国家，而且，在它所经之处，经由地方贸易网络，商品被运送到西欧、东亚、北非、东非等外围地区，在这条贸易要道上，各地出产的水果、粮食、金属制品、香料、皮货、药材、珠宝、乐器等进行着交换，最有名的是产自中国的丝绸，因此1877年德国地理学家李希霍芬(F. von Richthofen)将它命名为“丝绸之路”(The Silk Road)。丝绸之路长达7000多公里，两千多年前的商人以马车和骆驼为运输工具，商品从中国运抵罗马往往耗费一两年时间。如此长时间的运输提高了商品价格，古罗马市场上丝绸曾经一度比黄金还贵，一个国家的普通日用品成为另一个国家的奢侈品。

贸易的发展离不开运输和交通工具的革新。1814 年,史蒂芬孙制造出第一台实用的蒸汽机车,1825 年他建造的铁路正式通车。几乎与此同时,1819 年,第一辆装有蒸汽动力的帆船成功进行了环球航行,用 29 天走完了三百多年前哥伦布 72 天的航程,从此,古老的依靠风力驱动的帆船退出了远洋航行。1866 年,德国人西门子发明人类历史上第一台发电机。1885 年,德国人卡尔·本茨成功制造出第一辆由内燃机驱动的汽车。1903 年,美国人莱特兄弟成功试飞了第一架以内燃机为动力的飞机。经过两次工业革命,铁路、远洋轮船、汽车、飞机等交通工具代替了马车、骆驼、木壳帆船,货物运输的时间大大缩短,更多货物能够运输到异地被销售和消费,进出口商品的价格也大幅下降。

此外,通讯技术革命缩短了交易时间,降低了贸易成本,由此,世界各国间的贸易总额加速上涨。通讯技术的革新速度快得惊人,其好处也是显而易见的。1876 年,贝尔发明有线电话,早期国际通话费用贵得惊人,以今天的价格计算,20 世纪初从伦敦到纽约的国际长途电话,每分钟需要 300 美元,而今天两地的通话费用不足 1 美分。1896 年,马可尼发明无线电报,并且于 1901 年进行了横跨大西洋的无线电通信实验。一百多年以后,在很多国家和地区,电报基本上已经被国际贸易活动所抛弃。

伴随着运输技术革新和存储手段的增加,长途运输的时间大大缩短,国家之间才有可能大规模地交换商品。15 世纪的地理大发现为新兴资本主义提供了市场和原料,在此之前,亚洲对欧洲的贸易一直是顺差,欧洲从新开拓的殖民地掠夺贵金属以弥补贸易逆差。伴随着西欧国家在世界各地建立殖民地,宗主国和殖民地之间的贸易活动越来越密切,宗主国出口日用品,换回殖民地的贵金属、药材和香料。16 世纪时,最早完成工业革命的英国向非洲出口的商品大约有四分之一来自已经沦为殖民地的印度。当欧洲、非洲、美洲、亚洲被纳入资本主义殖民体系时,从另一个角度来看,这也是一种世界贸易活动,当然是不平等的贸易活动。从那时起,一直到今天,国际贸易的广度和深度都有了长足的发展,但是,不平等的交换结构从根本上没有得到转变,凭借着先发优势,发达国家出口技术含量高的制成品,发展中国家出口低附加值的原材料,财富从发展中国家源源不断地流向发达国家,造成富国越富、穷国越穷的局面。

自 20 世纪初以来,全球贸易总额增长率超过全球经济增长率已经成为不争的事实。1870—1914 年期间,全球贸易总额以每年大约 3.5% 的速度增长,而同期全球经济增长率大约是 2.7%。据世界银行统计,2006 年,全球贸易总额增长率为 9.4%,远高于全球经济增长率 3.8%。2007 年,这两个数字分别是 7% 和 3.2%。从 1960 年到 1989 年这 30 年期间,国际贸易总额翻了一番。1990 年,国际贸易总额是世界经济总量的15%；2007年底，国际贸易总额（约25万亿美元）已经逼近全球经济总额（约50万亿美元）的一半。

19世纪早期，只有大约50个国家参与了全球贸易活动，而到1913年，155个国家和地区参与全球贸易。贸易活动的发展，使得某些地方由于地理位置优越而成为贸易中心，货物和商品在这里交换，来自各地的商人在这里交易。这些地方成为近代意义上的城市，它们与其他地区建立了广泛而频繁的联系，如16世纪的威尼斯和安特卫普，17世纪的阿姆斯特丹，18世纪的伦敦，19世纪的纽约，20世纪的东京。

当贸易在国民经济里的地位越来越重要时，它也促使了国内经济、国际金融、国际法律、国际组织的发展。为了便利来自不同社会背景和不同国家制度的人之间进行交易，对国际贸易进行监管和协调的国际组织应运而生，由这些组织所制定的贸易准则和国际法被普遍接受，相应地，这些国际组织和国际法律不仅适用于国际贸易领域，它们也深刻地影响了国内的经济和政治关系。比如世界贸易组织2003年部长级会议决定于2013年底之前取消一切形式的农产品出口补贴，如此一来，产自美国的低价大豆能够更方便地进入中国市场，中国农产品不再具有价格优势，我国目前已经由最大的大豆出口国变成世界最大的大豆进口国。

全球贸易活动的增长，导致了全球市场的出现。在传统社会里，商品价格由本地区的供求关系所决定，然而在全球化进程里，商品价格开始由世界范围内的供求关系所决定。某些商品的价格走势开始全球趋同，比如2007年国际市场上粮食和食用油价格持续上涨，我国国内市场上相应的价格也开始上涨，并且导致了2007年我国消费者价格指数（CPI）达到进入21世纪以来的最高点，国内通货膨胀情况严重，直接影响到我们每个人的生活。

二、金融全球化

经济全球化不仅仅体现为国际贸易的大部分商品都是工业制成品和服务而非初级原材料，而且也体现为金融领域的全球化。

早在14世纪，佛罗伦萨的钱庄、银行已经遍布西欧各大城市，在西欧货币市场上取得了支配地位。16世纪，安特卫普逐渐取代佛罗伦萨，成为新的地区性金融中心。随着17世纪荷兰和18世纪英国的崛起，金融中心又转移到阿姆斯特丹和伦敦，直到今天，伦敦依然是重要的全球金融中心，它是全球最大的外汇市场，国际债券交易总额占全球一半以上，伦敦证券交易所上市的外国证券总额占全球市场的四成以上。

19 世纪下半叶，随着通信技术的创新，尤其是电报的出现，极大地推动了跨国金融活动的发展。1880 年，欧美主要国家都已经实行了金本位制，大多数国家的货币与黄金直接挂钩，以黄金价格为基准，国与国之间维持着固定汇率。在金本位体系盛行的年代，主要资本主义国家汇率稳定，没有发生过升值或贬值波动，各国国际收支很少发生严重失衡。当时，并不存在一个多边性质的政府间协定，也没有一个常设机构来协调各国行为，但这一时期的国际金融体系却是相对稳定的。

但是，黄金不易携带，而且黄金产量严重落后于各国经济发展速度。1914 年前后，受战争影响，各国经济发展不平衡，于是各国相继放弃金本位制。1929 年经济危机后，古典金本位体系崩溃，随之而来的是各国汇率急剧波动，国际收支严重失衡。为了重建国际货币秩序，1944 年 7 月，45 个国家在美国布雷顿森林召开会议，决定成立国际货币基金组织（IMF）、国际复兴开发银行（即世界银行）和一个全球性的贸易组织（即后来的世界贸易组织）。国际货币基金组织负责协调国际货币关系，尤其是对各国汇率政策实行监督，确立了 1 盎司黄金等于 35 美元的官价，美国承担各国中央银行向美国兑换黄金的义务，由此确立了以美元为中心的固定汇率体系，即布雷顿森林体系。布雷顿森林会议第一次以世界性的协议明确规定了国际货币制度的规则和维护手段，也反映了美国在国际经济中的重要地位，支撑当前全球金融体系的三大国际组织都肇自布雷顿森林会议。布雷顿森林体系曾经有效运作，维持了二战后世界货币体系的正常运转，有利于战后国际贸易和国际金融的发展，为战后经济复苏创造了良好条件。但是，布雷顿森林体系存在着严重缺陷，即只有依靠美国的长期贸易逆差，其他国家才能获得美元供应，但是长期的贸易逆差势必影响人们对美元的信心，而美国如果保持国际收支平衡减少贸易逆差，就会断绝国际黄金储备的供应，引起国际清偿能力的不足。

从 20 世纪 50 年代后期开始，美国经济竞争力逐渐减弱，各国纷纷抛出美元兑换黄金，美国黄金大量外流，加上美国陷入越战泥沼，财政赤字以天文数字的幅度增长，经济进入衰退期，美元强势不再。这些迫使尼克松总统于 1971 年 8 月宣布放弃 35 美元兑换 1 盎司黄金的官价，实行黄金与美元比价的自由浮动，其他国家也相继宣布实现浮动汇率制。1973 年，石油输出国组织（OPEC）决定将石油价格提高 4 倍，引起资金从以美欧为首的石油进口国向石油输出国转移，这些石油输出国无法消费所获得的资金，于是大量资金被投到国际金融市场上。据估计，1974—1976 年间，大约 500 亿美元在国际资本市场上流动。1976 年，各国在牙买加达成协定，宣布黄金非货币化，国际金融体系再次进入一个不受多边协定约束的动荡年代。

随着通讯技术的发展，全球金融市场已经被电话、传真机、计算机、互联网络连成一个每天24小时连续不间断交易的市场，当伦敦市场关闭，纽约市场开始运行，接着是东京市场，这三大市场也是最主要的全球金融中心。

金融全球化的步伐比全球贸易的增长还要快。1960年至1989年，工业制成品的全球贸易总额翻了一番，而资本流动总额增长了4倍。这期间出现了两个趋势，第一是外国直接投资(FDI)持续增长，第二是资本的流动性越来越强。1990年，全球外国直接投资总额是167亿美元，到了2007年，已经达到1.2万亿美元。2006年，全球国内生产总值为48.2万亿美元，全球股票总市值为50.8万亿美元，全球金融机构资产总量为190.4万亿美元，全球金融衍生产品总市值高达485.7万亿美元，后三个数值分别相当于全球国内生产总值的105%、395%和10倍以上。1992年，全球外汇市场日交易额1万亿美元，2006年达到2万亿美元，2008年高达3万亿美元。[①] 交易额攀升源于资本流动性泛滥，加上80年代以来金融衍生工具层出不穷，甚至1美元可以放大到10倍使用。但是，迄今为止，统一的全球货币市场仍未形成，区域性货币一体化进展显著。1999年1月1日起，欧元开始正式使用，欧元区各成员国原流通货币从2002年3月1日起停止流动，欧元区内部建立了统一的中央银行和货币政策，目前欧元已经是19个国家和地区的官方货币。

三、全球金融危机

欧洲实行单一货币，目的之一正是为了防范金融风险。随着布雷顿森林体系的崩溃，全球金融市场呈现出多种汇率制度并存的局面，虽然实行浮动汇率制度的国家在数量上远远少于实行固定汇率制的国家，但是，欧美日等主要经济大国都实行浮动汇率制。就单个国家来看，浮动汇率制能够维护本国货币政策的独立性，但是从国际金融市场的角度来看，浮动汇率容易引起汇率政策冲突。一国能够通过本国货币贬值以提高产品在国际市场上的竞争力，从而以牺牲他国利益的方式来维护本国利益。例如1985年9月《广场协议》签订时，美元和日元的汇率在1美元兑250日元上下波动，协议签订后不到3个月时间里，美元兑日元便迅速下跌到200日元附近，跌幅达20%。1988年初，日元升值到1美元兑120日元，一些经济学家认为，日元升值对90年代日本经济衰退负有不可推卸的责任。浮动汇率还可能对正常的国际贸易活动造成不利影响。当某些国家

① 参见《全球外汇市场日交易额突破3万亿美元》，新华网2007年1月9日。

的经济前景看好时,国际资本就大规模涌向那里;当这些国家因为资本过度流入而出现危机迹象时,国际资本又快速离去,造成这些国家经济失衡和金融市场动荡。据估计,目前活跃在全球金融市场上的投机性短期资本超过7.2万亿美元。[①]

传统的金融危机往往由生产过剩和国内金融政策不当引起,然而,进入全球化时代以来,国际信贷越来越活跃,一国经济越来越依赖于国际资本,由于国际汇率和利率调整而引发的金融危机的风险大大增加,引起发生国的经济衰退和社会生活水准下降,这被看成是全球化的负面影响。近十几年来,世界性的金融危机大都发生在发展中国家,而且越是发展迅速、经济充满活力的国家,对国际流动资本的吸引力越大,越容易发生危机。其中,1994年墨西哥金融危机发生在《北美自由贸易协定》签订之后,被认为是全球化时代的第一次金融危机,1997年亚洲金融危机波及回归不久的中国香港,当时我国正致力于加入世界贸易组织,这也促使我国学术界开始关注金融危机,认真考虑经济全球化的后果。

90年代以来,墨西哥为了遏制通货膨胀而实行稳定汇率政策,即比索与美元的汇率基本稳定,仅在一个很小的范围内波动。稳定汇率政策降低了外国投资者的风险,每年流入的外资高达250亿至350亿美元,然而墨西哥的生产和外贸出口并没有显著增长,经济增长率仅有2%,进入墨西哥的外资仅有20%被用于直接投资,大部分外资被用于增加消费,进口额占国内生产总值的比重从1987年的9.4%增至1993年的31%,造成国际收支经常项目的赤字在230亿美元的高水准徘徊(占其国内生产总值的7%)。这使得墨西哥经济严重依赖外资,一旦外资流入减缓,就会引发危机。

1994年2月至9月,美国为了降低本国经济过热而大幅提高短期利率,短短8个月内6次加息,促使国内游资向国外扩张。墨西哥经济在90年代表现出一定的活力和发展潜力,被认为是新兴市场的代表之一,加上墨西哥的高利率政策,使其成为国际游资的目的国。与此同时,墨西哥大力开放国内金融市场,却没有建立起完善的监管体制,国际游资能够自由进出墨西哥。

1994年,墨西哥政局不稳,先后发生农民起义、执政党总统候选人和总书记先后遇刺身亡、执政党与反对党暴力斗争等事件,造成市场恐慌,国际游资纷纷撤离,进入墨西哥的外资开始减少。1994年底,280亿美元的政府短期外债到期,而墨西哥政府无力偿还,投资者信心遭受严重打击。为了阻止资金外流,鼓励出口,抑制进口,1994年12月20日,墨西哥政府突然宣布本国货币比索贬值

① 参见陈文农:《巨额"热钱"涌入　考验中国金融应变力》,载《大地》2003年第21期,第34—36页。

15%,在社会经济不稳定的情况下,这一决定引起投资者极大恐慌,外国投资者疯狂抛售比索抢购美元,导致比索兑美元的汇率在随后三日内暴跌42%,整个墨西哥金融市场一片混乱。仅20日和21日,墨西哥外汇储备就锐减50亿美元,仅剩下30亿美元外汇储备,墨西哥政府不得不于22日宣布放弃稳定汇率政策,政府不再干预外汇市场,听任比索贬值。比索贬值使得投入墨西哥股市的外国资本蒙受损失,恐慌情绪加快了而不是放慢了资本外流的步伐,到1995年3月3日,墨西哥股市指数比起金融危机前的最高点累计下跌48%,股市下跌幅度甚至超过了比索贬值幅度,这反过来又打击了投资者信心,致使危机愈演愈烈。大批银行和企业因支付困难而濒临倒闭,1995年国内生产总值较上一年度下降6.9%,失业率上升一倍,通货膨胀率超过50%,实际工资下降了20%。据估计,墨西哥因此而损失达450亿美元,相当于国内生产总值的16%,此次危机部分抵消了过去10年来墨西哥的经济改革成果。

为了渡过危机,墨西哥政府一方面紧缩公共开支,降低工资水平,降低国内通货膨胀水平,推广就业计划,努力恢复正常的经济活动,另一方面,向国际金融机构申请贷款援助。墨西哥是美国的第三大贸易伙伴,刚刚加入《北美自由贸易协定》,稳定的比索有利于北美自由贸易区的稳定。美国政府认为,如果墨西哥的金融危机不能得到缓解,则美国每年在墨西哥的销售额将减少100亿美元,不利于本国出口和就业,因此当时的克林顿政府从美国340亿美元的外汇稳定基金中提出200亿美元帮助墨西哥政府,加上国际货币基金组织、国际清算银行以及其他一些商业银行的援助,共计530亿美元的国际资本稳定了汇率和投资者信心,到1995年底,墨西哥经济开始走出危机①。

三年之后,又一场金融危机在东南亚爆发,后转移到东亚,涉及国家之多、过程之复杂、破坏程度之强烈,达到了前所未有的程度。

1997年6月,国际炒家大幅抛出泰铢,泰国政府被迫动用外汇储备进行阻击,但是泰国只有300亿美元外汇储备,无力抵挡资金雄厚的国际炒家。于是,7月2日,泰国宣布实行浮动汇率制,放弃14年来实行的泰铢与美元挂钩的固定汇率制。当天,泰铢兑美元的汇率下降了20%,随后波及菲律宾、印尼、马来西亚、新加坡、中国台湾等国家和地区,许多国家和地区的汇市和股市轮番暴跌,货币贬值达30%—50%,仅汇市和股市下跌带来的损失就在1000亿美元以上,引起严重的经济衰退。10月下旬,国际炒家将目标对准中国香港,10月18—28日,香港恒生指数跌去三成,市值减少1517亿美元,香港特区政府重申不会改变

---

① 参见维基百科"1994年墨西哥金融危机"辞条。

多年来实行1美元兑7.8港币的联系汇率制度。11月,国际炒家暂时放弃香港,转向更加有利可图的韩国。11月17日,韩元兑美元汇率大幅下跌,此后短短一个月内跌去一半多,11月20日,开市半小时内,韩国股市狂跌10%,此后一个月内韩国股市跌幅超过20%,大企业集团纷纷宣告破产,韩国政府不得不向国际货币基金组织求援,暂时控制了危机。韩国金融危机波及了与之经济关系密切的日本,日元贬值近30%,日本在韩国的投资收益降低甚至破产,导致数家日本银行和证券公司纷纷破产或倒闭。

1998年初,面对有史以来最严重的经济衰退,2月11日,印尼政府宣布拒绝与国际货币基金组织合作,印尼盾兑美元将保持固定汇率,以稳定印尼盾。此举遭到美欧国家的一致反对,印尼盾狂跌70%,波及其他东南亚货币,直到4月8日印尼与国际货币基金组织再次达成新协议,东南亚汇市才暂告平静。金融风暴导致印尼政局不稳,5月,执政30年的苏哈托总统下台。

1998年8月,国际炒家对香港发动新一轮进攻。从1997年6月至1998年8月,香港恒生指数下跌五成。8月13日,香港特区政府决定入市挽救港币,并得到了中央政府的支持。在外汇市场上,国际炒家大量抛售港币,香港特区政府就动用外汇储备购入港币抛出美元;在期货市场上,国际炒家估空港币,香港特区政府就将所有卖单照单全收,仅8月28日就动用790亿港币;在股市上,香港特区政府大量购入蓝筹股股票,仅8月27日就注入200亿港币,将恒生指数拉高88点。在两个星期的托市行动中,香港特区政府投入的资金超过1000亿美元,收购了香港多家公司的股票,占股市总市值的4%,一年之后,这些股票为政府带来717亿港币的盈利。经过此次阻击战,港币兑美元成功保持在7.75水平以上,成为危机所到之处,唯一没有出现大幅度贬值的货币。①

亚洲金融危机之后,国际炒家的目标又对准了俄罗斯。与此同时,发生金融危机的韩国资金撤出俄罗斯投入本国市场,加剧了俄罗斯危机的程度。1998年上半年,俄罗斯总统与总理之间的矛盾导致政局不稳,投资者信心不足,截至1998年9月2日,卢布贬值70%,俄罗斯股市较年初下跌85%,后来干脆停业,政府宣布推迟偿还外债及暂停国债交易,大约700家银行破产,而当时俄罗斯共有大约1500家银行,整个国家的金融市场陷入破产境地,国内居民存款损失一半,通货膨胀严重,近1/3居民处于贫困线以下。

俄罗斯金融危机又进一步波及欧洲和拉美。从东南亚到东亚再到俄罗斯,投资者的信心大受打击,纷纷撤资以规避风险。例如,140亿美元从与俄罗斯同

---

① 参见黄蒂娟:《香港金融保卫战弹指十年记》,载《证券时报》2008年9月5日。

为新兴工业国家的巴西撤走,导致巴西外汇储备从700亿美元降到500亿美元。德国是俄罗斯最大的债权国,俄罗斯的欠款主要是政府担保的银行贷款,俄罗斯金融市场崩溃自然也冲击了德国等国的股市。[①]

引发亚洲金融危机和俄罗斯金融危机的原因非常复杂,每个国家情况各不相同,需要具体分析。但是这次危机对我们理解全球化进程的风险和负面影响,提供了鲜活的教材。首先,国际金融市场风云变幻,有可能冲击甚至冲垮国内金融市场,当国内金融监管体系不完善时,这种冲击尤为致命。其次,国家政局稳定,财政实力强大,有利于减缓金融危机的冲击,因此,面临经济全球化,国家的作用越发重要。第三,一旦发生危机,很可能会波及其他国家,因此需要各国协调行动以降低破坏程度,未来的全球经济和金融监管体制需要进一步深化。第四,相较于墨西哥危机的表现,美国和国际货币基金组织并不是那么积极地帮助亚洲国家渡过危机,开出的援助条件相当苛刻,因此马来西亚拒绝了国际货币基金组织的援助,这说明在经济全球化中也是存在国家利益的。

四、经济全球化的动力

经济全球化进程的重要推动力之一是资本追逐利润的本性,由此导致了生产要素跨国家流动,各种资源在全球范围内优化配置,表现为国际投资和国际贸易增加,国际组织和国际协定的角色越来越重要,各国经济相互依赖性增强,跨国公司越来越活跃,推动了国际分工的发展和全球市场的出现。

为了推动国际贸易的发展,保护资金、技术和人员在全球范围内的自由流动,国际经济组织积极行动起来。1995年成立的世界贸易组织推动世界各国达成了多个国际经济技术合作协议,包括《全球金融服务贸易自由化协议》、《全球基础电信协议》、《全球信息技术协议》等等,在其成立的第一年,世贸组织就受理了62件世界贸易争端诉讼案件。它还推动世界各国做出减税承诺,当国家之间的关税壁垒被降低,可以预见的是国际贸易和交易的长足发展。布雷顿森林体系建立的另两大国际经济组织——世界银行和国际货币基金组织——则负责监管和协调全球金融体系,当发展中国家面临金融危机时,这些国际组织就帮助它们实行经济改革,调整产业政策,推行更加开放的国家经济体制。当然,这些做法有时会引起争论。大量实例表明,受过世界银行和国际货币基金组织帮助的非洲和拉美国家虽然出现了较高的经济增长,但是国际债务和贸易赤字却在上升,政府预算中用于支付利息的比重成倍上升,社会状况出现恶化迹象。

---

① 参见荣跃:《毁灭与颠覆:重重迷雾笼罩下的全球金融危机真相》,中国经济出版社2009年版。

推动经济全球化的另一个重要因素是计算机和信息技术的飞速发展。科技革命缩小了经济活动的空间和时间距离,降低了远距离交易成本,全球24小时不间断的实时交易已经实现,资本能够以空前的规模从一地流向另一地,以获得最多的利润。当经济信息在全球范围内以更快的速度传递时,收集与分析经济信息的过程更加透明。目前,全球主要股票、期货和利率水平基本同步变化,特别是外汇市场已经成为全球最具流动性的统一市场。

在经济全球化时代,国家并非是可有可无的,相反,很多时候,国家做出的经济决策能够有效调节本国经济,并进而对其他国家造成示范效应。另一些时候,国家本身就是国际贸易和生产的重要调节者,国家控制和决定着进出口总额、关税、国内市场开放程度,此外,国家还缔结和签订许多国际协议和参加国际组织来调节本国经济活动。为了降低国际贸易的不确定性风险,世界各国需要制定并遵守一致的贸易规则,经济制度和利益不同的各国,通过国际贸易被紧密联系在一起。

20世纪70年代初期,以两次石油危机为导火索,严重依赖石油进口的欧美国家开始进入严重的滞胀(高通货膨胀、高失业率、低经济增长)困境,长期奉行的凯恩斯主义被否定,随着美国总统里根和英国首相撒切尔夫人的上台,反对国家干预和经济管制、主张私有化和自由贸易的新自由主义不仅成为美英两国的主流经济学思潮,也成为美英两国推行全球一体化时所采用的意识形态,其标志性事件就是1989年由美国主导的国际货币基金组织提出的"华盛顿共识"和1991年12个欧洲国家共同签订的《马斯特里赫特条约》,后者为今天欧洲联盟的成立奠定了基础。

顺应新自由主义的要求,从90年代起,经济全球化的潮流转向解除管制(deregulation)和自由化,如国有企业私有化、开放国内消费市场和金融市场、由世界市场来决定本国工资和商品价格、减少用于教育和社会福利事业的开支等。以关税为例,第二次世界大战结束时,国际平均关税水平在40%左右,1994年关贸总协定乌拉圭回合谈判之后,发达国家的平均关税水平降低到4%左右,发展中国家下降到12%左右,国际贸易的成本被大幅降低。但是,以国家为单位参与的世界贸易组织,受新自由主义的影响,其目的不在于公平交易,而是促进资本自由流动。但新自由主义也受到批评,原因之一就是它忽视社会公正,由它所引导的经济全球化也不可避免地造成全球和一国范围内贫富加剧,生态环境恶化,犯罪率上升,社会动荡不安。

五、质疑经济全球化

20世纪90年代,部分西方学者曾经用翔实的数据试图证明所谓的经济全球化只是一个新自由主义建构的美好神话，这个神话至少有两点值得进一步探讨：第一，全球化带来统一的全球市场；第二，全球化带来经济增长和社会福利增加，从而提高个人生活水准。

1. “全球市场”神话

质疑新自由主义所主导的经济全球化的学者几乎都是左派学者。他们认为，所谓的统一的全球市场更多地受到一国国内政治的选择和决定的影响，不同国家之间，商品价格的差别很少会由全球市场来决定，经济全球化并没有带来统一的全球市场，相反，国家间的差异依然存在甚至加深。出于某些原因，只要有可能，国家能够在非贸易部门选择高工资和低效率。以日本为例，日本是典型的外向型经济，其国内财富严重依赖国际贸易，但是，日本的某些制造业部门虽然在全球数一数二，相比之下，因为政府过度干预，它的金融机构和劳动密集型服务部门却是出了名的低效率。东京是全球三大金融中心之一，然而，第二次世界大战后，政府过度干预金融市场，企业不顾自身的经营成本和还贷能力而过度借贷，同时，政府对银行实行保护政策，承诺大金融机构不会破产，这种保护反而造成银行的不良资产迅速膨胀。当 1992 年日本经济进入长期的衰退期和低迷期后，从 1994 年起，超过 50 家金融机构发生倒闭和挤兑风潮。此时，日本政府决定改变过去对金融机构的过度保护，实行优胜劣汰机制，采取了放任自流的态度，任由经营困难的金融机构自行解决问题，这又严重削弱了人们对日本经济的信心，反而导致股市暴跌、金融机构资产大减，并进而影响了东京的金融中心地位。

经济全球化的两个重要指标是贸易全球化和金融一体化水平。汤普森用进出口总额占国内生产总值的比率，来对比某些经济发达国家 1913 年和 1993 年的贸易水平（见表 2-1），又用国民储蓄与投资之间的相关系数，来比较 22 个经济合作与发展组织成员国的金融一体化水平（见表 2-2）。

表 2-1　按现行价格计算商品贸易对国内生产总值的比率（出口和进口合在一起）：1913—1993 年（%）

	1913 年	1950 年	1973 年	1993 年
法国	35.4	21.2	29.0	32.4
德国	35.1	20.1	35.2	38.3
日本	31.4	16.9	18.3	14.4
荷兰	103.6	70.2	80.1	84.5
英国	44.7	36.0	39.3	40.5
美国	11.2	7.0	10.5	16.8

资料来源：格雷厄姆·汤普森：《全球化与国内经济政策的可能性》，转引自王列、杨雪冬编译：《全球化与世界》，中央编译出版社 1998 年版，第 57 页。

表 2-1 显示,二战后,主要发达国家的国际贸易受到严重破坏,进入长期的缓慢恢复期,直到 1993 年,法国、日本、荷兰、英国等国的贸易水平都没有超越 1913 年的水平,德国和美国稍有超越。

表 2-2 储蓄与投资的相互关系:1990—1995 年[$(I/Y)1 = \alpha + \beta(S/Y)1 + U_1$]

	1900—1913	1926—1938	1960—1974	1974—1980	1981—1990	1991—1995
β	0.774	0.959	0.887	0.867	0.635	0.67
	(0.436)	(0.082)	(0.074)	(0.170)	(0.108)	(0.086)
R^2	0.26	0.94	0.91	0.56	0.64	0.75

注:β 系数下面括弧里的数字是标准误差。

资料来源:格雷厄姆·汤普森:《全球化与国内经济政策的可能性》,转引自王列、杨雪冬编译:《全球化与世界》,中央编译出版社 1998 年版,第 40 页。

衡量国际金融一体化的一个指标是,国内投资相对独立于国内储蓄,换句话说,二者的相关系数越低,则国际金融体系一体化程度越高,相关系数越接近 1,国际金融一体化水平越低。从表 2-2 可以看出,直至 80 年代,国际金融一体化水平都没有超过一战前的程度,进入 80 年代以后,国际金融一体化程度才有所提高,但远远没有达到全球一体化的水准。各国金融体系仍具有强大的相对自主性,而这一点,与经济全球化和金融全球化的想法相差甚远。

新自由主义试图证明经济全球化时代国家不再重要,然而,表 2-3 比较了某些发达国家在 1960—1995 年期间,政府总支出占国内生产总值的百分比,反而发现,政府的总支出越来越多,说明政府将大量的资源用于社会福利方面,按新自由主义的假设,这意味着政府干预将不可避免地损害国际竞争力。但是,并没有什么经验证据表明政府高额财政支出与不良经济运行之间存在着相关关系,更不用说因果关系了。

表 2-3 一般政府总支出:1960—1995 年(按市场价格在国内生产总值中占的百分比)

	1960	1970	1980	1990	1995
奥地利	35.6	39.2	48.8	49.3	52.7
法国	34.6	38.9	46.6	50.5	54.1
德国	32.5	38.5	48.0	45.3	49.1
意大利	30.1	34.2	41.9	53.2	53.5
日本	—	19.4	32.6	32.3	34.9
瑞典	—	43.7	61.2	60.7	69.4
英国	32.2	37.3	43.2	40.3	42.5
美国	27.0	31.6	33.7	36.7	36.1

资料来源:格雷厄姆·汤普森:《全球化与国内经济政策的可能性》,转引自王列、杨雪冬编译:《全球化与世界》,中央编译出版社 1998 年版,第 40 页。

新自由主义全球化的支持者认为,跨国公司将摆脱国家疆界的限制,成为自由的投资者。然而,事实却是,除了少部分例外,用资产份额、所有权、员工、管理方式、研发机构的地点这些指标来衡量的话,大量跨国公司的经济活动仍然以母国为基础。而且,绝大多数外国直接投资进入了高工资、高税收的国家,如美国、英国、德国和加拿大,相对而言,进入工资和税收更低的发展中国家的投资更少,生产的全球化远未实现。

2007 年亚马逊网站的畅销书之一《世界是平的》是关于新自由主义全球化的第一个神话的最佳注解。作者托马斯·弗里德曼认为,2000 年之后,全球化进入 3.0 时代,之前 1800—2000 年是 2.0 时代。3.0 时代最大的变化之一,就是从西方人主导的全球化转变为各个人种参与其中的全球化,新一轮的全球化正在取消国界,对任何国家而言,坚持自由贸易的好处将超过实行贸易保护所带来的短期利益。在之前的另一本畅销书《理解全球化:凌志车与橄榄树》(1999)里,弗里德曼曾经天真地提出"预防冲突的金拱门理论",声称"没有哪两个有麦当劳的国家之间彼此打过仗"。然而具有讽刺意味的是,1999 年,美国和北大西洋公约组织轰炸南斯拉夫,交战双方的城市里都开着麦当劳。

2."全球增长"神话

针对这第二个神话,存在着更多经验证据进行反驳。经济全球化已经将全球分化成两极,一边是美国、欧洲、日本、10 个新兴经济国和世界 500 强大公司,其中仅美国就占了世界经济总量的 28%、全球货物贸易量的 12.5%、外国直接投资的 11%,另一边是贫困和动荡不安的广大第三世界和发展中国家。现在,占世界人口 1/4 的工业化国家拥有世界财富的 85%,西方七国集团占世界人口的 11%,却拥有全球国民生产总值的 2/3,仅一个纽约城所耗费的电力就超过了西撒哈拉非洲所有国家的总和。过去 40 年来,全世界最穷的 20 个国家的人均收入几乎没有任何变化,而全球最富裕的 20 个国家的人均收入却增长了 3 倍,南半球的人均国民生产总值只相当于北半球的 17%,49 个最不发达国家占全球总人口的 10%,其占有的财富却不足 1%,每年的总产值只占全球经济收入的 0.6%。按照世界银行划定的国际贫困线(每人每年 392.88 美元),生活在国际贫困线两倍(每人每年 785.76 美元)以下的人口占世界总人口的 46%。全球最有钱的三个富翁——美国的沃伦·巴菲特、比尔·盖茨和墨西哥的卡洛斯·希利姆·赫鲁——拥有的财富总和超过 1500 亿美元,超过了全球最贫穷的 7 亿人或全球最不发达 48 个国家所拥有的财富总和。

对于富国和穷国而言,从全球化进程里获得的好处绝对是不一样的。英国《经济学家》杂志曾经报道过:

> 在乌拉圭回合的谈判里，富国降低关税的幅度比穷国小。自从乌拉圭回合以来，他们还找到新的办法来固守他们的市场，最显著的是对他们认为“便宜得不公平”的进口货物征反倾销税。在发展中国家最有竞争力的几个部门，像农产品、纺织品和服装，富国特别厉行保护主义。结果……富国对于从穷国进口制造品所征的关税，平均比对从其他富国来的进口货所征的关税高四倍。……富国如果肯把市场再开放一点，到2005年，穷国每年就能多出口7000亿美元。……世贸组织的134个会员国里，有29个国家没有派代表驻在日内瓦总部。更多国家几乎没有能力把提案交到世贸组织去。①

不仅仅是国与国之间的贫富差距加大，在全球化年代，每个国家内部的贫富差距也逐渐加大。跨国公司把劳动密集型产业转移到发展中国家，或者干脆将某些生产和工作环节（如呼叫中心、软件设计、商务支持等）外包到劳动力价格较低的发展中国家，导致了本国制造业和某些传统产业的工人失业，失业率上升，从而加大本国贫富差距，传统的终生就业已经消失，取而代之的是更多的临时性的弹性工作、灵活就业和兼职工作。1974年至1983年期间，大约有800万份报酬相对较高的工作丧失，其中大多数在欧洲，与此同时，亚洲和拉美的就业岗位迅速增加，目前巴西、俄罗斯、印度、中国这四国的劳动力占全球劳动力市场的45%。

表面上看，虽然发展中国家获得了资本输入，解决了就业问题，但是“世界工厂”的地位并未有效提高贫困地区的整体生活水平。比如根据国家统计局2005年的数据，全国城镇居民可支配收入与农民人均纯收入之比为3.22:1，占我国10%的最富有人群掌握着国家45%的财富，而10%的最贫困人口只拥有国家1.4%的财富，社会财富倾向于流入高收入群体。

由于各国历史条件的差异，在很多国家里，财富更容易聚集在“外来的”少数族群手中，如西非的黎巴嫩人、南斯拉夫的克罗地亚人、菲律宾的华人、南非的白人、俄罗斯的犹太人等。在这些国家里推销新自由主义全球化，往往造成的结果就是处于贫困的多数族群嫉妒和仇恨富裕的少数族群，从而引发社会动荡甚至是种族灭绝大屠杀，比如1991年南斯拉夫塞尔维亚族屠杀克罗地亚族，1994年卢旺达胡图族杀死80万图西族，1998年印尼排华骚乱致使2000多人丧生。②

① 《经济学家》（英国）1999年9月25日，第89页。

② 参见蔡爱眉：《起火的世界：输出自由市场民主酿成种族仇恨和全球动荡》，中国大百科全书出版社2005年版。

真正从全球化中得到好处的是发达国家和少数发展中国家里的少数人，大部分发展中国家付出了贫困、失业、社会解体、环境破坏等代价。每年死于空气污染的270万人中，有90%生活在发展中国家，每年发展中国家有2500万人发生农药中毒，500万人死于污水引起的疾病，美、日、欧消耗了世界2/3的纸制品，所使用的木材几乎全部来自发展中国家。因此，越来越多的人认为，发达国家利用了发展中国家的土地、矿产、木材、水源等资源，为本国经济和本国人民谋取福利，牺牲了发展中国家的利益，同时，发达国家进口初级原材料，出口高级制成品，从发展中国家谋取了高额利润。关于非洲的数据表明，非洲从发达国家每吸收1美元投资，就会因为开放市场和资源而损失1.5美元。

以公平贸易为旗号，世界贸易组织要求发展中国家给予发达国家以国民待遇，消除发达国家进入发展中国家市场的障碍，拒绝这一要求的国家沦落到世界体系的边缘地位，最终被整个国际社会忽视；答应这一要求并据此开放市场的国家，在左派学者看来，最终将成为发达国家的依附者，引起社会不稳定和人民生活水准下降。

第二节 跨国公司

经济全球化的后果之一就是出现了整合全球资源、实施全球策略、业务遍布世界的跨国公司(Transnational Corporations, TNCs)，并且跨国公司的实力越来越大，深刻地影响着当今世界。

一、跨国公司的定义和特征

简单地说，跨国公司就是在两个以上国家或地区从事生产、销售和经营活动的公司。近代跨国公司的雏形最早出现在16世纪，伴随地理大发现和开拓海外殖民地，西班牙、葡萄牙、荷兰和英国等国出现了一批从事远洋运输和国际贸易的公司，这些公司的业务广泛分布在宗主国和殖民地之间，并享有特许经营权和垄断贸易权。

跟今天的跨国公司不同，早期跨国公司主要从事国际贸易，很少从事跨国直接投资和跨国生产，跟殖民扩张活动有着密不可分的关系。荷兰东印度公司(Dutch East India Company, 1602—1799)是当时世界上最富有的私人公司，可以自组军队、发行货币，并获准与其他国家签订正式条约，其总部设在今天印尼的雅加达，拥有超过5万名员工、1万名雇佣军、150艘商船、40艘战舰，仅在亚洲就有35个据点(1624—1662年期间曾占领我国台湾部分地区，后被郑成功打败,退出台湾)。英国东印度公司(1600—1858)被英国女王伊丽莎白一世授予在印度贸易的特许权,被认为是英国殖民者侵略印度的工具,它不仅从事商业活动,垄断了印度和孟加拉的鸦片、食盐、棉花和烟草贸易,将茶叶种植引入印度,而且建立军队,用暴力占领印度,成功地将法国人赶出了印度,使印度沦为英国殖民地。18—19 世纪,东印度公司向中国大量走私鸦片,致使中国对英国贸易从出超变成入超,大量白银流失,最终导致 1840 年鸦片战争爆发。

二战以后,尤其是进入 70 年代,跨国公司的发展进入新阶段。随着贸易保护主义盛行和科技进步,商品的运输成本降低,跨国公司转向以对外投资和跨国生产为主,成为经济全球化的重要表现和推动力。当时关于跨国公司的称呼还有多国公司(Multi-national Enterprise)、超国家公司(Supernational Enterprise)等,1974 年联合国经济及社会理事会做出决议,统一采用"跨国公司"这一名称。

1970 年,全世界有超过 7000 家跨国公司的海外业务量超过公司业务量的一半,拥有近 3 万家国外子公司。2002 年,全世界已经有超过 6 万家跨国公司和 85 万家国外子公司,占据了世界税收的 1/3、全球生产总量的 45%、全球贸易总量的 65%、全球技术交易总量的 80%、全球高新技术研发的 95%、全球外国直接投资的 90%,跨国公司已经成为世界生产的主要组织者和投资者。根据《财富》杂志的世界 500 强名单,2007 年全球最大的三家公司分别是沃尔玛、埃克森美孚和皇家壳牌石油,榜首沃尔玛的营业收入超过 3511 亿美元。而 2006 年,整个非洲大陆的国民生产总值之和是 1 万亿美元,占整个世界的 2%,财富 500 强前 3 名的收入总额大致相当于整个非洲大陆的国民生产总值之和。2007 年,世界 500 强企业的营业总收入达 21 万亿美元,相当于当年世界各国国民水产总值的四成以上,其销售额增长率和资产增长率更是远远高于世界经济的平均增长速度。

目前,全球的跨国公司主要集中在石油开发、汽车制造业、信息产业等领域内,尤其是石油业,2007 年全球最大的 10 家公司里,有 6 家都以炼油业为主业,中国石化和中国石油是两家最大的中国公司,分列第 17 位和第 24 位。

跟早期跨国公司不同,当代跨国公司具有如下特征:

第一,在两个以上国家和地区从事经济活动,目的是开拓新市场、获得廉价劳动力和高额利润。

第二,在从事经济活动时,跨国公司往往从全球角度进行战略部署,在全球不同地区之间灵活转移资源,在世界范围内寻求合理的生产布局,使公司的总收益最大化,甚至可能牺牲某些国内市场。

第三,各个子公司在管理、人员和资金方面共享资源,相互流通,母公司对子公司实行高度集中的统一管理，有时，这种控制超过子公司所在国家政策法规的影响力。

第四，跨国公司在母国之外雇用了大量海外员工，1995—2005 年这 10 年间，全球最大的 100 家跨国公司的海外员工占总员工的比例从 43% 增加到 53%，其中比较突出的是全球最大的食品公司雀巢公司，22 万名员工里有 213 600 名是海外员工，高达 97%。面对这种情况，我们也许要问：雀巢公司还是一家瑞士公司吗？

第五，海外业务在跨国公司里占据重要地位。1995 年，全球最大的 100 家跨国公司海外资产占其总资产的 41%，到 2005 年，这一数字上升到 55%；同期，最大的 100 家跨国公司海外销售占其总销售的比例，从 46% 增加到 57%。通过在全球设立制造和研发中心、外包部分环节、与其他企业建立战略联盟、在全球范围内整合和配置资源，跨国公司成功地打造了全球产业链。早在 1997 年，可口可乐公司就宣布，自己不再是美国公司，而是一个全球性公司。据统计，三分之一的世界贸易在同一公司的不同子公司之间进行，而不是在不同公司之间进行，这说明跨国公司是当今世界贸易的主力，控制着世界贸易的方向。

二、跨国公司与全球化

跨国公司的主要投资手段包括：在某些国家建立制造工厂，生产的零件运往设在他国的组装工厂，最终销往另一个国家（如戴尔电脑）；或者在某个地区投入大量的人力和资金，开拓当地市场，并力争保持垄断地位（如可口可乐）。无论是哪种策略，跨国公司的支持者们都认为，“公司的国籍正变得越来越不重要”①。

1. 跨国公司的影响

跨国公司的确带来了全球意义上的经济和社会影响。对发展中国家来说，跨国公司的投资能够增加就业机会和税收、提高社会生活水平，获得一些技术手段和技能，节省研发费用。一些跨国公司将发展中国家当成潜在的消费市场，这些国家的消费者能够得到更低廉、更优质的产品。跨国公司向新兴市场经济国家投入资金和人力，在一定程度上推动了发展中国家的本国企业的壮大。以中国为例，随着国内股市高涨，以 2007 年 10 月 16 日收盘价计算，全球十大市值公司里，中国占四席，分别是中国石油（第 2 位）、中国移动（第 4 位）、工商银行（第 5 位）和中国石化（第 8 位）。中国移动已经是全球最大的移动业务运营商，2006

① 语出英国前工业大臣肯尼思·克拉克，*Financial Times*，1988 年 6 月 20 日。

年工商银行在上海和香港两地同时上市时，创下全球最大 IPO（首次公开招募）纪录，达 196 亿美元。2005 年中国（包括台湾和香港地区）有 18 家企业进入《财富》世界 500 强行列，2006 年增加到 23 家，2007 年达 30 家（其中内地 22 家，台湾 6 家，香港 2 家）。

不可忽视的另一面的现实是，跨国公司实力雄厚，许多发展中国家根本不是其对手，每年拉美和加勒比海沿岸国家因跨国公司逃税而损失 500 亿美元，估计全球这一数字高达 1600 亿美元。[①] 联合国 180 个成员国中，有 130 个国家的经济实力小于 50 家最大的跨国公司，世界上最大的 200 个工业公司只雇用了世界人口的 0.3%，却控制着全球经济产量的 28.3%。为了能够与当地产品竞争，跨国公司不惜降低工资和质量，对工人的过度剥削使得很多跨国公司背上了“血汗工厂”的恶名。

全球最大的零售企业沃尔玛的宗旨是“帮顾客节省每一分钱”，一再降低成本。1996 年进入中国，2006 年在中国的采购量是 180 亿美元，有近 2 万家供应商，目前在中国销售的商品中产自中国的达到 95% 以上，给中国提供了很多就业机会。但是，记者调查显示，沃尔玛对供应商开出近乎苛刻的条件，极力缩短生产周期，一条超市标价 70 元的裤子，付给工人的工资只有 0.2 元，为了赶工期，很多工人一周工作 7 天，每天工作超过 10 小时，每小时工资收入只有 3 元钱，工伤事故时有发生。为了获得低价商品，沃尔玛甚至向那些没有在工商部门合法注册、偷税漏税的黑工厂下订单，破坏产业链。为了占领中国市场，进入中国的头 10 年，沃尔玛一直在亏损，直至 2006 年才开始营利，此举被经济学家指责为有意利用母国的利润来填补中国市场的亏损，以低价挤垮其他零售业对手，从而垄断中国的零售市场。不仅仅是对供应商和竞争者，就是对消费者，沃尔玛也有不良记录。从 2001 年起，沃尔玛多次因出售商品的质量问题而被媒体曝光，包括从无合格证的地下作坊进口食品、不合格食物导致中毒、售出的炸鸡竟然含有鸡屎、出售过期变质食品等等，合计不下 40 起。[②] 2005 年以来，越来越多的跨国公司在中国爆出负面新闻，从肯德基、强生、雀巢，到东芝、索尼、柯达、西门子，跨国公司在中国涉及商品质量、环境污染、行贿受贿、偷税漏税、克扣员工工资等问题。

跨国公司在发展中国家的活动，深刻地影响了当地的消费活动，而这种影响并非总是意味着更合适、更优越的消费模式。千百年来，母乳喂养是人类哺育婴

---

① 参见管彦忠：《跨国公司在拉丁美洲每年逃税额高达 500 亿美元》，人民网，2008 年 5 月 22 日。

② 参见黎光寿：《沃尔玛商品质量令人震惊》，载《市民》2007 年第 12 期，第 12 页。

儿的传统方式，自从1867年雀巢公司创始人研制出世界上第一例婴儿配方奶粉之后，100多年来，大公司为了获取利润而大肆宣传配方奶粉的优越性，贬低母乳，发展中国家盲目相信了这些宣传，比如当时菲律宾84%的新生婴儿喝配方奶粉而放弃母乳。由于饮用水不合格，加上不能按照正常程序对奶瓶消毒，在70年代，据估计，发展中国家每年有1000万婴儿因非母乳喂养而造成营养不良、疾病或死亡，由此，拉开了一场耗时长达10年的抵制配方奶粉、保护母乳喂养的世界性运动，雀巢公司被告上法庭。虽然公司赢了官司，却失去了消费者的信任和每年4000万美元的奶粉市场。1981年世界卫生大会通过了《国际母乳代用品销售守则》，第1条是"禁止对公众进行母乳代用品、奶瓶及奶嘴的广告宣传"，第4条是"母乳代用品公司的营业代表不得接触孕妇或母亲"。讽刺的是，一些大的奶粉公司竟然是保护母乳喂养运动的最大赞助商，一边承诺支持母乳喂养，一边却在广告里利用婴儿形象大肆宣扬配方奶粉的优越性，并且向医务工作者行贿以推销奶粉。

2. 跨国公司、全球化与地区化

关于全球化时代的跨国公司的另一个争议在于：跨国公司正在走向全球化，还是地区化？

一个显而易见的事实是，任何一个主要跨国公司的控制权都被牢固地掌握在某一国的资本家手里。1991年，在30家美国大跨国公司里，仅有5家的执行董事会里有一个外国人。20家日本大公司中，仅有2家的董事会各有一个外国人。在15家德国核心公司中，仅4家董事会中有外国人。[①] 虽然很多跨国公司在海外投资活跃，但是以销售、分配、资产等指标来衡量，跨国公司仍然以母国为活动中心。

一般认为，跨国公司在国外发展，其目的之一是降低生产成本，运输技术和信息科技的发达更加便利了跨国公司转移生产基地。然而事实是，大的跨国公司并不是在全球均衡地投资，而是倾向于在一个国家投入更多资金。大多数贸易和投资在发达国家之间进行。2007年，发达国家的跨国公司是最主要的投资者，投资额占世界总投资额的85%，来自印度、巴西、俄罗斯和中国的投资额占大约15%，大量贫困国家根本没有对外投资。发达国家互为最大投资伙伴，90年代初期，英国累计对外直接投资的一半是在美国，27%在西欧。在2007年全球外国直接投资中，发达国家吸收了67%，其中美国吸收近12%，亚洲和大洋洲

① 参见克里斯·哈曼：《全球化——一种新正统观念的批判》，载王列、杨雪冬编译：《全球化与世界》，中央编译出版社1998年版，第179页。

国家吸收了大约20%，非洲和拉美只占10%左右。如果去掉南非、埃及、尼日利亚、摩洛哥等少数国家的石油、天然气和采矿业，流入大多数非洲国家的外国直接投资总额仅有全球的0.1%，世界上近三分之二的国家实际上被排除在投资范围之外。

造成这一现象的原因是多方面的。第一，发达国家是全球最大的消费市场，穷国很可能消费不起高档产品，因此，跨国公司更乐意在发达国家进行投资。第二，科技的发展降低了工资和原材料的重要性，也降低了运输成本，穷国只能凭借廉价劳动力而发展劳动密集型产业，能够获取更高利润的知识密集型产业很少被转移到发展中国家。第三，当今全球大跨国公司的母国基本都是发达国家，这些国家有完善的市场经济制度、金融制度、法治环境，这种优势投资环境是广大发展中国家短时期内不可能发展出来的。第四，为了降低投资风险，跨国公司的海外投资更倾向于选择那些当地市场和文化与本国市场和文化更加相似的国家，而不愿意冒险投资一个不熟悉、不了解的国家。

因此，有学者认为，跨国公司带来的不是国家之间无差别的全球化，而是美、日、欧等发达国家和部分新兴市场经济国家的地区一体化，国家和国家之间的差别依然很大。这一结论其实谈论的是一个常见的全球化负面后果，即贫富分化或南北差距，国家之间的差距被全球化拉大，部分穷国被全球化之轮无情抛弃。

第三节　经济全球化的后果

在一国范围内，制定经济政策和对经济果实进行分配，传统上是政府的责任，然而在全球化时代，并不存在一个世界政府，那么谁来负责协调世界范围内的全球经济秩序？这需要依靠各国政府和国际组织。经常出现这种情况：各国政府就全球经济秩序进行协商时，为了满足国内经济增长的需要而放弃全球性责任。国内民族主义与世界范围内全球主义的冲突，使得各国政府顾此失彼，因此，现存国际经济秩序基本上仍旧是一个发达国家主导的体系，发达国家和发展中国家讨价还价的能力非常不平等，发达国家依靠自己的优势地位来制定游戏规则，发展中国家实力弱，往往受人摆布。看清楚这一点，就不会寄希望于新自由主义所信赖的“看不见的手”来自发地调节全球经济活动。

在经济全球化年代，哪里利润高，跨国公司就在哪里投资。当民族国家的政治、经济和文化壁垒阻碍跨国资本的活动时，打破这些壁垒就成为跨国公司的内在要求。全球统一市场和协调运作的跨国组织在本质上与传统的国家主权观念相冲突，资本的全球流动要求冲破领土和主权的束缚，由此对国家主权造成严重挑战。

一、全球化与国家经济主权

当国家的主权与经济全球化趋势相冲突时，跨国资本和跨国组织会想方设法使国家主权从属于资本扩张的要求，由此带来两种后果：要么是民族国家主动改变本国的相关制度，接纳全球资本，从而成为经济全球化中的一员，即“顺应潮流”；要么是跨国资本插手国家内部事务，强制性地改变民族国家的权力结构或国内政策，即“被动参与”。无论是哪一种情况，都意味着国家主权的部分让步和国家职能的削弱。因此，有学者认为，“这样的变化（即全球化）是革命性的，因为它削弱了现代政治的基础之一——国家主权。……全球化毁灭主权国家，联通世界版图，滥用已建立的政治共同体，挑战社会契约，过早地提出无用的国际保障概念……从此，主权再也不像过去一样是无可争辩的基本价值，尽管外界观念的渗入是缓慢的，但肯定在改变着主权的内涵”[①]。

从国家职能来看，随着世界各国在经济上越来越相互依赖，传统的国家权力进而向这些国际组织进行转移。比如，24 小时不间断交易的全球金融市场加强了货币的跨国流动，目前世界主要货币都是可以自由兑换的货币，意味着国家已经无法独立维持本国货币，汇率不仅受一国国内经济和中央银行政策的影响，而且更多地受到国际金融市场交易价格的影响。资本在全球范围内流动，对一个国家的金融体系构成重大的冲击，多次金融危机就是明证，一个国家的货币政策、利率政策和汇率政策必须考虑国际市场的需求。传统的民族国家拥有完全自主的税收权，能够自行决定对进口商品征收的税率，然而，诸如世界贸易组织这样的全球性的国际经济组织的目的之一在于推动世界各国减税进而刺激投资和国际贸易，世界贸易组织的前身关税与贸易总协定（GATT）自 1947 年起，就一直致力于成员国之间的多边减让关税谈判，1947 年至 1994 年之间共进行了八次多边减税谈判，每一次都以各成员国降低对进口商品的关税和减少非关税壁垒协议而结束。

不仅是出让部分权力给国际组织，就是国家调控经济的管理职能也受到削弱。跨国公司的投资和经营策略，往往由总公司决定，它们实力雄厚，可以操纵某个国家某一部门的经济命脉，摆脱母国和东道国的控制。咖啡豆是国际贸易中继石油之后的第二大原料产品，由四大公司——雀巢、卡夫、宝洁和 Sara

① 参见阿兰·伯努瓦：《面向全球化》，载王列、杨雪冬编译：《全球化与世界》，中央编译出版社 1998 年版，第 18 页。

Lee——垄断的国际咖啡豆市场价格一路下跌，2002 年咖啡豆价格只有 1960 年价格的四分之一，对于啡农来说是致命打击。世界范围内，咖啡豆价格暴跌影响了 2.5 亿农民，其中大部分生活在世界上最不发达国家内，为温饱而挣扎。跨国公司压低咖啡豆原料价格，成品咖啡的价格却居高不下，跨国公司从中赚取高额利润。埃塞俄比亚是以人均收入计世界上最不发达国家之一，咖啡豆出口占了总出口额的 75% 以上，该国连年饥荒不断，为了增加啡农的收入，政府进行了补贴，此举违反了世界贸易组织的规定。2002 年，雀巢公司以此为由向埃国政府索赔 600 万美元。由此可见，在经济全球化年代，当跨国公司实力足够强大甚至超过国家时，当一国的经济政策与跨国公司的经营策略发生冲突时，国家的影响力有可能被严重削弱。

当国家财富越来越多地被集中在跨国公司、大商人、大资本家等富人手中的时候，国家征税能力就会下降，用于基础建设和经济发展的国家财富越来越少，国家发现自己很难制定并推行长期的整体经济发展战略。非洲是人类文明的发源地，考古学家发现了距今为止最古老的人类，说明这片大陆的自然条件并不差，适合人类生存和发展；然而，自近代以来，由于帝国主义的掠夺和剥削，非洲国家受到严重破坏，经济落后。现代以来，非洲国家纷纷认识到了自己贫困的根源，试图扭转局势，却总是无法实现增长目标。这其中的原因很复杂，从全球化的角度来看，非洲的财富外流，国家能力被削弱，缺乏长期经济发展规划，即使制定了发展战略，国家财政收入也不足以支持发展战略的实施，需要依赖外部援助，而跨国公司和大资本家更乐意非洲是永远的原材料基地，也不愿意看到独立自主的新非洲。微弱的国家实力与落后的经济并行，是大部分非洲国家的现实写照（当然，某些独裁政权被排除在外）。

发展中国家往往有着被发达国家殖民或侵略的历史经历，饱受屈辱的过去使得它们珍视国家主权，任何对国家主权的挑战都会被认为是侵略的翻版，这使得他们对经济全球化持有更警惕、怀疑、不安甚至敌对的态度，唯恐经济全球化是又一场西方霸权的"阴谋"。1997 年亚洲金融危机爆发后，受影响国家求助于国际机构的援助，国际货币基金组织开出了苛刻的援助条件，比如开放资本市场、保持高利率、进行金融改革、出售国内银行给外国金融机构、实行紧缩性经济政策、放慢经济增长，满足这些条件则意味着在一定程度上丧失了国家经济主权，因此，国际货币基金组织在亚洲受到了严重抵制。马来西亚始终没有接受它的援助，却在 2000 年以 8.5% 的经济增长率列所有受灾国之首，最早清理完了金融危机遗留的不良资产，远远超过其他受灾国；印尼虽然最终接受了援助，但是苏哈托总统宣称与该组织的协议"违背了印尼宪法精神"；韩国的失业工人打着“IMF = I'M Fired”的标语在大街上示威,痛斥它是“披着羊皮的狼”。

另一方面,应该承认,全球化对国家经济主权的影响并非全然是负面的。欧盟是一个典型例子。欧盟各成员国将货币政策、利率政策、税收政策、产业政策等等部分地让渡给了欧盟,对外执行统一的出口和税收政策,对内取消关税壁垒、放开自由贸易,同时,在外交、司法等方面,各成员国保持高度的独立。这些做法提高了各成员国的整体实力,使欧盟在经济实力上成为影响当今世界数一数二的力量。

二、华盛顿共识及之后

20 世纪 80 年代,绝大多数拉美国家陷入长达十余年的通货膨胀和债务危机时期。1989 年,为了给拉美国家经济改革提供方案,也为了给东欧后共产主义国家提供转轨对策,美国国际经济研究所邀请国际货币基金组织、世界银行、美洲开发银行以及拉美国家代表在华盛顿召开了一次研讨会,时任所长的约翰·威廉姆森曾担任世界银行首席经济学家,由他执笔,此次会议提出了各方达成共识的 10 条政策措施,被称为华盛顿共识(Washington Consensus)。具体内容为:

(1) 加强财政纪律,压缩财政赤字,降低通货膨胀率,稳定宏观经济形势;

(2) 取消补贴,把政府开支的重点转向经济效益高的领域和有利于改善收入分配的领域(如教育、卫生和基础设施);

(3) 开展税制改革,降低边际税率,扩大税基;

(4) 实施利率市场化,提高储蓄率;

(5) 采用具有竞争力的汇率制度;

(6) 实施贸易自由化,降低关税,开放市场;

(7) 放松对外国直接投资的限制;

(8) 对国有企业实施私有化;

(9) 解除政府对经济的管制;

(10) 保护私人产权。

这 10 条措施继承了自由竞争的经济思想,与西方自由主义传统一脉相承,美国著名左派学者诺姆·乔姆斯基在他的《新自由主义和全球秩序》一书中明确指出:“新自由主义的华盛顿共识指的是以市场经济为导向的一系列理论,它们由美国政府及其控制的国际经济组织所制定,并由它们通过各种方式进行实施……其基本原则简单地说就是:贸易经济自由化、市场定价(‘使价格合理’)、消除通货膨胀(‘宏观经济稳定’)和私有化。”

90 年代以来，英美等国家在国内奉行里根主义和撒切尔主义，在国际上推行华盛顿共识，新自由主义的经济政策在国内、国际大行其道，成为全球主流的发展理念，因此，也有人将推崇华盛顿共识的全球化称为“新自由主义全球化”。

但是，华盛顿共识存在着两个缺陷。第一，只强调解除管制和发展市场，不关注社会公正问题，由此导致国内、国际分配严重不公，社会矛盾激化，一个动荡不安的环境反过来只会阻碍经济发展。第二，它是以美国为主导提出的经济发展方案，提出的背景是 80 年代拉美地区通货膨胀高企、财政赤字连年升高，在实际操作中，以抑制通货膨胀、稳定价格为目的的华盛顿共识不适于经济快速增长的国家，在其他国家出现严重水土不服的情况。

华盛顿共识的缺陷在 1997 年的亚洲金融危机中暴露出来。各个国家产生危机的原因各不相同，泰国、印尼和马来西亚的共同之处在于，一方面这些国家都采取了固定汇率制，另一方面，在缺乏相应制度保障的情况下，过快开放国内金融市场，这样一来，当国际炒家发现有利可图、冲击该国货币的时候，受冲击的国家缺乏有效措施管制近乎天文数字的国家游资（在市场经济越成熟的地区——如香港——政府越能有效地采取市场手段来对抗国际炒家，受金融危机的影响也越小）。而且，为了维持固定汇率制，这些国家长期以来一直动用外汇储备来弥补贸易逆差，导致外债增加，当金融危机来临时，在大量外债的压力面前，本国货币贬值几乎是不可避免的。

华盛顿共识的核心理念是自由化、私有化、价格稳定和政府角色最小化。在实际运作中，像中国这样政府主导的发展型国家反而取得了长足进步，国内金融市场开放度不高的中国躲过了 1997 年的金融危机，在保持独立的同时实现了经济增长。与此形成对比的是，东欧国家和拉美国家的表现不尽如人意，在华盛顿共识风行拉美的十年——即 90 年代，也被称为“改革的十年”——中，拉美国家经济增长率仅为 60 年代的一半，反而背上了沉重的债务负担，改革带给拉美普通人民的是痛苦而非收益。1997 年亚洲金融危机之后，同意和接受华盛顿共识的国家才能从国际货币基金组织获得援助。韩国和马来西亚是从危机中恢复最快的两个国家，一个接受了华盛顿共识之下的国际援助，一个拒绝了它。当马来西亚宣布实行外汇管制时，国际货币基金组织预测马来西亚经济将在三个月之内崩溃，然而事实却是，马来西亚最先清理了所有金融机构坏账，很快重建了国内信贷体系。

亚洲金融危机也冲击了华盛顿共识的内部，国际货币基金组织和世界银行对待危机的态度有异。1998 年，时任世界银行首席经济学家的斯蒂格利茨在一次演讲中首次提出了“后华盛顿共识”。他这样评价华盛顿共识：“从好的方面说，它是不完善的；从坏的方面说，它是误导性的。”他承认华盛顿共识的优势在于简明，仅凭几项经济指标——通货膨胀、货币供应增长、利率、政府预算和贸易赤字——就能够制定一整套经济政策。然而，华盛顿共识犯了市场原教旨主义的错误，迷信市场万灵地能够解决一切问题，忽视了政府的角色和影响。尽管在1997年亚洲金融危机中，遭受冲击的东南亚和东亚国家都是政府主导的发展型国家，但是这也不足以说明政府干预经济发展这一行为是错误的，只能说明政府不恰当地干预了国家经济发展，恰恰是政府的失误，才造成了金融危机。因此，华盛顿共识既不能解释亚洲金融危机的原因，也不能提供亚洲国家摆脱危机恢复经济的措施。

斯蒂格利茨“后华盛顿共识”的核心内容包括两点。第一，发展不仅仅是经济增长，还包括社会的全面进步，贫困、收入分配、环境保护、教育、医疗卫生等问题也应当提到社会发展的日程上来，以促进可持续的、稳定的、公平的、民主的社会发展和全球发展。第二，除了私有化、自由化和价格稳定之外，应当采取更多的经济手段来推动社会发展，包括改革金融部门、提高政府职能、鼓励自由竞争等等，在制定经济政策时，应该考虑每个国家的具体情况，不能简单地“一刀切”。其中，跟华盛顿共识最大的区别在于重新认识政府的角色和职能，政府不是市场的对立面，而是市场的补充。以往的经验表明，每一个经济成功的国家的政府都恰当地参与了干预市场活动，政府能够纠正市场的失败，使市场运转得更好。斯蒂格利茨更加进一步建议政府的工作重点应该放在以下几个方面：建立完善的金融体系和监管制度；建立并巩固市场经济所必需的配套制度，如反垄断、社会保障体系、法治社会等等；投资人力资本，增加教育投入；推动创新技术进步和技术转移；等等。因此，关键是建立有效的政府机构和建设正确的制度安排，政府的质量和活动比其规模大小更重要，政府不应当从经济活动中撤退。

华盛顿共识与后华盛顿共识的差异，从一个侧面体现了国际货币基金组织和世界银行在全球化问题上的矛盾和冲突。这两家组织都是当今世界上举足轻重的国际经济组织，都在致力于推动经济全球化，它们的分歧暴露了经济全球化进程的复杂性和内在矛盾。不仅仅是全球化的倡导者，就是全球化的参与者和获利者，也纷纷表达自己对全球化的认识和看法，为全球化弊端开出药方。

在1997年的亚洲金融危机中，冲击东南亚、东亚和俄罗斯的国际炒家团里，最著名的是出生在匈牙利的美国投资者乔治·索罗斯(George Soros)。亚洲金融危机之后，他提出，目前全球资本主义有五个方面的缺陷：不均衡的收益分配；

不稳定的金融体系；全球垄断和寡头垄断出现危险苗头；含糊不清的国家职能；社会团结和价值观念出现问题①。当前全球资本主义体系是一个扭曲的体系，游戏规则有利于发达国家、跨国公司和富人，不利于发展中国家和穷人，然而这个体系建立在盲目相信完全市场竞争的一套意识形态基础之上。市场原教旨主义看不到市场和资本主义的根本缺陷，认为人人追求自我利益的最大化就能实现社会的有效运转，这种认识妨碍了社会纠错机制的建立，严重阻碍了全球发展。

虽然从亚洲金融危机中获利，然而，索罗斯认为，造成金融危机的原因除了裙带资本主义、官商勾结、不完善的国内金融制度之外，国际金融体系的内在不稳定性也是一个重要原因。这种不稳定性要求建立一个具备纠错机制的全球金融体系和全球治理架构，然而，国际货币基金组织为亚洲金融危机开出的拯救计划并没有试图创造一个更加公平的全球金融体系，按照这个药方，危机过后，全球金融体系依然有利于发达国家，发展中国家仍然处于劣势地位。他建议发达国家承担更多的责任，吸纳化解更多的金融风险，成立全球中央银行来稳定国际资金流动，降低金融危机再次发生的可能性，帮助发展中国家摆脱债务与贫穷。他的建议当然没有被国际货币基金组织采纳，2001 年阿根廷金融危机和 2008 年美国金融危机又一次证明了华盛顿共识和市场原教旨主义的不足。

身为举足轻重的国际金融投机者，从当前不公平的全球金融体系中获利，却又坦白而彻底地批评市场原教旨主义，呼吁重建全球金融体系和全球市场，索罗斯的思想和实践看似充满矛盾。由他掀起的亚洲金融危机使得无数人破产，许多国家经济衰退、社会动荡，在亚洲，他是一个“魔鬼”和投机者。金融市场里的索罗斯无情无义，除了赚钱不兼顾其他，然而，他又是一个哲学家和慈善家，捐重金援助内战后波黑地区的恢复和重建工作，为此获得代顿和平奖。这种反讽帮助我们从另一个侧面理解经济全球化的复杂性。简单地将索罗斯妖魔化为亚洲危机的替罪羔羊，丝毫无助于我们认识经济全球化。事实上，无论是索罗斯及其对冲基金，还是受到冲击的所谓亚洲新兴工业国家，抑或是华盛顿共识和后华盛顿共识，都是在全球化语境下才出现的新鲜人物和现象。全球化是一把双刃剑，既带来机会，也带来风险和危机，既制造利润和财富，也炮制挑战和问题。对于全球化，缺乏一个一劳永逸的解决方案，国家需保持开放和积极的心态，迎接挑

① 参见乔治·索罗斯：《走向全球的开放社会》，载王列、杨雪冬编译：《全球化与世界》，中央编译出版社 1998 年版，第 258 页。

战，时刻调整对策，才能将全球化负面后果的危害降至最低。在这一过程里，我们需要遵守一些底线：市场经济、法治、自由和民主——无论是曾经盛极一时的华盛顿共识，还是之后的后华盛顿共识抑或其他方案，都提倡并且为实现这些目标而努力。

第三章 政治全球化

全球化并非仅仅是一个经济问题，那样的话，我们关于全球化的争论只要局限在经济领域就足够了。当经济全球化将世界紧密地联系成一个整体的时候，开端于经济领域的全球化就开始成为一个政治问题，需要政治手段的配合和协调。传统意义上，在一国的疆界之内，国家是最有效的管理者，然而在全球化时代，国家似乎失去了传统的权力和效率，国家职能被削弱，此时，针对国家实力的疑问油然而生。我们还需要国家吗？国家还能够继续存在吗？跨国公司和国际组织能够全部或部分代替国家职能吗？如果国家被削弱，普通个人的生活会因此受益还是受损？国际合作的基本单位仍旧是国家吗？如何才能实现不同国家之间步调一致的合作？

第一节 全球化与民族国家

一、全球化时代民族国家面临的挑战

最近几十年来，许多民族国家开始丧失部分国家自主权，涉及立法权、军事权、制定国家经济和金融政策的权力和社会保障、国家安全等方面。在全球化进程中，欧盟是一个特殊的例子。其成员国拥有统一的欧洲议会和中央银行，立法权和金融权从国家被让渡给了欧盟。2003 年欧元投入使用，取代了各成员国的本国货币，这意味着各成员国中央银行的货币政策不再如欧洲中央银行的货币政策那么直接有效。在欧洲，冷战时期，大部分国家加入了北大西洋公约组织或华沙条约组织，从而将军事政策移交给了这两个国际军事组织。冷战之后，伴随欧洲联盟的成立，其成员国执行统一的军事政策，参与一致的军事行动——从巴尔干危机、伊拉克战争，到执行联合国在卢旺达的停火协议——其后果就是放弃了本国独立的军事权。

传统上，国家对内负责国家安全，对外负责维护国家独立。然而，暴力犯罪活动正在跨越国家疆界，以期利用国家法律制度的差异而获得非法利润。许多

暴力犯罪团伙和黑帮已经成为跨国性的组织，单一国家已经不能再有效对付洗钱、贩毒、倒卖军火、贩卖人口等等诸如此类的犯罪活动，必须在取证和引渡罪犯方面获得其他国家的配合。2003 年 9 月，《联合国打击跨国有组织犯罪公约》正式生效，目前已经有 147 个国家签署了这项公约，其中 51 个国家批准了这项公约。作为世界上第一项针对跨国有组织犯罪的全球性公约，其目的在于为各国开展打击跨国有组织犯罪的合作提供法律基础。比如，向某些地方官员行贿以获得生意上的方便和好处，是许多跨国公司在海外开展业务时经常使用的手段。必须承认，一些国家的官僚体系不那么廉洁，而且，各国对“贿赂”的司法定义也各不相同，在某些国家，行贿原本没有纳入刑事犯罪，处罚相对较轻。而《联合国打击跨国有组织犯罪公约》将行贿定为刑事犯罪，批准这项公约就意味着这些国家必须修改本国法律条文。同时，对跨国公司在投资国的行贿行为予以法律追究，需要母国和投资国两地司法部门的配合，这项公约保证了合作基础。从另一个角度来看，对海外行贿行为进行刑事追究，最早起源于美国于 1977 年制定的《反海外贿赂法》，其核心内容是限制美国公司贿赂国外政府官员，这是全球首个通过单方面立法来约束本国公司和个人进行海外贿赂的法律，体现了自由市场里公平竞争的理念。当 2003 年《联合国打击跨国有组织犯罪公约》将海外行贿列入 17 类跨国有组织犯罪活动之一时，体现的是各国某些法律制度正趋向一致，这也是全球化的表现之一。

全球化时代是一个风险加剧的时代，金融危机就是表现之一。国际游资实力雄厚，很多国家往往遭受重创，难以依靠自己的力量恢复经济，需要世界银行和国际货币基金组织这样的国际组织进行资助，并按照这些组织提供的方案制订和修改金融政策，部分地放弃了独立的国内货币政策和金融政策，比如经历过亚洲金融危机的韩国被迫出售国内银行给外资金融机构，印尼被迫实行浮动汇率从而承担更大的汇率风险，各国被迫允许资本自由流动却没有及时建设和完善配套的金融监管体系。为了刺激经济恢复，各国更乐意实行低利率政策，然而国际货币基金组织却要求各国实行高利率政策，放慢经济增长速度，虽有违本意，但是，接受了援助的各国最终仍旧遵从了国际组织的意见。

在很多地区，跨国公司对地方经济的贡献越来越重要，以至于当政府制定经济发展战略规划时，不得不考虑跨国公司的利益，甚至牺牲本地人的利益。1999 年，香港特区政府决定与美国迪士尼公司合作，在香港兴建全球第五个、亚洲第二个迪士尼乐园。为此，特区政府投入数百亿港币用于填海造地和兴建交通等基础设施，通过土地、注资及贷款方式，拥有香港迪士尼乐园 57% 的股份，迪士尼公司注资 24.5 亿港币拥有 43% 的股份，运营 40 年之后，全部产权归香港特区政府所有。其实，香港迪士尼乐园在论证阶段就已经遭到挑战。经济学家认为面临东京迪士尼乐园和传言即将兴建的上海迪士尼乐园的竞争，香港迪士尼乐园难以实现预期收益，对香港旅游业和经济的拉动效益有限，迪士尼公司做了一笔只赚不赔的零风险买卖，而特区政府承担了过高的风险。环保人士质疑大规模填海造地破坏了生态环境，迪士尼大量使用钨丝灯泡制造童话王国的梦幻效果，浪费能源，加剧了全球变暖的趋势，每天燃放的烟花爆竹则污染了空气，为了降低成本，乐园内采用的餐具都是不可降解材料制成的，每天增添 20 吨垃圾。文化研究学者反对在路牌上加印米老鼠的大脑袋以指引游客前往迪士尼乐园，将乐园附近街道和建筑物的名称由带有历史含义的旧名字改为吻合乐园主题的新名字，抹杀了香港的本土历史文化。反对的声音质疑特区政府太过迁就迪士尼公司，进行不公平交易，以政府权力为迪士尼公司铺平康庄大道。然而，香港特区政府决定以优惠条件吸引迪士尼公司，看重的是迪士尼乐园能为香港带来 35 000 个就业机会和高达 1480 亿港币的回报。纵使各方反对声音不绝于耳，2005 年 9 月 12 日，香港迪士尼乐园正式投入运营。

对于一个独立自主的国家来说，国民对国家的认同感和归属感非常重要，只有认为自己属于这个国家并且热爱这个国家，国家才能够顺利推行各项政策，实现有效运转。本尼迪克特·安德森曾经提出，所谓的国家是一个“想象的共同体”，因为一个国家之内的公民不可能相互认识，也没有一个人想过要认识自己所在国家的所有公民。虽然彼此之间互不认识，但是陌生的人也能够维持心理上的亲近感，“国家”和与之相联系的一切事物都存在于公民的脑海中，普通公民依靠着想象而维系对国家的集体认同感。塑造想象的共同体的重要渠道之一是大众媒体。在全球化年代，随着信息跨国家高度自由流动，一个国家的大众媒体所塑造的对国家的认同感正在受到国外媒体的冲击。比如，对很多发展中国家来说，好莱坞电影里传递的个人英雄主义和自由主义有违于国家制定经济发展策略时遵循的集体主义原则，扎根于西方发达国家的全球媒体所传递的消费主义观念也不利于发展中国家积累财富和进行储蓄。想象的共同体在瓦解，过多接触了全球媒体的受众，对所在国的认同感不再那么强烈，在很多发展中国家看来，这是潜在的威胁。然而，文化并没有高低优劣之分，当牛仔裤和可口可乐代替了传统服饰和饮食习惯时，对于普通个人来说，究竟是幸事还是祸事？对国家来说，又意味着什么？对文化变迁的看法值得更多探讨，很难得出一个简单的结论。

当信息能够跨越疆界自由流动时，普通公民通过新媒体或人际渠道获得各种信息，部分取消了传统媒体的影响，并进而结成有行动力的市民网络，进行自愿活动，回避了国家对市民的控制和管理。比如环境保护运动已经成为当前全球最重要的社会运动之一，环保运动的中坚力量之一就是跨国非政府组织和国际组织。在向普通市民进行环保知识教育、组织环保活动方面，跨国非政府组织有时比国家的动员还有效率，甚至能够影响国家政策，这些自愿性的公民组织对国家的有效性和合法性发起了挑战。1971 年，绿色和平组织抗议美国在阿拉斯加进行核试验，迫使美国最终放弃了这项试验；1994 年，该组织抗议全球最大的石油公司——英荷皇家壳牌石油公司——破坏海洋环境，迫使该公司改变行动，采取更环保的方式处理生产废料；该组织一直反对商业捕鲸，多次派出人员和船只，在全球追踪并阻止日本和挪威等国捕鲸船的商业捕鲸活动。

在现行国际法里，民族自治和国家主权两项基本原则有冲突，当出现民族问题时，主张民族自治的一方跟主张维护国家统一的一方依据各自的法理而发生冲突。自 90 年代以来，多次局部战争和地区战争都跟民族问题相关，民族问题已经成为国家在全球化时代遭受的另一个严峻挑战。应该承认一个事实，国家的疆界和民族居住地的边界并没有完全重合，很多民族被分割居住在不同的国家内，当这些民族内部的联系随着全球化步伐而逐渐增强的时候，民族独立和自治就必然提上议事日程，一旦解决不畅，便容易造成冲突和战争，引发暴力行为。许多国家饱受分离主义困扰，如前南斯拉夫联盟内的阿尔巴尼亚族人为了独立而引发长期内战，最终 1999 年北约组织介入，南斯拉夫主权遭受严重蹂躏，科索沃地区由联合国托管，目前该地区的独立问题经过六轮谈判仍未解决；西班牙的巴斯克分离组织埃塔（ETA）为了谋求独立而制造爆炸、绑架、抢劫等恐怖事件，30 年来已经有近千人死于埃塔之手。

即使是某个民族完全居住在一个国家之内，随着对外交往的频繁，这个民族有可能越来越意识到自己与其他民族的不同，差异感和分化感——而不是相似感和同一感——被强化，当民族问题扯上经济利益时，某些大国势力为了维护自己的利益而乐意介入，充当调节者，其实是为自己牟利，从而导致民族自治和独立的势头愈演愈烈，近年来苏丹达尔富尔问题就是一例。

达尔富尔问题①

苏丹是非洲面积最大的国家，也是世界上最穷的国家之一，原本这里的民族

① 资料来源：百度百科“达尔富尔问题”辞条。

问题和内战不被人关注，然而，随着苏丹发现和大量开采石油，情况发生了逆转。1999年，苏丹出口第一船原油，2001年由于石油出口换回的财富，苏丹的对外贸易从逆差变为顺差，大量外资投入苏丹国内的石油业，国内经济出现转机，通货膨胀率由90年代的133%降至2001年的4.8%。

苏丹境内3000万人口中就有600个民族，其中大约80个民族生活在达尔富尔地区，大致分成信奉伊斯兰教的阿拉伯人与信奉基督教和原始宗教的黑人。达尔富尔地区位于西部，约占全国总面积的五分之一，历史上这里曾经被划分到不同国家，因此这里的民族问题更为复杂。自80年代以来，阿拉伯人和黑人因为争夺水草资源而武装冲突不断，致使该地区很多地方一直处于无政府的混乱状态。2003年，该地区黑人居民组织武装力量，以政府未能保护他们免遭阿拉伯人的袭击为由，谋求地区自治，抢夺阿拉伯人的财产，并展开反政府武装活动。黑人与阿拉伯人的两年内战造成上万人死亡和200万人流离失所。2006年，苏丹政府和反政府武装力量开始和谈，初步达成和平协议。

达尔富尔内战首先由黑人挑起，不仅黑人与阿拉伯人之间互相仇杀，阿拉伯人内部和黑人内部也相互仇杀，苏丹政府的确曾经向阿拉伯人提供过武器，因为黑人反对政府，而阿拉伯人不反对政府，但是，缺乏确凿证据表明阿拉伯人对黑人的杀戮行为是奉了苏丹政府的命令。以美国为首的西方势力支持黑人，为黑人反政府武装提供军火和资金。以阿拉伯人在达尔富尔地区滥杀无辜为由，2006年，美国向联合国安理会提交一项决议草案，要求对达尔富尔地区的阿拉伯民兵实施制裁措施。2006年，联合国安理会通过决议，决定在得到苏丹政府同意后向达尔富尔地区派遣维和部队，苏丹政府出于维护国家主权的考虑而反对这一决议，认为达尔富尔问题属于内政，只同意非洲联盟派兵监督和平协议的执行情况。

美国一直声称阿拉伯人在达尔富尔进行针对黑人的有计划的种族灭绝屠杀，自从二战以来，种族灭绝被认为是严重违背国际法和践踏人权的行为，为国际社会所不容。2004年，美国众议院为此通过决议。然而，2005年联合国调查团的结论认为达尔富尔地区发生了严重违反国际人权法和人道主义法的事件，却不能定性为种族灭绝大屠杀。关于达尔富尔问题的根源，联合国秘书长在多次公开讲话里认为，在雨量充沛的70年代，达尔富尔地区各个种族一直和平相处，80年代开始，降雨量减少40%，由于干旱导致各个民族争夺水源和土地，这属于生态危机引起的种族冲突。然而美国坚持认为，阿拉伯人在达尔富尔活动的目的就是为了屠杀黑人。为了解决达尔富尔问题，联合国、非洲联盟、阿拉伯联盟等国际机构都认为，除了促使各方放弃武力对抗恢复和谈之外，还应该推动该地区经济发展，增加农作物产量，推广新的灌溉方法，加强教育和卫生保健工作。而美国提供的解决方案就是制裁苏丹。

美国与苏丹交恶已久。1990 年海湾战争中，苏丹支持伊拉克。1993 年，本·拉登被苏丹庇护，美国将苏丹列入"支持国际恐怖主义国家"的名单，开始进行经济制裁，1996 年，苏丹政府将本·拉登驱逐出境。2007 年，在长期经济制裁之后，美国又宣布对苏丹实行更为严厉的经济制裁措施，此举遭到非洲联盟、阿拉伯联盟、伊斯兰会议组织、俄罗斯、巴西、中国等国的反对，因为当时苏丹政府正与反政府武装开展和谈，美国对伊拉克萨达姆政权的经验已经证明长期经济制裁只会给平民带来痛苦。

苏丹政府认为，美国的目的在于推翻现政权，扶植亲美政权，从而垄断苏丹的石油资源。1993 年索马里事件之后，美国对外基本奉行不干涉政策，2004 年发动伊拉克战争是为了控制石油。早在 1987 年，在同样的一片土地上，阿拉伯人和黑人为了水源和土地就爆发过两年内战。2003 年以前，苏丹国内其他地方的种族冲突有过之而无不及，达尔富尔内战刚刚爆发，也不见美国说三道四，直到 2005 年该地区突然发现了巨量石油储备，苏丹有望几年内成为全球十大石油输出国之一，美国突然对达尔富尔问题表现出了兴趣。

中国是苏丹现时最大的贸易伙伴。20 世纪 50 年代开始，中国对苏丹进行了大量的援助建设，是苏丹人民的老朋友。1995 年，中国石油天然气总公司进入苏丹开发石油，同时期，由于美国制裁，大的西方石油公司纷纷退出苏丹，目前留在苏丹的外国石油公司主要来自中国、俄罗斯、印度、巴西、马来西亚等国。2005 年，苏丹石油出口的 60% 都运到了中国，仅中国石油天然气集团在苏丹就派有 1 万名工人。中国在联合国安理会里一直反对制裁苏丹。美国指责中国为了石油而纵容达尔富尔地区的"种族灭绝大屠杀"，并要求中国对苏丹政府施加压力。国际观察家认为，美国借达尔富尔问题向中国施加压力，意图阻碍中国获得苏丹的石油资源。

二、全球化与有效的民族国家

在全球化时代，纵使有大量经验材料表明民族国家的权力和职能受到了削弱，但是与此同时，也有很多证据表明，这个世界仍旧需要民族国家的参与和协调。

国家内部和国家之间的战争冲突是当今世界紧张局势的重要根源之一，20 世纪 90 年代冷战结束以来，虽然没有出现过大的世界战争，但是地区冲突和国内冲突不断,重要的就有诸如巴尔干危机、两次海湾战争、北爱尔兰的独立运动、加拿大魁北克省的独立运动、西班牙巴斯克民族分离主义运动等等。这些战争涉及的争端无外乎以下几种:争夺石油、水源和领土。解决这些战争和冲突,所依靠的最基本力量无一例外都是民族国家,可以说,民族国家是解决国家间和国家内部战争的最有力调停者,帮助维持一个和平稳定的世界环境。像联合国这样的国际组织在协调军事行为方面所起到的作用则有限。联合国在索马里、波黑、卢旺达等地的停火协议接连失效,卢旺达、刚果、利比里亚等国家接连发生种族大屠杀,联合国在当地的维和部队只能自卫,不能首先开枪,只能对有和平意愿的冲突双方进行隔离和监督,不能收缴武器和介入战争。因此,毫不奇怪,当交战方没有谋求和平解决的意愿时,联合国的军事活动收效甚微。

1993 年,20 多个国家耗资 20 多亿美元参与联合国在索马里的维和行动,派驻索马里 3.7 万名维和士兵,其中仅美国就派出 2.7 万名。索马里当地军阀艾迪德对联合国的干涉表示不满,打出"反抗外国侵略"的民族主义口号,袭击维和部队,造成数十人伤亡。8 月,联合国安理会通过决议,授权维和部队采取一切必要措施抓捕艾迪德。10 月 3 日下午,美国维和士兵在某饭店里抓获几十名正在开会的艾迪德武装分子,准备撤离之时,艾迪德支持者用清真寺的广播鼓动索马里人:"出来为你的家园战斗吧!"于是成千上万的索马里人从四面八方涌来,美国士兵分不清谁是平民谁是武装分子,不能随便开枪,而武装分子利用人群做掩护向美军射击,打死美国人被当成是勇敢和爱国的表现。最后,两架美国直升机被击落,18 名美兵被打死,这是越战以来美军遭受的最惨重的军事失败。索马里武装分子拖着战死士兵的尸体游街,电视机镜头将这一幕播向全世界,成为世界各大报纸的头版头条。美国国内舆论一片哗然,一致抨击美国政府出兵索马里,克林顿总统只得下令美军撤出索马里。1995 年 3 月,最后一批联合国维和部队撤出索马里,标志着此次维和行动以失败告终,联合国既未能实现索马里各部族的和解,也未能建立一个民主政府,却牺牲了 100 多名维和士兵。联合国维和部队撤出索马里之后,接下来的内战使数万名索马里人无辜丧生。这次维和行动的失败直接导致美国等西方国家对参与以后的联合国维和行动忧心忡忡,深恐再陷泥沼,基本上奉行实用主义和不干涉政策。

1994 年 4 月,卢旺达的胡图族开始对图西族发动大屠杀,这是二战以后人类历史上最严重的种族灭绝行为。大屠杀之前,联合国曾经接到过有关屠杀计划的告密电报,却没有给予应有的关注。大屠杀发生后,当时联合国在卢旺达已经派有维和部队,却未获授权,不能使用武力。联合国内冗长、繁琐的官僚体制拖延了表决时间,策划和执行屠杀任务的卢旺达军人独裁政府本身就是安理会非常任理事国,又得到了常任理事国法国和非常任理事国吉布提的支持,美国拒绝联合国决议里使用“大屠杀”(genocide)一词,间接否认大屠杀的存在。直到6月22日,安理会才以10票对0票(5票弃权)通过决议,授权法国组建维和部队进入卢旺达,而当时卢旺达国内最大的军事力量——卢旺达爱国阵线——宣布外国军队为干涉内政的侵略者,只要出现就坚决给予打击。7月19日,该组织取得军事胜利,宣告战争结束,而此时距大屠杀发生已经过去了100天,占卢旺达总人口1/7的107万人已经无辜惨死,其中绝大多数是图西族和温和的胡图族。事件过后,1998年5月7日,联合国秘书长安南在公开演讲中说到:“在那段黑暗的日子里,世界舍弃了卢旺达。国际社会和联合国没能集中起政治意愿来面对这场灾难……多么希望我们曾经阻止了那场种族灭绝大屠杀。”

联合国在索马里和卢旺达的失败,充分说明了作为一个国际组织,联合国在军事行动方面的弱势。美国在索马里的失败导致此后不愿意参与联合国在卢旺达的维和行动,就是一例。军事行动是联合国这样的国际组织的弱项,更是跨国公司所无法从事的活动,民族国家是大部分军事活动的主要参与者,因此,对地区和国内战争的调停,需要依赖民族国家的力量。这一点,在处理朝鲜核危机问题时,又一次得到验证,朝鲜绕开联合国,通过六方会谈(朝鲜、韩国、美国、俄罗斯、日本、中国)与国际社会沟通。

全球化的推动力量并非仅仅来自国际组织、跨国公司和跨国公民社会,民族国家也是一支重要的力量。在世界贸易组织的协定里,对本国幼稚工业的保护已经获得各成员国的认可,当先进的国外工业巨头进入不发达国家时,民族国家能够通过制定经济发展政策和战略来保护本国幼稚工业免受冲击,使得关系本国国计民生的重要产业获得喘息和发展机会。如果没有这种保护,那么跨国公司的巨大威力将可能摧毁不发达地区的经济基础,从而导致垄断性的全球经济体系。

在许多地方,国家依然是最有力的政策制定者和执行者。20世纪60年代以来,东亚和东南亚的新兴市场经济国家的成功经验之一,就是国家主导的飞速经济发展。国家制定经济发展战略,并且通过贷款、税收和其他经济手段进行调节,大力投资基础设施建设和国民教育发展,培育有竞争力的劳动力人才市场,调节国民财富的收入再分配,确保在发展经济的同时缩小贫富差距,当经济出现衰退势头时,国家又积极干预,调整产业发展战略,帮助经济早日走出衰退。这些东亚和东南亚国家拥有一个强有力的政府,不仅执行能力强,而且政府收入和国家财富也相当可观,正是如此,才带动了这些国家的经济腾飞。

除了发展经济,另外一些活动,比如对公共产品的投资和建设,也不可避免地只能由国家来主导和承担。教育、卫生保健、道路建设等等公共产品的建设不可能完全交由以赚钱为首要目标的私人公司来承担,跨国公司也因为收益不高而很少投入这些产业,然而,对于一个社会的发展和稳定而言,足够数量的公共产品是必不可少的。如果没有国家对基础设施建设的投入,跨国公司就不可能投资于不通路、不通邮、不通电的地方;如果没有国家对教育事业的投入,跨国公司也不可能获得充足的、掌握一定高科技技术的熟练工人和高级技术工人。

在很多国家,政府是推动整个国家参与全球化的基本推动力。中国的改革开放是由国家决定和推动的。1978 年中共十一届三中全会后,仿佛一夜之间,封闭已久的中国向世界敞开大门;1991 年,国家权衡利弊之后决定申请恢复关贸总协定缔约国地位(后来变成加入世界贸易组织);2001 年中国终于成为世界贸易组织第 143 个成员国。信奉哈耶克理论的撒切尔夫人在她任首相的 12 年(1979—1990 年)中,大力推进私有化,刺激了英国经济的发展,但是,她反对英国加入欧洲一体化进程,反对建立欧洲货币联盟,曾经说过一句著名的话——“我不能把英格兰银行决定英镑利率的权力交给法兰克福”,此后不久即辞职。由此可见,逆全球化潮流而动的政府不得民心,也必将被淘汰。

三、全球化时代的民族国家

关于全球化时代带给民族国家的影响,大致可以分成两种观点。第一种观点认为,全球化破坏了国家的独立自主,国家的重要性在下降,甚至在一些领域,国家职能被完全取代,因此,国家在“撤退”。第二种观点则认为,一个弱小无能的国家并不符合其国民的根本利益,带给世界的影响也是负面多于正面,在全球化时代,国家的实力和作用不是被削弱了,而是增强了。

1. 国家撤退说

鼓吹新自由主义的全球主义者积极主张民族国家的重要性在下降,其中激进的一派更是认为,国家已经不能够完全调节和管理本国经济,国际组织在很多方面取代了国家的职能,冷战结束意味着资本主义世界的民主自由模式已经成为一个普遍化的发展模式,探索其他发展模式和途径的道路已经失败,因此,民族国家已经终结。

日裔美国学者弗朗西斯·福山(Francis Fukuyama)于 1989 年在著名保守派刊物《国家利益》(*The National Interest*)上发表了一篇文章,名为《历史的终结》(“The End of History”),后来于 1992 年将这篇文章扩充为一本书《历史的终结与最后一人》(*The End of History and the Last Man*)。如题目所示,福山在这篇文章里的中心论点是:伴随冷战结束,历史已经终结,资本主义制度是人类历史发展的最终模式。放在20世纪80年代以来东欧剧变、苏联解体这一背景下来理解,就不难看出,福山所说的"历史的终结",其实也是一个经济全球化取代民族国家职能的过程,在冷战结束后,取而代之的是跨越国境线的被普遍化的意识形态和经济发展理念,民族国家原先掌握的经济自主性和文化价值观被破坏。如果说,福山对全球化带给民族国家的冲击的理解,重点放在冷战和东西方两大阵营的冲突这一点上,那么,另一名日裔美籍学者大前研一(Kenichi Ohmae)则更直接地提出了民族国家终结说。

大前研一曾任麦肯锡咨询公司日本分公司董事长,1995年曾参与竞选东京市长失利,是日本最负盛名的管理学家。1995年他出版了《民族国家的终结:地区经济的兴起》(*The End of Nation State*:*The Rise of Regional Economies*)一书,提出从四个I(investment, industry, information technology, individual consumers)可以看出,国界的作用正在消失,民族国家正在终结。在其后出版的《看不见的大陆》(*The Invisible Continent*:*Four Strategic Imperatives of the New Economy*)一书中,他更进一步提出,全球化时代的经济空间将不再是传统意义上"看得见的大陆"和"看得见的经济",虚拟空间、跨国空间、数字空间的出现,使得越来越多的经济活动在看不见的地方进行。这个新世界包括四个维度:

(1) 可见维度。虽然我们日常制造和买卖具备物理实在形态的商品,但是,支撑有形的实体经济的无形价值才是主导经济运转的真正力量。比如,我们可以看到和收到存款利息,但是,当电脑将全世界金融市场联系起来,形成一个24小时不间断的交易场所的时候,一国的存款利率不再单纯由本国中央银行决定,周边国家和中心国家的经济波动能够影响本国存款利率,此时,我们就无法准确估计一国存款利率的走势变化。

(2) 无国界维度。在这里,国籍对公司而言毫无意义,投资者根据回报率高低把资金在全球范围内转移,政府不能用"爱国"理由来迫使投资者把资金留在国内。同样的道理,只要个人足够聪明,也能参与投资国外市场,这个举动跟个人对国家的"忠诚度"无关。电子商务是无国家交易的典型之一。即使是全球化的反对者,在对抗之时,也采用了全球化的技术,比如电子邮件和移动电话,把各地的反对者组织起来。

(3) 赛博(cyber)维度。互联网和移动电话越来越普及,使用成本也越来越低,便携性和流动性将世界连成一体,任何公司的经济活动都不可能离开互联网和移动电话所编织的交易网。

(4) 高公倍数维度(dimension of high multiples)。近年来股市高估了一些新经济公司股票的价值,使这些公司能够融资收购比它们大几倍的旧经济公司,如

AOL与时代华纳的合并。大前研一称这种现象为高倍数现象，其结果就是产生了“怪兽公司”（Godzilla company），以小搏大，把身边的一切都吞掉。如果旧经济公司不尝试着进入新经济领域，那么就会丧失竞争力。

总之，这个新世界并非存在于某块土地上，而是存在于我们的集体意识和集体观念里。大前研一特别提出，新大陆的交流平台不是由国家制定和主导，而是由商业公司所制定的行业标准统治。比如UPS这样的快递公司制定了快递行业标准，什么样的商品能够被更迅速、更低廉地运输到目的地，快递行业标准又反过来迫使企业改变商品包装，重新估算运输成本和商品价格。

这四个维度所带来的新经济都在告诉我们，民族国家已经不再是无国界的全球经济中的唯一参与者，跨国公司、国际组织甚至具备全球意识的普通公民，都能够以自己的方式避开国家，参与经济全球化。

大前研一从管理学角度出发，通过考察全球化时代公司运作和管理方式的变化，得出结论，认为民族国家已经让位。但是，他的观点过于极端，引起了争议。现实世界中，以互联网为主体的新经济泡沫于近年来破灭，用事实反驳了他的观点。曾经鼓吹“历史终结论”的福山，在1997年签署《新美国世纪计划》，敦促攻打伊拉克。当2003年伊拉克战争爆发，美国绕开联合国，以一国之力推翻萨达姆政权之时，福山转变了自己的看法，承认美国单凭武力就能改变世界的想法是痴人说梦。这使得他的“历史终结论”暴露出霸权主义的实质，原来他所鼓吹的并非所有民族国家的终结，而是除了霸权性的美帝国之外的其他民族国家的撤退。

赞同国家撤退说的较为温和的一派认为，民族国家并没有终结，但是国家职能被削弱，部分让渡了自己的主权，是不争的事实。国家被削弱体现在以下几个方面：

第一，国家再难以独立控制本国经济，无法独立维持本国货币和税收政策，汲取能力不足削弱了国家的行动能力。跨国公司的扩张，在很多领域强大到了足以对抗国家力量的地步，使得国家在国内市场上无法维持充分竞争和打破垄断，有时候，国家甚至和垄断资本相勾结，进而成为市场经济活动的主体。对外，随着冷战结束，和平成为世界主流趋势，以往由国家承担的军事活动已经失去了往日的重要性，更何况国家将部分军事权力让渡给国际组织，国家活动的领地已经缩小。

第二，国际组织数量和功能增多，取代了民族国家的部分职能。国际组织确立的国际行为规则，使得它能够制约国家；反过来，只有少部分国家才具备制约国际组织的能力，大部分国家在大多数情况下都遵循国家组织的规定，在发展中国家,这经常被表述为“遵照国际惯例”。

第三,个人能动性增强,越来越脱离以往对国家的依赖,跨国性国际非政府组织正在结成一股重要的社会力量,在很多领域(如环境保护、消灭贫富差距、种族歧视和性别歧视)推进社会发展。大量经验证据表明,在社会救助、环境保护、维护社会公正方面,非政府组织具有更高的自愿性和更高的组织效率,国家往往需要它们的配合和支持。

第四,国家无法继续提供和维持整合的价值观念,个人对民族国家这个“想象的共同体”的认同感正在下降。集体认同已经变得支离破碎,身处各个地区的大都会(比如纽约、东京、巴黎、北京等)的人群之间的横向联系,远远超过了他们各自跟身边的人群的联系。大众媒体和新媒体的普及,个人获得信息的选择性增强,传统的爱国主义和民族主义显得越来越教条和空洞。在文化和价值观念上,国家不再是有力的整合者。

无论是激进派还是温和派,支持国家撤退说的理论家们都正确地指出了民族国家面临全球化挑战这一事实,但是,反对国家撤退说的学者们从另一些证据出发,提出了合理的反对意见。

第一,在经济全球化飞速发展的年代——通常认为是 20 世纪 60 年代——之前,国家力量并非如理论家所设想的那样强大,因此它的职能转变也没有理论家所设想的那样彻底。不能制定独立自主的经济政策,被看成是国家力量下降的表现之一,然而,即使在当代,国家经济政策的制定,也往往是出于国内经济形势考虑,而不是出于国际压力。80 年代以来,美国和欧洲国家普遍奉行新自由主义经济政策,以降低通货膨胀为最终目标,这一目标契合当时各国的实际情况,是各国出于对自己实际情况的判断而做出的选择,并非受到了国际组织的压力。日本在 90 年代以来经历了长期的经济衰退,被称为“失去的十年”,一些经济学家认为,这跟 1985 年日本跟美、德、法、英国签署《广场协议》造成日元大规模升值有关。但是,也有人认为,日本经济衰退的根源在于国内经济结构不合理造成的房地产和金融泡沫,《广场协议》只是催化了泡沫的破裂,并非真正的原因。

第二,国家撤退说没有考虑国家的主动性。它假设所有国家面对全球化时会采取一致的反应,但即使在新自由主义风行的发达国家,有时也会根据实际需要而调整政策。日本一直采取措施提高就业率,而不是将失业问题全部交由市场来解决;统一后的德国为了弥补财政赤字,大幅提高税收,而不是减税。当国家撤退说假设所有国家行动一致时,就犯了过于简单化的错误。比如中国直到 80 年代才参与经济全球化(如果这个地球上五分之一的人口都没有参与,那么还能称为全球化吗?),虽然面临西方压力,但是中国一直坚持有限度地开放国内金融市场,积累了4000亿美元外汇储备,人民币至今仍不是可以自由兑换的货币,这帮助中国免受1997年亚洲金融危机影响。这些充分说明,强有力的国家在全球化进程中能够发挥更大作用。

第三,全球化时代里,国家的分化在加剧,国家间实力的不平等造成少数大国掌握了更大主动权,大多数国家成为追随者。因此,即使有国家的撤退,那也是大多数国家的撤退,不能包括少数大国。新世纪以来,美国在国际事务中的表现,越来越使左派学者担忧,未来世界将是一个大国主导的世界,平等和公正正在沦丧。美国哈佛大学肯尼迪政治学院院长小约瑟夫·奈曾经在《外交》杂志1999年7—8月合刊上撰文指出,美国希望"在分享资源和环境等各种各样的问题上影响远方的政府和组织"。

第四,跟少数大国地位上升相对应的,是国际组织的无能和地位下降。现有三大国际经济组织——世界银行、国际货币基金组织、世界贸易组织(前身为关贸总协定)——都是在1944年布雷顿森林会议上确立的。当时正值二战接近尾声,美国在战后的主导地位已经是事实,能够跟美国抗衡的国家饱受战争摧残,虽然有44个国家参与,但是美国主导了布雷顿森林会议的议程,因此,这三大国际经济组织从诞生之日起,就受到美国的强大影响。联合国也是如此,当美国于2003年绕开联合国攻打伊拉克时,关于这一行为的争论达到极致。重要国际组织的基本参与单位都是民族国家,如果完全相信国际组织能够超越国家利益、实现客观公正,只能是天真单纯的想法。

2. 国家主动说

与国家撤退说相对立,一些学者坚持认为,在全球化进程中,民族国家的作用不是减弱而是增强了。一个有力的证据就是,20世纪以来,无论是哪个国家,由政府支配的公共支出占国民经济的份额一直在增长,而不是下降。为了加入欧洲联盟,达到《马斯特里赫特条约》的条件,欧洲国家纷纷削减公共开支,然而在90年代中期,法国、意大利、奥地利、比利时等国的公共支出超过国内生产总值的50%以上。全球化浪潮下,国家的主动性体现在以下几个方面。

第一,民族国家不是全球化的阻碍力量,在很多地区和领域内,它是全球化的积极推动者,有效地领导本国经济融入全球化浪潮之中。二战以后,日本和东亚新兴市场经济国家制定了出口导向的产业政策,实现了经济腾飞,成为许多国家效仿的榜样。随着国际规则的完善,一些旧做法受到限制,比如国家直接补贴某些国内产业被看成是制造不公平竞争,于是具有强大国家干预经济传统的国家转而支持竞争,通过完善市场监管体制来增强本国企业和产业的竞争力。

国家干预曾经是这些国家经济成功的重要原因，然而1997年亚洲金融危机时，韩国金融业受到重创，其原因在于银企不分，政府过多干预银行贷款给大企业，造成不良资产过多。当面临国际游资冲击时，脆弱的银行体系很容易崩溃。金融危机之后，韩国政府制定的解决方案之一就是大力发展文化产业，输出文化产品，所谓“韩流”在东亚、东南亚和其他地区成为一种文化现象。获得经济成功，固然有儒家文明、传统与现代的融合及东西方价值观的融合等原因，但是，韩国政府的扶植也是重要原因。1998年政府成立文化产业局，除了新闻和广播电视之外，将电影、出版、印刷、期刊、广告、动画、互联网、手机等都归入文化产业局的管理范畴，改变了以前管理混乱的局面，通过《文化产业法》，所投入的文化产业基金从1999年的549亿韩元增加到2002年的2329亿韩元，四年间增加了四倍。

以电影业为例，韩国政府制定了一系列措施来发展本国电影产业：宣布电影业及相关产业属于风险投资产业，能够享受减税和优惠贷款，鼓励大财团投资电影业；成立电影振兴公社，把外国影片的进口配额和国内电影制片公司的出口量挂钩；为了保护本国电影产业，政府规定电影院每年至少有146天放映韩国电影；限制电影票价，使得大制作高成本的国外影片即使在韩国很卖座，其利润也相当有限，成本较低的国产影片反而可以从中获得较高收益；鼓励本国企业同国际水准的同行合作，学习国外的先进技术水平和制作水准，如向大导演斯皮尔伯格的“梦工厂”投资，获得其拍摄的影片的亚洲地区发行权；资助国内电影业人员参加国际电影节，提高韩国电影在国际上的知名度，仅1999年就有80部韩国影片在73个国家的电影节上展映；将国外市场区分等级，中国和日本被看成是最重要的市场，泰国等东南亚市场是外围市场，中东和中南美是边缘市场，针对不同的市场采取不同的拓展措施；当部分亚洲地区出现对“韩流”的反感时，韩国政府决定扩大同各国年轻人之间的文化交流，邀请各国年轻人来韩国进修和访问，加强双向交流等等。

在政府的扶植下，1995—2001年间，韩国电影出口在六年间增加了近50倍，从21万美元增长到1100万美元，2003年向56个国家出口164部电影。2005年韩国游戏产业市场规模达到43亿美元，其中，韩国占全球网络游戏市场的32%，手机游戏市场的14%。数字内容产业已经超过汽车业，成为韩国的第一大产业，电影、游戏和流行音乐的年平均增长率达到23%。2006年，整个文化产业的产值已经达到710亿美元，占国内生产总值的8%，韩国成为世界文化产业强国之一。

21世纪初，“韩流”成为一种文化现象，引起东亚和东南亚各国惊呼一片，韩国不仅从文化产业中获得巨大利润,迅速走出金融危机的阴影,而且,“韩流”有力地提升了韩国本民族的文化自信心,维护了民族尊严,在全球化的当代,从文化观念上维系了国家整合。

第二,在全球化进程中,国家的自我调节能力能够增强国家实力,避免被边缘化的命运。二战刚结束时,日本被美国为主的盟军军事占领,针对日本经济,盟军司令部制定了一系列旨在破除垄断、确立自由竞争的法律制度,其内容之一就是解散日本垄断资本的势力。1945 年 10 月,盟军司令部冻结了三井、住友、三菱等 15 家大财阀的资产,杜鲁门总统发出解散财阀的指令。即使战败被美国军事占领,日本财阀和政府仍坚决抵制盟军的命令,被指定解散的 83 家公司里,实际解散的只有 18 家,被指定拆分的 325 家公司里,实际只有 11 家被拆分,大银行更是丝毫未动地保存下来。朝鲜战争爆发后,美国无暇顾及日本,反而需要日本作为重要的战略基地和盟友。在美国放松对日本的经济控制这一背景下,在负责本国经济的通产省的主导下,日本又通过了新法律,实际取消了反垄断法,维护了传统的财阀主导的经济体系。

以汽车业为例,太平洋战争期间,日本的汽车厂只允许制造货车,轿车仅限于官方和军方使用,随着日本战败,国内汽车产业几乎被瓦解。50 年代时,围绕日本是否应当发展汽车产业,国内进行了激烈争论。反对方认为,日本资源匮乏,石油完全依赖进口,人口密度大,国土面积狭小,宝贵的土地资源用来建造停车场完全是浪费,普通人根本买不起轿车,就算买得起车,高昂的油价和停车费也是沉重的负担。然而,通产省极力主张发展汽车工业,反对日本凭借人口优势而发展劳动密集型产业,主张发展钢铁、炼油、汽车、电子、化工等高附加值的技术密集型产业,终于,在 1963 年,日本确定将汽车工业作为战略产业之一。与此同时,政府还认为,通过企业间自由竞争而实现良好产业秩序的做法并不可取,为了提高国际竞争力,防止竞争无序,政府应该介入,通过行政措施对行业准入和投资来源进行调节,帮助企业扩大规模,扶植产业发展。在通产省的主导下,经过多次兼并和重组,形成了 10 家公司主导整个日本汽车产业的局面,整个汽车产业重新洗牌,成为日本重要的出口产业之一,日本汽车终于跻身国际一流汽车行列。

在通产省将日本汽车产业推向世界一流的过程里,政府与大公司之间的矛盾不时爆发。60 年代初期,通产省一度设想将当时的 8 家汽车公司组建成三个大的生产集团,同时禁止其他企业再进入汽车行业。此举遭到了正计划进军汽车业的本田公司的强烈反对。本田公司创始人本田宗一郎多次跟通产省官员谈判甚至争吵,为此,1963 年,本田公司改变原定计划,提前发布了本田第一款家用轿车。70 年代，本田最早提出在美国投资建厂的设想，但是大藏省只批准了申请额度一半的外汇，致使本田的计划搁浅，延至 1982 年才在美国建厂。

日本汽车初登国际市场，给顾客的印象是廉价和省油，在中低端市场上占据优势。70 年代两次石油危机和日本长期对外贸易顺差带给日本汽车工业巨大冲击。为了降低风险，在通产省的协调下，各大汽车公司经过谈判，主动降低产量，限制对美国和欧洲发达国家的出口，避免贸易战，同时加大技术创新力度，一洗“廉价货”的面貌，发掘高端市场，带动整个汽车产业的升级换代。如今 9 家公司的汽车产量占全球总产量的 95% 以上，形成所谓的“6 + 3”格局，其中包括丰田和本田两家日本公司，还包括已经被外资收购的马自达、铃木、日产、三菱、富士重工和五十铃公司。

第三，在全球化时代，部分国家能够与跨国公司和产业界结成战略联盟，将各种资源融合在一起，从而保证国家权力的运作，强化国家对经济活动的调控能力。米切尔 · 林德在《新左派评论》1997 年 9—10 月合刊上曾经撰文，提出全球化时代导致了“催化剂国家”的出现。对外，国家建立跨国和跨地区联盟，并独立于联盟中的其他成员国；对内，在国内市场上形成国家与产业界的联盟，通过这些手段，国家发展出跟国际组织、跨国公司和私人部门的密切关系，并且居于主导地位。典型的催化剂国家包括东南亚国家联盟的成员国、石油输出国组织的成员国、欧洲联盟的成员国、亚太经合组织的成员国等等。这些国家参与国际联盟，其目的是加强与其他国家和地区之间的合作关系，利用国际资源，发展本国经济，即使国家把部分主权（如货币权和军事权）让渡给了国际联盟和地区联盟，也并不意味着民族国家就此消失，或者独特的国家认同感的消失，相反，这里体现的是国家的主动性，通过国际合作来争取对本国经济的调控能力，同时也能够保证国家的经济安全，避免经济衰退。总之，催化剂国家的核心特征是积极参与国际性联盟组织，通过对外交往来增强国家能力，保持国家独立。

无论是国家撤退说，还是国家主动说，我们都应该看到，全球化时代的民族国家已经发生了某种变化，不再是传统意义上的民族国家。无论国家实力被削弱还是增强，国家之间的分化依然存在，国家利用各种资源和机会的策略不同，由此将导致强国和弱国之间的分化愈加明显。正如全球化是我们所面临的现实一样，民族国家的存在和运作也是我们所面临的现实。

第二节 全球治理

面临全球化的强力挑战，人们对民族国家能否有效实现自己的目标而产生怀疑,由此导致了另一种新的维系国家发展和社会运作的思路,即治理,国际层面的合作和协商被全球治理所取代。治理概念的出现和实践,只有不到20年的时间,伴随着欧美发达国家20世纪90年代以来从统治转向治理,治理实践和理论也逐渐为更多的人所了解。治理概念的实质内容并非全新理念,然而在全球化时代,它因为弥补了单一民族国家体系的缺陷而为更多人所注意。

英语中的“治理”(governance)一词源自拉丁文,本意是控制,长期以来跟“统治”(govern 或 government)一词混用,主要指对国家事务的公共管理活动。译成中文时,曾经用过“施政”和“治道”这样的翻译,后来借鉴了经济学和管理学,确定使用“治理”这个译法。“治理”一词很早就用于经济学和管理学领域,如“公司治理结构”(corporate governance,又译成“公司治理”或“法人治理结构”)大体上指决定公司管理和运行的各种参与者——包括股东、董事和高级管理人员——之间的关系,比如股东如何保证管理人员不会滥用资本并为此而监督管理人员。很明显,经济学和管理学领域内的“治理”概念跟社会学和政治学领域内的“治理”概念在内涵上有很大不同。

1989年,世界银行发表报告《南撒哈拉非洲:从危机走向可持续增长》,这份报告首次使用了“治理危机”(crisis in governance)这一提法,认为许多发展中国家已经深陷治理危机,无法通过传统方式获得合法性。1992年世界银行年度报告《治理与发展》更加系统地阐述了关于治理的看法。此后,治理一词代替统治,多次出现在国际组织的报告和学术期刊文献里。比如,1993年,经济合作与发展组织发布一份“组织发展援助委员会关于参与式发展和善治(good governance)的观点”;1996年,联合国开发署的年度报告题目是“为了人类可持续发展的治理、管理的发展和治理的分类”;联合国教科文组织1997年提出了一份“治理与联合国教科文组织”的文件;《国际社会科学杂志》1998年第3期出了一期名为“治理”(governance)的专号;1995年,罗西瑙等人甚至创办了一份《全球治理》杂志,专门研究全球化时代的治理问题。

一、治理

什么是治理?什么是全球治理?针对这两个概念一直存在着多种说法。世界银行1992年《治理与发展》报告里提出,治理就是各种各样的政府性和非政府性组织、私人企业以及社会运动“为了发展而在一个国家的经济与社会资源的管理中运用权力的方式”[①]。世界银行把治理与“对发展的健全管理”联系在

---

① 参见 World Bank, “Governance and Development,” Washington DC, 1992, p.3。

一起，强调两个层面的治理：第一个是建立标准和规章制度，增强处理公共事务的可操作性和透明度，这主要由政府来负责；第二个层面是政府之外的其他组织广泛参与，培养和发展公民社会。

经济合作和发展组织对治理的看法比世界银行更加具体，它认为治理就是"运用政治权威，管理和控制国家资源，以求经济和社会的发展"①。"政治权威"是治理的手段，"国家资源"是治理所争夺的目标，这样一来，"治理"跟"统治"之间的关系并没有得到明确区分，治理的主体依旧是掌握公共权力的政府，保障人权、缩小社会贫富差距、健全法律体系等等具体做法，需要靠各国政府的力量来实现。

至于全球治理委员会，则将治理定义为"个人与公私机构管理共同事务的诸多方式的总和。它是使相互冲突的或不同的利益得以调和并且采取联合行动的持续的过程"②。为了说明什么是治理，全球治理委员会举了很多实例，小到社区之间合作维护供水系统，在政府监督下按照自身规律工作的股票交易所，地方政府、公司和居民联合控制对森林的采伐，大到世界范围内的非政府组织、群众运动和统一的资本市场等等都属于治理的范畴。总之，治理就是个人和组织通过合作来解决冲突的多种方式，具有很高的灵活性，既包括正式制度，也包括非正式的规则。

罗茨(R. Rhodes)归纳了关于治理的六类定义③：

(1) 作为最小国家的管理活动的治理，它指的是国家削减公共开支以最小成本取得最大效益；

(2) 作为公司管理的治理，它指的是指导、控制和监督企业运行的组织体制；

(3) 作为新公共管理的治理，它指的是将市场的激励机制和私人部门的管理手段引入政府的公共服务；

(4) 作为善治的治理，它指的是强调效率、法治、责任的公共服务体系；

(5) 作为社会控制体系的治理，它指的是政府与民间、公共部门与私人部门之间的合作与互动；

(6) 作为自组织网络的治理，它指的是建立在信任与互利基础上的社会协

---

① 参见 OECD, "Developmemt Assistance Committee orientations on participatory development and good governance," Paris, OECD/GD(93),191, 1993, p.14。

② 参见英瓦尔·卡尔松、什里达特·兰法尔：《天涯成比邻——全球治理委员会报告》，赵仲强、李正凌译，中国对外翻译出版公司 1995 年版，第 8 页。

③ 转引自杨雪冬：《全球化：西方理论前沿》，社会科学文献出版社 2002 年版，第 198 页。

调网络。

综合来看,治理具有四个特征:治理不是一套规则,而是一个过程;治理的基础不是控制,而是协调;治理既涉及公共部门,也涉及私人部门;治理不是一种正式的制度,而是持续的互动。

作为一对经常被混淆的概念,治理与统治的区别在于:统治的主体只能是公共权力部门,其权威来源于政府,以强制为主,而治理的主体包括公共权力部门和私人部门,其权威来源于合作主体之间的持续性互动,以自愿为主;权力运行的向度不同,统治的权力运行方向总是自上而下的单向度,运用政府权威来发号施令,而治理是一个上下互动的过程,调和各类矛盾,协调各方利益,达到社会有序运转;管理的范围不同,政府统治所涉及的范围是以领土为界的民族国家,治理的对象则宽泛得多,可以是民族国家,也可以是超越国家领土界限的国际领域;统治遵循的是正式制度与规则,而治理遵循的是主体间经协商达成的规则。[①] 由此可见,较之统治,治理更加适合复杂和多元的当代世界。

为什么人们更乐于用“治理”而不是“统治”来描述新的社会组织方式?法尔克认为,“治理”概念更具弹性,参与者包括国际组织、民族国家、公民社会和个人,行动措施包括各种制度性和非制度性的活动,它避免了“世界政府”和国家主义这样的概念,减弱了民族国家对其的反感和抵触情绪。[②] 当然,全球治理委员会和世界银行这样重要的国际组织的推动也是一个重要原因。

治理概念的兴起,其原因在于传统的统治理论已经不能再适应全球化时代。民族国家受到冲击、非政府组织的发展、跨越国境线的流动越来越普遍和轻松,这些现象使得我们不能够继续以国家为分析视角,而要将国家、国际组织、跨国公司、非政府组织、社会运动、个人放在同等重要的位置上来理解我们身处的世界。事实上,“治理”一词最早用于全球化研究领域,随着理论的丰富和完善,也开始有人将它用于国内政治领域,研究一个国家之内如何实现治理,并且在此基础上提出从善政(good government)到善治(good governance)的转变。所谓“善治”,对政府的要求就是有效的公共服务、可信任的司法系统、对公众负责的行政管理、以增强透明度为目的的信息自由流动。

---

① 参见俞可平:《全球治理引论》,收入俞可平主编:《全球化:全球治理》,社会科学出版社 2003 年版,第 6—8 页。

② 参见 Falk, Richard “The Pursuit of International Justice: Present Dilemmas and an Imagined Future,” *Journal of International Affairs*, 1999, 52(2)。

二、全球治理

在《没有政府的治理》这本书中，罗西瑙(J. N. Rosenau)与曾佩尔(E. O. Czempeil)最早把治理概念引入了国际关系研究。[①] 1995年，罗西瑙在《全球治理》杂志创刊号上提出了一个更为明确的全球治理定义：全球治理可以被认为通过控制、追求目标以产生跨国影响的各层次人类活动——从家庭到国际组织——的规则系统，甚至包括被卷入更加相互依赖的、急剧增加的世界网络的大规则系统。[②] 通俗地说，全球治理指的是一切个人和组织联合起来，共同解决全球性问题，比如全球安全、环境保护、跨国犯罪、流行病、国际经济等等，这些全球性问题涉及地球上每一个人，而又不能单纯依靠国家力量来解决，因此需要全球公民和组织来共同面对。

90年代以来，克林顿、布莱尔、施罗德、若斯潘等人在美、英、德、法等国相继上台执政，代表民主社会主义的"第三条道路"一时之间成为欧美国家的主导政治思潮。与其多元主义和法团主义的国家观相配合，在国际政策方面，"第三条道路"明确提出了全球治理理论。主张"第三条道路"的重要理论家吉登斯说，全球化并不要求削弱政府，而是要加强政府，但这并不意味着加强民族国家的政府，而是意味着在民族国家层面上改造政府，进行跨国政府的试验和使地方政府恢复活力。他认为全球化时代的国家应该是"世界主义的民族国家"，呼吁建立"世界性国家"，在国际民主原则基础上实现全球治理，达到国家、地区性组织、国际组织之间的相互协调。

但是，"第三条道路"所鼓吹的全球治理机制所包含的反主权倾向值得警惕，在国家主义观念强烈和国家权力强大的国家里，它受到了抵制。全球治理建立在国家疆界模糊不清、国家主权无足轻重、政府无能为力的基础上，当一国的内部事务涉及其他国家的时候，按照全球治理的逻辑，就是国家内部事务国际化，通过国际合作才能解决内政问题。因此，在理论上，全球治理等于为干涉他国内政谋求了合法性。在现实生活中，它成为新干涉主义的基础，有人批评它成为某些西方大国谋求国际霸权、在全球扩张势力的借口，比如1999年科索沃危机中北约轰炸南斯拉夫，以人权为理由谋求解决国内问题。

无论是从哪个角度来定义治理和全球治理，都至少说明了两点：第一，当代

---

① 参见 J. N. Rosenau and E. O. Czempeil, *Governance without Government: Order and Change in the World Politics*, Cambridge: Cambridge University Press, 1992。

② 转引自杨雪冬：《全球化：西方理论前沿》，第202页。

民族国家已经不可能单纯依靠自己的力量来解决所有问题,换句话说,国家的权力已经被削弱。第二,跟全球化争论相似,关于全球治理的讨论也涉及"在全球一体化和无政府状态之间何去何从"这一争论。一方面,作为对现有民族国家主导的国际体系的挑战,全球治理模型的目标在于推进全球合作和协商,然而,现有的国际调节机制相当薄弱,即使如联合国这样的国际机构,在冷战结束后也没有能够获得比冷战之前更多的国家支持。另一方面,非政府组织和国际组织的强大,对民族国家构成了挑战,有些国际合作机制和跨国社会运动并不受各国政府的直接控制。很多经验表明,依赖正式制度的全球治理能够更容易实现自己的目标,而依赖非正式制度的全球治理的执行能力相当薄弱,然而,在现实中,参与制定国际规则的主体依然是国家,全球治理模型本身是针对民族国家提出的,这一事实已然表明了民族国家在当今世界中的重要地位。

全球治理面临的困境,从著名的全球治理委员会自 1999 年以来再次发表一份报告之外并无多大作为这一事例就可以看出。除了捍卫主权的民族国家——尤其是急需依赖一个强有力的国家来谋求发展的广大发展中国家——的反对之外,全球治理还面临着过于理想化、前景不明朗的问题。在民族国家依然是最基本、最重要的政治单位这一现实情况下,剥夺和削弱国家权力的全球治理理论存在着多大现实可能性,换句话说,脱离了国家支持的全球治理是否有效率和有能力,仍旧值得怀疑。全球治理委员会认为,全球治理并不仅限于对全球性问题的治理,而是全球范围的治理,包括从全球到地方的各个层次,即全球层面、地区层面、国家层面、地方层面、公司层面、家庭层面及其他组织内部的治理。这一蓝图过于理想化,人类历史上还没有出现过一种政治制度能够囊括一切组织和机构,包罗万象的全球治理只能是一个乌托邦。鼓吹全球治理的理论家们似乎认为全球治理是解决一切全球性问题的良药,却没有看到,跟国家一样,全球治理也不是万能的,它缺乏国家的政治强制力。

全球治理理论的优越性在于,承认和肯定各类私人机构和非政府组织解决社会和经济问题的能力,有利于动员多种社会资源,实现问题的最优解决。对于个人来说,政府权威的降低,未必全是坏事,至少能够刺激个人自主性和能动性的发挥。在全球化时代,有越来越多的全球性问题不再依赖国家,而是由国际组织、跨国公司和公民自愿性团体合作解决的。国家和社会之间、公共部门和私人部门之间的界限正在变得模糊不清,各种组织和个人之间正在交换权力和资源,全球治理理论为这一现实提供了有力的解释。

三、全球治理委员会

可以看出，国际组织最早赋予了“治理”一词以新的含义，因此，毫不奇怪，“治理”很早就同“全球化”放在了一起，“全球治理”被看成一种新的全球发展模式，致力于推进全球治理事业的专门组织也相应地出现了。1991 年，联合国在海湾战争中表现出色，促成交战双方达成停火协议，恢复了科威特的独立，战败的伊拉克愿意履行安理会的各项决议。借此东风，联合国致力于探讨超越民族国家的全球合作新机制。1989 年，德国统一；1991 年，苏联解体，冷战结束，世界格局面临重大变化，联合国致力于发挥更大作用。1992 年，在时任联合国秘书长加利的支持下，由联合国开发署、9 个国家和一些私人基金会（如福特基金会、卡内基基金会等）提供资金，28 位国际知名人士发起成立了“全球治理委员会”（the Commission on Global Governance），主席是瑞典前首相卡尔森和圭亚那前总书记兰法尔（Shridath Ramphal），其余成员包括联合国难民署高级专员绪方贞子、中国驻联合国日内瓦大使钱加东等人。1995 年，联合国成立 50 周年之际，全球治理委员会发表了《天涯成比邻》（Our Global Neighborhood）行动纲领，并打算于 1998 年召开全球治理世界大会（World Conference on Global Governance，将“世界”与“全球”同时放在一个会议的名称里，这本身就在提示我们全球治理问题的复杂性），2000 年签订了一份类似于世界治理条约的国际条约。

《天涯成比邻》行动纲领的核心内容在于呼吁增加联合国的权力，提高其权威性，并且提出了具体建议，如由联合国来制定全球税率、成立联合国常备军、成立一个新的经济安全理事会、取消联合国常任理事国的否决权、建立一个新的请愿理事会和新的市民社会代表（比如非政府组织）的议会机构、重新整理联合国国际法院的判决结果、成立一个国际刑事法院、扩大秘书长的权力等等。

对全球治理委员会的批评主要集中在两个方面。第一个方面来自民族国家维护主权的强烈决心和信心，它们认为联合国权力增加，有可能损害国家的权力和职能，由联合国来制定全球税率根本不可能实现。世界贸易组织多年来推行减税，困难重重，乌拉圭回合谈判已经陷入僵局，如果联合国成立常备军，那么它跟一个国家有什么本质区别呢？会不会又回到帝国主义的老路上去？至于取消联合国安理会常任理事国的否决权，在现有联合国框架内根本不可能实现。现有民族国家体系能够处理一切内外事务，反而是联合国在伊拉克战争这类问题上显得很失败。

第二个批评意见认为，看上去《天涯成比邻》呼吁的是一个世界政府或世界联邦政治制度，现有民族国家让渡部分主权给这个未来的世界联邦政府，那么，除了在现有政治结构之上再增添一个世界政府层面之外,《天涯成比邻》并没有对政治结构做出更大、更根本的变动。联合国秘书长的权力增加,会不会带来出现一个世界独裁者的危险?如果世界联邦政府成为现实,那么它的合法性和权威性来自于民族国家的支持还是普通公民的支持?普通公民是否愿意放弃对民族国家的支持而接受这样一个全球治理模型的控制和引导?欧洲联盟最初并没有能够吸引英国加入,又怎么能指望一个类似联合国的组织能够吸引所有国家和全球公民加入呢?全球治理委员会并没有提供一个从现有世界政治结构演变为全球治理模型的路径,从而导致全球治理似乎是一个不可能实现的美梦。

第一个批评是常见的民族国家同超国家机构之间的争论。针对第二个批评,《天涯成比邻》里特意说明,"全球治理"并不意味着"世界政府或世界联邦政治制度(world federalism)",然而仍然有人讽刺说,"世界政府"和"全球治理"的区别就像"强奸"和"约会强奸"(date-rape)一样难以分辨,全球治理是一个理想化的蓝图,缺乏现实可能性。

四、《罗马规约》与国际刑事法院

《天涯成比邻》并非不具备现实可能性,它的部分内容后来得到实现,其中最重要的是国际刑事法院的成立。1998 年 7 月 17 日,联合国外交官大会上通过了《罗马国际刑事法院规约》,根据该规约,于 2002 年 7 月 1 日在荷兰海牙成立了国际刑事法院。《罗马规约》的第一条就规定,"本法院……有权就本规约所提到的、受到国际关注的最严重犯罪对个人行使其管辖权,并对国家刑事管辖权起补充作用"。所谓"最严重犯罪"被明确界定为种族灭绝罪、危害人类罪、战争罪和侵略罪共四类[①]。截至 2007 年 7 月,日本成为《罗马规约》第 105 个缔约国。《罗马规约》的通过和国际刑事法院的成立,被认为是国际法领域内具有划时代意义的事件,国际刑事法院是人类历史上第一个永久性的国际司法机构。根据规约,国际刑事法院能够直接审判和处罚个人,而这传统上是民族国家所垄断的权力,此前的国际法只适用于协调国家和组织,并不针对个人犯罪。一旦签署和批准《罗马规约》,一个国家的所有公民都将受到国际刑事法院的管辖,可能因为行为不当而受到国际刑事法院的指控。

支持《罗马规约》的国家希望一个超越国家的国际刑事法院能够带来公正

---

① 中国政府积极参与了国际刑事法院的筹备活动,但没有签署《罗马规约》。《罗马规约》将强迫绝育列为"危害人类罪"之一。美国曾于 2000 年 12 月 31 日签署了《罗马规约》,但是 2002 年 5 月 6 日,美国宣布该签字无效,现在,美国既不是《罗马规约》的签署国,也不是缔约国。

和公平的国际环境，期望国际刑事法院在维护国际和平和遏制强权方面发挥更大作用。《罗马规约》所限定的四类犯罪活动，针对目标是掌握公共权力的人群，普通公民绝少有机会成为被审判的对象。在旧的国际法体系内，当一国政府实施整体犯罪时，公民很少能够通过法律手段获得公正待遇。《罗马规约》规定，当缔约国所属的法院不能自主审理时，国际刑事法院才可以介入，追究个人而非组织或集团的刑事责任，将处罚对象从抽象的政府明确到具体的个人，保证了其处罚措施的有力性。自从成立以来，已经有三个缔约国——刚果、乌干达和中非共和国——主动向国际刑事法院提交案件，科特迪瓦自愿就其境内情势接受法院的管辖，联合国安理会也于 2005 年就苏丹达尔富尔局势首次向法院提交案件。截至 2007 年 10 月，全球已经有 135 个国家签署了《罗马规约》，105 个国家批准了该规约。但是，48 个亚洲国家里，仅有 10 个批准了该规约[①]，另有 30 个国家与美国签署了“第 98 条协定”。

《罗马规约》第 98 条第 2 款规定，向国际刑事法院移交人员时必须得到“该人派遣国”的同意。为了保护驻外的军事和外交人员不受国际刑事法院的管辖，美国与多个国家签订了双边引渡互免协定，要求他们在向国际刑事法院移送美国公民时必须首先取得美国同意，如果美国不同意，那么其他国家不能向国际刑事法院移交美国公民。美国宣称双边引渡互免协定是以《罗马规约》第 98 条为其国际法基础，因此双边引渡互免协定也被称为“第 98 条协定”。“第 98 条协定”等于排除了《罗马规约》对美国主权的不利影响，使得美国不同意移交的美国公民能够免受国际刑事法院的管辖。“第 98 条协定”不仅暴露了美国与国际刑事法院的权力之争，也充分体现了主权国家对超国家组织的忧虑和疑惑。

关于以美国为代表的非缔约国与国际刑事法院的争论，不能下一个简单的霸权主义或世界主义的判断。任何组织和政府都需要权力的制约，长远来看，无约束的权力只能带来危害，国际刑事法院制约了掌握公共权力的国家和政府，维护了个人利益。同时，《罗马规约》的参与国是民族国家，已经签署和批准规约的国家如果觉得不合适，仍旧能够退出规约，不受国际刑事法院的管辖，国家依然能够通过参与或退出来维护主权。因此，《罗马规约》也赋予了民族国家制约国际刑事法院的权力。任何不愿意加入《罗马规约》的国家，都是出于对自己主权的重视和对国际组织公正性的质疑。然而，世界上大多数国家已经批准了《罗马规约》，说明国家已经不能无视国际刑事法院的存在而自行其是，国家与

① 这 10 个亚洲国家是：阿富汗、柬埔寨、约旦、东帝汶、韩国、塔吉克斯坦、格鲁吉亚、蒙古、塞浦路斯和日本。

超国家机构并存，共同管理这个世界和我们的日常生活，已经是现实。

五、全球公民社会

全球治理委员会认为，“在全球层面上，治理基本上是指政府间关系，但现在我们必须理解，它也包括非政府组织、公民运动、多边合作和全球资本市场”①。总结来看，全球治理的主体主要有三类：(1) 全球性国际组织和区域性国际组织，如联合国、世界贸易组织、国际奥林匹克委员会、欧洲联盟、石油输出国组织；(2) 各国政府及一国内部的地方政府；(3) 全球性的和地方性的非政府组织（Non-Government Organization）。

1. 非政府组织

1945 年签订的《联合国宪章》第 71 款规定，联合国经济和社会理事会“得采取适当办法，俾与各种非政府组织会商本理事会职限范围内的事件”。1952 年，联合国经社理事会在决议中将非政府组织定义为“凡不是根据政府间协议建立的国际组织都可被看做非政府组织”，很明显，非政府组织主要指国际性的民间组织。联合国经社理事会专门设有非政府组织部，负责审批接纳非政府组织，认可它们在联合国的咨询地位和观察员身份。获得认可的非政府组织，有权以咨询者和观察员的身份出席经社理事会会议及联合国其他机构的会议，并在大会上作口头发言和书面发言。1996 年，经社理事会再次通过决议，允许在各国和各地区活动的非政府组织以自己的名义独立地在经社理事会发表意见，而不必像以往那样通过经社理事会认可的具有咨询地位的国际非政府组织来间接地表达自己的意见。目前，有 2000 多个非政府组织在联合国经社理事会享有正式的咨询地位，其他联合国机构——如世界贸易组织和世界卫生组织——也同相关领域的非政府组织建立了正式的工作联系。

在联合国的推动下，非政府组织积极参与联合国活动。1972 年斯德哥尔摩召开联合国人类环境大会，第一次举办了非政府组织论坛，有不到 300 个非政府组织参加。此后成为惯例，每一次联合国召开国际会议，在同一时间同一地点，都将举行同一主题的非政府组织论坛，非政府组织能够借此机会来影响联合国决策。2002 年南非约翰内斯堡的世界可持续发展峰会上，有 3500 多个非政府组织参加了论坛。

1995 年北京召开联合国第四次世界妇女大会，将“非政府组织”这一概念及实践带入我国，30 万人参加了非政府组织论坛。由于全球非政府组织的目标和

---

① 杨雪冬：《全球化：西方理论前沿》，第 4 页。

行为模式不同,很难有一个被普遍接受的非政府组织定义。1985 年,联合国公共信息部指出,"非政府组织指的是非营利的、由市民自愿成立的一国范围之内或国际范围内的实体组织"。根据这个定义,职业团体、基金会、工会、妇女和青年团体、合作组织、发展和人权组织、环保组织、关于国际事务和议会合作的研究机构都可以被认为是非政府组织,宗教组织、政党和跨国犯罪组织一般不被认为是非政府组织。联合国对非政府组织的定义强调了两点:非营利和公民自愿组织。因此,非政府组织大致相当于中文语境里的"民间组织"。

2. 全球公民社会(global civil society)

1997 年,联合国秘书长安南在向第 52 届联合国大会提交的工作报告中,列举了影响当下全球发展的八大因素,排在第五位的是跨国性的公民社会组织的迅速发展,之前的四大因素分别是:冷战结束后全球政治经济格局的重组、世界经济的全球化、信息技术革命、生态环境的保护。2005 年,世界上共有各种类型的国际组织 5.8 万个,其中国际组织 7000 个,国际性非政府组织 5.1 万个,比 1991 年增长了 109%,大多数国际性非政府组织的总部都集中在美国和欧洲这些全球化程度较高的地区。

联合国和国际组织为非政府组织的发展创造了两个重要条件:资金和介入决策机构的政治渠道。联合国秘书长在多次公开演讲中盛赞非政府组织的作用。联合国各机构一直鼓励非政府组织参与各项目的实施,通过合同分包等方式,将操作性的责任转移到非政府组织身上。世界银行认为,只要目的是救济穷人和保护环境的任何民间组织,都可以称为非政府组织。世界银行在广大发展中国家同非政府组织合作,积极开展发放小额贷款、寻找洁净水源、推广新技术等扶贫活动。1996 年 12 月在新加坡召开的世界贸易组织第一次部长级会议,有 159 个非政府组织与会,代表环境、发展、消费者、商业和农民等各方利益。联合国对非政府组织的信任和合作,形成了一种压力,促使各国政府也将非政府组织纳入国际和国内政治活动之中,使得非政府组织从西方国家传播到世界其他角落。非政府组织在我国的兴起和发展,跟国际社会的推动有很大关系。据估计,2003 年国际非政府组织在中国的援助金额高达 1 亿美元,仅福特基金会在中国的年度预算就达 900 万美元,世界自然基金会甚至与教育部合作,为 2 亿中小学生编制环保教育课程。

国家失灵和市场失灵为非政府组织留下了活动空间,伴随着信息在全球自由流动以及远距离交通费用和通讯费用的降低,国际性非政府组织的运作成本越来越低。目前,在环境保护、公共医疗、消除贫困、援助难民、自然灾难灾后重建等全球性问题上,非政府组织都扮演了重要角色。2002 年,约翰内斯堡世界可持续发展峰会通过了《公民社会宣言》，宣布在人类和自然界面临严峻考验的问题上，包括非政府组织、工会、大众媒体、研究者、教育者、志愿者、议会和地方政府在内，将寻求全球范围内的各方力量合作。

非政府组织反映了国家和社会，甚至国家之间的权力平衡，被看成是建设全球公民社会的一支重要力量。跨国非政府组织能够把那些在国家层面上无法团结的公民集中在一起，进行跨国对话和讨论，采取集体行动，为被边缘化的人群提供新机会来影响国际和国内政治。约翰·霍普金斯大学研究人员莎拉蒙等人在《全球公民社会》一书中，将全球范围内非政府组织的兴起称为“全球社团革命”，他们认为“不同程度的全球社团革命正方兴未艾，而群众性的、有组织的、非政府的志愿行动正在世界的每个角落兴起”，这场革命对20世纪后期世界的重要性丝毫不亚于民族国家的兴起对19世纪世界的重要性。[①] 一份关于36个西欧和美洲国家的研究报告显示，1995—2000年期间，这些国家非政府组织的开支总计达113万亿美元，共聘用了4550万名全职员工，大约每100个成年人中就有9.8人参与了非政府组织的活动。[②]

一般认为，全球公民社会就是介于家庭、市场和国家之间，同时又超越国家的社会、政治和经济限制的观念、价值、组织、网络和个体的领域。[③] 它既得益于全球化进程，也是全球化的产物之一。全球公民社会不是一个同质性的领域，根据它们对全球化的态度差异，至少可以区分出支持全球化的公民社会、抵制全球化的公民社会、与全球化逆行的公民社会（如极端宗教主义者）。

首先，全球公民社会反全球化运动的第一波发生在1999年11月西雅图召开的世界贸易组织部长级会议上。会场外，非政府组织发起了游行示威活动，5万人占据交通要道，阻止各国代表前往会场，最终演变成骚乱，防暴警察出动，西雅图会议没有达成任何协议，以失败告终。接着，2000年1月在瑞士达沃斯召开的世界经济论坛年会，2001年在加拿大魁北克召开的美洲国家首脑会议，2001年在意大利热那亚召开的八国峰会，2003年的墨西哥坎昆世贸组织第五次部长级会议，会场外处处都是抗议人群，阻挠会议达成共识，一名韩国农民为了抗议不公平的全球贸易体系甚至在坎昆会议会场外自杀身亡。国际性非政府组织跟国家与政府间国际组织并不是处处合拍，有时也会发生严重冲突，这一事实表明，全球公民运动已经超越了民族、宗教和文化差异，质疑当下的国家主导的

---

① 参见莱斯特·莎拉蒙等：《全球公民社会》，社会科学文献出版社2002年版，第4页。

② 同上书，第116页。

③ 参见 Helmut Anheier, Marlies Glasius and Mary Kaldor, eds., *Global Civil Society 2001*, Oxford: Oxford University Press, 2001, p. 117。

世界体系。这些超越国界的行动不仅展现了全球公民社会的力量，也促进了社会的实际转型。

全球公民社会的发展，客观上体现了对建立新的全球治理模式的期望，国家、国际组织、全球公民社会应该合作，共同解决人类所面临的全球性问题。在这一过程中，改变不平等的现有全球权力关系和国家间关系结构体系，也是全球公民运动所关心的话题，诸如不结盟运动、77 国集团、世界野生动物基金会、联合国妇女发展基金会等组织，正在积极反对霸权主义和强权政治，推进可持续发展。在国内政治领域，全球公民社会能够监督政府行为，通过提供信息和资料、参与国际谈判、制定国内外政策来完善国家的职能，推动个人生活的进步。

其次，跟全球治理理论受到的质疑一样，在不存在一个全球国家的情况下，在民族国家依然是最重要的国际政治单位的背景下，谈论全球公民社会是不是一种奢望？其次，每个全球公民所处的国家不同，其观点和活动重点自然也就不同，比如发达国家的公民和发展中国家的公民在公平贸易问题上存在着分歧。发达国家的公民认为，跨国公司在发展中国家投资设厂，剥削发展中国家的劳动者，恶劣的工作环境和低廉的工资摧毁了当地环境和劳动者身体健康，然而，发展中国家的公民却认为，在受到剥削的同时，自己也获得了更高的收入和更丰富的信息，掌握了新技术，如果不去跨国公司的工厂工作，传统的生活未必比现在更好。这种差异再一次提醒我们，国家、民族、性别和文化之间的不平等和偏见依然存在，假设世界大同，朝向同一个方向努力，只能是美好的理想。

再次，作为全球公民社会核心要素的非政府组织的合法性和能力问题正在经受着质疑。诚如经济学家阿玛蒂亚·森所说，“反对全球化的人并不是真正反对全球化，他们是在反对某种同自身信念和价值观相背离的全球化，其中有对世界南北差距拉大分配不均的忧虑，有对几个大国主宰世界的不平，当然也免不了为了维护自身的狭隘民族利益甚至是无政府主义”①。非政府组织充其量只能代表自己成员的利益，而不能被看成是民意的代表。没有一个非政府组织能够代表“全人类”、“全球”或“世界”的利益，非政府组织主要分布在北方发达国家，这一事实恰恰表明了现有国际关系的不平等。非政府组织本身就是不平等国际关系的产物，寄希望于它们能够改变全球权力关系，无异于缘木求鱼。在现实世界里，非政府组织在很多领域的活动能力，并没有想象得那么大，很多情况下，它甚至依靠国家的力量来推进自己的工作，比如福特基金会自 1988 年以来，

① 参见覃莉：《他们，反的是什么？——反全球化运动扫描》，载《海外星云》2001 年第 24 期，第 13 页。

在中国的一多半援助都给了政府机构和政府支持的组织。民族国家对国际性非政府组织是否会干涉自己的主权多有怀疑，即使如世界贸易组织这样很早就承认了非政府组织的地位的国际组织，有一些成员国也认为非政府组织的加入会冲击国家在世贸组织的地位，使得世贸组织内部的国家关系更加复杂，西雅图会议会场外非政府组织发起的反全球化游行，加深了民族国家对非政府组织的抵触情绪。

总之，当哈贝马斯的公民社会理论被看成是一个历史上从来没有存在过、将来是否会出现仍值得存疑的乌托邦时，从他的基础上引申出来的全球公民社会能否实现，也必定是未知之数。然而，这并不妨碍我们追求更自由的社会制度和更美好的生活，在现实世界里，非政府组织和全球公民社会所体现出来的潜力和效率，尤其值得我们注意。

第四章　文化全球化

“文化”是我们这个时代最难定义的概念之一。50 年前,美国学者克罗伯(Alfred Kroeber)和克拉克洪(Clyde Kluckhohn)著有《文化:对概念和定义的批判性考察》(1952)一书,列举了关于文化的 166 种定义(其中 162 种是英语世界的定义),并归纳出九类文化定义:哲学的、艺术的、教育的、心理学的、历史的、人类学的、社会学的、生态学的和生物学的。1982 年联合国教科文组织定义文化是“一个社会和社会集团的精神和物质、知识和情感的所有与众不同显著特色的集合总体,除了艺术和文学,它还包括生活方式、人权、价值体系、传统以及信仰”[①]。一般地,文化指的是在某种社会环境里所形成的一整套理念和行为模式,它既可以体现为外在的生活方式,如服饰和民间节日,也可以体现为各种正式和非正式的制度,如科举考试和“熟人好办事”,还可以表现为某种外在形式的文明,如中华文化和伊斯兰文化。不同社会具有各自特色的文化,18 世纪的德国思想家赫尔德尔曾经提出文化的三个基本特征——文化是一种同质的社会生活模式,文化是一个“民族”的文化,文化有明确边界[②]。然而,在全球化时代,这三个基本特征都正在经受着冲击,由此带来对文化概念的反思和争论。原初状态的地方文化正在面临冲破国界的信息、资本和技术的冲击,世界各个角落变得越来越相互依赖和相互联系,文化交流的速度和数量都前所未有。比起经济全球化和政治全球化的种种争论,关于文化全球化的争论更加尖锐,跟本书所关心的大众媒体的关系也更加明显。在开始下面的讨论之前,需要指出的是,本章使用“文化全球化”一词,指的是各地文化交流越来越频繁这一现象,并非对这一现象做出价值判断。事实上,诚如文化没有高低之分一样,涉及文化全球化的很多问题,不能做出非黑即白的二元对立式回答。

---

① 转引自陆扬、王毅:《文化研究导论》,复旦大学出版社 2006 年版,第 12 页。

② 同上书,第 8 页。

第一节 文化全球化的进程

如果认为,在人类历史的开端就已经伴随着全球化,那么文化全球化的进程跟一部人类历史的文化史没什么两样。一般地,我们更倾向于将15世纪日心说和地理大发现看成是近代意义上全球化的起点,这个全球化的起源地在西欧,随之而来的文化全球化也往往被看成是一个西欧文化(后来是美国文化)向世界其他地方扩散的过程。这一观点所蕴含的西方中心主义当然值得警惕,但是,它揭示了一个不争的事实,即过去五百年里西方——欧洲和美国——的强势地位和主导地位。身为中国人,也许我们对西方文化的全球扩散不感兴趣,然而,要想深入了解自己,就需要对"邻居"的过去有所涉猎。

一、全球化与宗教

2008年9月起,英国前首相布莱尔受聘于耶鲁大学,讲授"宗教和全球化"课程。校方认为,当世界变得越来越相互依赖时,探求如何让宗教价值观走向和解而不是对立,是非常有意义的事情,聘请布莱尔授课的目的正在于此。有人指出,"世界宗教已经培育了具有巨大权力和资源的宗教精英与政治精英,他们有能力动员军队和人民,能够形成跨文化的认同感和效忠感,或者能够提供根深蒂固的神学基础和合法的社会基础。在这些方面,世界宗教毫无疑问构成了前现代时期最强有力的和最重要的文化全球化形式"①。因此有必要回顾一下全球化背景下宗教的演进和变革。

如果将目光从500年前回溯到3000年前,我们就应该看到,人类历史上最早的全球化应该是宗教的全球化,而不是我们今天热炒的经济全球化。目前世界三大宗教——佛教、基督教和伊斯兰教——无不跨越了地域、种族和国家的界限,成为世界性宗教。佛教于公元前后在南亚和东亚流传,它虽然没有成为发源地印度的第一大宗教,却对中国、日本等东方国家影响深远。伴随着横跨欧亚非三大洲的罗马帝国的军事扩张,基督教获得合法地位,进而于公元4世纪成为国教,开始向世界其他地方传播,目前全世界有超过21亿信徒。伊斯兰教于7世纪时兴起于阿拉伯半岛,后伴随着阿拉伯帝国对外征服和商贸活动而传入南亚、东亚、非洲和欧洲,目前全世界穆斯林超过9亿人,有30个国家将伊斯兰教定为国教。这三大宗教都试图吸收更多信徒扩大影响力,佛教说"普度众生",基督

① 戴维·赫尔德等:《全球大变革》,社会科学文献出版社2001年版,第465页。

教则要“到世界各地去，将福音传播给每一个人”，伊斯兰教则强调“万物非主，唯有真主”，虽然教义各不相同，然而，它们在当今世界的影响力不容忽视。

以世界上最大的宗教基督教为例，我们能够清晰地看出宗教的全球扩散步伐和其间各种力量的起伏涨落。公元前 1 世纪时，基督教仅仅是巴勒斯坦地区的犹太人所信仰的宗教，当时巴勒斯坦地区已经被罗马帝国占领，基督教作为被统治者的宗教，被视为异教，受到统治者的排斥，基督徒受到迫害。公元 1 世纪，一位信徒保罗对基督教教义进行了独特的解释，比如将耶稣奉为神而不是先知，取消了繁琐的宗教仪式，外邦基督徒不必遵守犹太习俗，宣扬上帝对各民族信徒一视同仁，使得基督教走出了犹太人圈子，进入希腊和罗马文化圈。

公元 4 世纪，基督教成为合法宗教，进而成为罗马帝国国教，很快地，基督教在整个罗马帝国境内广为传播，影响遍及整个地中海沿岸地区。罗马帝国内部一直分成说希腊语的东部地区和说拉丁语的西部地区，基督教也逐渐形成东西两派。5 世纪，罗马帝国分裂为东罗马和西罗马，基督教也随之分裂为东正教和天主教。

东正教于 3 世纪时传到巴尔干半岛，9 世纪时传入东欧，并且成为基辅罗斯公国的国教，对后世的俄罗斯影响深远。到 1917 年十月革命前，俄国有 70% 的国民信仰东正教。15 世纪时东罗马帝国被信奉伊斯兰教的奥斯曼土耳其帝国取而代之，阻挡了东正教南下的步伐，因此东正教的影响范围没有天主教那么广。

西部的天主教逐渐发展成教皇集中领导的制度。西罗马帝国晚期，匈奴人入侵，罗马主教利用自己的影响力，同外族首领讲和，使罗马避免了外族侵略，这一举动提高了罗马主教的威信，天主教在北非、西班牙、高卢、意大利一带成为各教之首。6 世纪时，罗马主教在罗马城建立起政教合一的政权，后来逐渐演化为教皇制，各地教会的主教由教宗任免。6 世纪开始，天主教的传播范围起初只限于意大利、高卢和伊比利亚半岛，后来逐渐流传到日耳曼、凯尔特等民族，势力范围从南欧和北非扩大到西欧和中欧。统一而有组织的罗马天主教在欧洲从混乱走向有序的过程中扮演了重要角色，深入文化、教育和经济等多个领域，为信徒提供统一的信仰，树立权威和秩序感，并且渗透进国家的权力结构中。自 9 世纪起，教皇多次为即位的国王进行加冕，表示“君权神授”。中世纪的欧洲是一个基督教（和伊比利亚半岛上的伊斯兰教）的世界。

15 世纪起，新兴的资产阶级开始向全球扩张，与地理大发现同时发生的，是文艺复兴和宗教改革。文艺复兴不仅在文学、艺术、自然科学等学科获得了重大进步，而且，在思想上，它肯定人的理性，挑战教会神权，科学思想和平等思想的传播,促使了教会权威的衰落。北欧和西欧的宗教改革则促使了天主教的分化,当今基督教三大流派之一的新教脱颖而出,并且与民族独立运动和反封建政治斗争结合在一起,进一步挑战教会权威。新教与天主教之间的斗争手段不乏军事战争,1581 年第一个资产阶级共和国荷兰脱离西班牙统治而独立建国,后来取代西班牙成为 17 世纪世界上最大的殖民国家。宗教改革的余波甚至影响到了美国。在新教与旧教的斗争中,许多新教徒逃往北美以逃避迫害,使得新教而非天主教成为美国的主导性宗教,美国被认为是第一个按照基督教理念建立的现代国家,《独立宣言》开篇就说"人人都从上帝那里被赋予了一些不可转让的权利,其中包括生命自由和追求幸福的权利",新教教义中的"天赋人权"、"主权在民"思想在《独立宣言》里第一次被确立。马克斯·韦伯在其名著《新教伦理与资本主义精神》(1920)一书中认为,新教徒将做好世俗工作看成是获得救赎的正确途径,他们身上体现出来的勤奋、节俭、敬业、禁欲主义等特征推动了资本主义发展,体现出了所谓的"资本主义精神"。

随着欧洲列强向海外扩张,基督教从地中海沿岸和欧洲传向世界其他地方,在跟其他世界性宗教(如伊斯兰教)和地方性宗教的交锋中,发展成为信徒人数最多的世界第一大宗教。传教与殖民活动如影随形,最早开拓海外殖民地的葡萄牙人和西班牙人将天主教,荷兰人和英国人将新教,带到美洲、非洲和亚洲,印度的第一所天主教堂就是葡萄牙殖民者建立的。菲律宾原本有着自己的原始宗教,16 世纪起逐渐沦为西班牙的殖民地,1898 年美西战争结束后,又沦为美国的殖民地。长达 400 余年的殖民地历史,改变了菲律宾人的宗教,如今菲律宾是东南亚地区基督教徒人数最多的国家,也是亚洲唯一的基督教国家,90% 以上的居民信奉基督教。

除了传教,传教士在被侵略国家也从事医药卫生、培养翻译、开设学校等工作,客观上促进了各地的文化交流。中国近代史上第一份中文报刊《察世俗每月统计传》就是天主教传教士在马六甲主办的。然而,与殖民活动的紧密联系,使得对基督教的责难和批评远远超过对它的贡献的肯定。1454 年罗马教皇批准葡萄牙垄断非洲的奴隶贸易,传教士为被拐卖来的黑奴施洗,然后将他们押上船,运往遥远的他乡。罪恶的奴隶贸易使得非洲人口锐减,年轻力壮的劳动力极度缺乏,严重影响了非洲的发展,在这一过程中,基督教扮演了帮凶的角色。教皇甚至颁布训喻,将世界上尚未发现的国家分给了葡萄牙和西班牙,西班牙获得了大部分南美洲,葡萄牙则获得了非洲和巴西。1526 年,西班牙国王下令,每支远洋船队必须携带传教士同行。每征服一个地方,西班牙殖民者就命令当地人皈依基督教并接受西班牙的统治,不服从者被当做异教徒当场处死。基督教还在美洲建立印第安人宗教归化区,归化区内的印第安人允许暂时保留自己的宗教信仰,但是必须听从传教士命令从事沉重的采矿、种植等活动,等于是变相的奴隶。一位非洲酋长说:"一开始,我们手中有土地,他们手中有圣经,而现在,我们手中有圣经,他们手中有土地。"这句话一语中的地揭示了基督教与殖民主义的关系。

基督教向世界扩散的过程并非一帆风顺,它所面临的"门当户对"的对手之一就是同为世界性宗教的伊斯兰教,两大宗教的恩怨以对圣地耶路撒冷的争夺最为典型。根据《圣经》记载,耶路撒冷是耶稣受难和复活的地方,因此这里是基督教的圣地。伊斯兰传统认为,先知穆罕默德是在耶路撒冷升天接受《古兰经》的。637 年,强大的阿拉伯帝国从已经衰败的东罗马帝国手里夺下耶路撒冷,将耶路撒冷列为麦加和麦地那之后的第三圣地。为了夺回圣地,11 世纪至 13 世纪,罗马教皇组织了八次十字军东征,此后,耶路撒冷在基督教徒和伊斯兰教徒手中徘徊。16 世纪信奉伊斯兰教的奥斯曼土耳其帝国占领耶路撒冷,这一局面长期稳定下来,直到第一次世界大战土耳其战败,耶路撒冷重回基督教的势力范围。

由于地缘关系接近,两大宗教在历史上长期相互渗透。阿拉伯帝国在强盛时期,渡过直布罗陀海峡,将伊斯兰教从西班牙传入南欧和西欧,但是在高卢战败,中止了伊斯兰教在西欧的传播。在欧洲诸国中,受伊斯兰教影响最大的是西班牙和葡萄牙。8 世纪至 15 世纪,两国的大部分领土处于伊斯兰教政权的统治之下,西班牙作家塞万提斯的名著《堂吉诃德》里隐晦地提到了基督教政权对伊斯兰教徒的迫害。15 世纪末,伊斯兰教徒被逐出西班牙的同时,哥伦布发现了美洲,西班牙成为第一个殖民主义宗主国。

伊斯兰教曾经阻碍了基督教对外扩散。16 世纪之后,伊斯兰教国家占领了土耳其、埃及、叙利亚等亚欧交通要道,伊斯兰教徒不允许基督教船只在红海里航行,欧洲同亚洲的贸易只能通过阿拉伯人当中介,大量贵金属源源不断地从欧洲流向亚洲。当欧洲力量和技术足够强大时,它不仅要求贵金属来填补贸易出超,还要求开辟新航线绕过阿拉伯人直接同东方做生意,于是催生了地理大发现和资本主义的海外扩张。

20 世纪以来,宗教曾经一度被认为是一股趋于衰退的力量,世俗化取代了神圣生活。马克斯·韦伯认为,近代资本主义国家的现代化转型是一个祛魅(disenchantment)的过程,原先笼罩在社会诸领域之上的统一的宗教光环已经褪色,理性上升,世界进入价值多元化时期,现代国家脱离了神权国家,转向世俗社会。

然而到了20世纪下半叶，全球文化领域内出现的引人注目的现象之一就是宗教力量的重新上升。60年代，基督教召开第二次梵蒂冈公会，进行自我改革，肯定世俗化和人的自由意志，主张在国际事务中发挥作用，提倡同非基督徒和无神论者（包括共产主义者在内）对话，确立了"普世主义"、"开放"、"现代化"改革方向。第二次公会议之后，基督教的发展进入一个新阶段，简而言之，就是在南方的发展超过了北方，基督教的重心正在离开过去几个世纪以来的欧洲，转向非洲、亚洲和拉美。南方地区向北方地区输出神职人员，美国已经有六分之一的神父来自其他国家，伦敦现在有来自50个国家的1500名传教士。虽然目前最大的基督教社群仍在欧洲，但是南方地区的信徒人数增长速度之快，已经超过了北方地区。以现在的速度，据估计，到2050年，全世界将有30亿基督徒，每5个基督徒中只有一个是非拉美裔的白人。[①] 这样的发展势头，无疑纠正了以往基督教借殖民主义势力扩张的陈旧形象，体现了基督教世俗化发展趋势的一面。

二战以后，基督教之所以扩张势头猛烈，究其原因，基督教回应全球化、成功地进行自我改革是一个重要原因。南方国家面临经济发展的压力，教会吸引穷人入教，训练他们掌握新技术，提供就业机会，满足了这些国家现代化的需要，从而获得了支持。教会一度是保守势力的象征，然而在非洲，基督教与战后殖民地独立运动紧密联系在一起；作为亚洲唯一的基督教国家，教会在菲律宾积极参与反殖民地运动和反独裁者马科斯的运动，成为推进民主政治的一股进步力量；就是在基督教传统强大的美国，呼吁黑人政治权利的马丁·路德·金博士也是一位牧师。而且，南方国家流行的不是传统的基督教三大流派，而是新兴的流派，如五旬节派教徒每年以1900万的速度增加。新兴流派在教义解释方面更加灵活，《圣经》的权威性有所下降，他们使用本民族语言，选拔本地人担任重要的神职工作，提升本地人在教会里的地位，欧美教会一般不干扰南方教会的内部事务，南方教会越来越多地依靠自己的力量发展。这些积极因素不仅有利于基督教的传播，而且减弱了教会与殖民者、基督教与帝国主义之间的联系，增强了基督教的号召力。与此同时，北方教会通过对话，消解各教派之间的分歧，争取教会的再统一，在第二次梵蒂冈公会议之后，北方教会成立了国际组织，倡导普世教会运动，第三世界国家的新教教会和东欧的东正教教会纷纷参加，形成了更加开放、多元和平等的基督教新局面，推动了基督教的全球传播。

从以上关于基督教的讨论可以看出，全球化对宗教的影响不仅体现为神圣与世俗、传统与现代之争，也体现为统一与多元、分歧与融合之争。只有回应全

① 参见刘家峰：《全球化还是地域化》，载《宗教学研究》2004年第4期，第177—180页。

球化需求而成功进行自我改革的宗教才能够顺势而动，壮大自己的实力，逆全球化潮流而动的宗教只会降低影响力和实力，信徒减少。目前，在一些国际事务，如国际赈灾、环境保护和人权斗争中，都能够看到宗教团体的身影，宗教正在利用高科技新媒体手段将自己的传教信息传向全世界，这说明在全球化已成显学的今天，宗教正在扮演着重要角色。具有漫长历史的宗教已经进入民族和国家的内部精神，培养起根深蒂固的认同感，宗教的动员能力和说服能力不容小觑，因此，全球化年代的宗教冲突也同样引人注目。我们将在下一节具体讨论这些问题。

二、种族与全球化

种族是一个古老的词汇，如同性别一样，我们每个人生下来就属于某个种族。英国历史学家霍布斯鲍姆认为，近代以前，种族冲突只在局部地区零星出现，按规模而言顶多可以被归为纠纷和斗争，甚少能够发展到种族之间的战争。然而，20 世纪以来，种族冲突层出不穷，带给人类前所未有的伤害，因此，种族主义和种族歧视是近代建构的产物，并非古已有之的概念。中国人被认为属于蒙古人种（或黄色人种），然而所谓“蒙古人种”的说法是 19 世纪欧洲学者首先提出的，此后这一概念的内涵不断演变，语言的发展旁证了霍布斯鲍姆的观点。

古代世界里，各个种族处于相对隔绝的状态，交流的深度和广度都不能跟地理大发现之后的近代世界相比。基于外表和身体特征，某个种族对外部种族的人群有着各种各样的奇思妙想，大多是夸张的不实之词。我国古书《山海经》里就有过类似的描写：“讙头国在其南，其为人人面有翼，鸟喙，方捕鱼”，“奇肱之国在其北，其人一臂三目，有阴有阳，乘文马。有鸟焉，两头，赤黄色，在其旁”等等。在古代世界，一个亚洲人几乎不可能到过南美洲，更不用提对南美人有什么了解，古代人在各自的地盘里相安无事。

15 世纪末开始，随着欧洲人向世界其他地方开展探险活动，原本分散的、封闭的种族通过殖民、贸易、外交、战争而被逐渐联系在一起，“种族”这一概念才被创造出来，17 世纪时欧洲学者首次将世界划分为四个种族。在这一过程里，处于强势地位的欧洲白人殖民者占据上风，他们将自己与其他人群区分，认为其他种族是愚蠢的、低级的、无能的、落后的，为自己的殖民活动制造合理借口。在欧洲殖民者眼里，非洲人是低能儿，只配做奴隶，被掳掠和贩卖，虽不光彩，但也不是不道德的行为。然而，借助考古学证据，19 世纪时达尔文首先推测人类起源于非洲，20 世纪非洲发现了大量猿人化石，从而有力证明了人类起源于非洲。白人殖民主义者的学说破产了，关于种族歧视的其他言论仍不绝于耳，德国法西斯“日尔曼人优越论”制造了针对犹太人的大屠杀,日本“大和主义”引发了对东亚和东南亚多个国家的侵略战争,20 世纪 80 年代日本经济发展势头猛烈又引发了欧美国家“黄祸论”。

冷战过后的近 20 年间,民族分离运动在世界各地愈演愈烈。苏联解体成 15 个国家,没有引发流血冲突事件,然而车臣所处的北高加索地区的独立倾向不断制造恐怖事件,至今仍是令俄罗斯头疼的问题。南斯拉夫的分裂过程没有那么顺利,它分裂为 5 个国家,几乎每个新国家的独立都会引起惨烈的战争。在亚洲,土耳其、印度、阿富汗、印尼、菲律宾、缅甸等国都面临着种族冲突的现实。非洲的种族冲突比亚洲更加严重,1994 年卢旺达发生的胡图族对图西族的种族灭绝大屠杀,是一个极端的例子。民族分离运动并非发展中国家的特有现象,发达国家也面临分离主义者的挑战。英国的北爱尔兰人、西班牙的加泰罗尼亚和巴斯克人、法国的科西嘉人、加拿大的魁北克省,都是全球化年代种族冲突的典型。

虽然早在 1969 年,联合国《消除一切形式种族歧视国际公约》就已经生效,表示要“采取一切必要措施迅速消除一切种族歧视形式及现象,防止并打击种族学说及习例,以期促进种族间的谅解,建立毫无任何形式的种族隔离与种族歧视的国际社会”,然而,近四十年来,种族冲突仍旧是我们这个星球不安动荡的重要原因之一。“排外主义变成当今世界上散布最广的群众意识形态。排外主义可说是种族歧视的准前身,在 20 世纪 90 年代的欧洲和北美地区,随处可见到它的身影,其普及程度甚至高于法西斯当道的那些年。”①

在某些方面,全球化加剧了种族冲突。第一,全球化引发了大规模的人口流动,人们能够比以往更加自由和方便地流动到其他地方去,无论是长期的移民定居,还是临时性的出差旅行,人口自由流动带给迁居者和流入地居民某种不适应和不安全感。迁居者需要适应陌生的环境,担心生活习惯不合和文化震惊(cultural shock),流入地居民需要适应陌生的邻居,担心自己的工作机会和资源被抢走,两类人群之间的冲突不可避免。在历史上,凡是短时期内移民急剧增多的地方,都面临社会失序和重新整合的问题,当代移民也带来了同样的问题。当两类人群争夺有限资源时,种族主义观念悄然形成,人为地划分“我们”和“他们”两类人,“我们”和“他们”之间的摩擦不断升级,强化了种族歧视观念。虽然很多国家明确立法禁止任何形式的种族歧视,然而,为保障本国国民利益,大部分国家严格控制移民规模和构成,一些国家对移民进行 DNA 测试,只接纳基于血缘

---

① 参见埃里克·霍布斯鲍姆:《民族与民族主义》,上海人民出版社 2001 年版,第 203 页。

关系的亲属和投资移民。德国统一之后面临经济、文化、社会等诸多难题，法西斯主义死灰复燃，证明了当本地人利益受到外来人侵犯时，种族主义情绪更容易浮现。

第二，全球化年代，国家的能力受到严重挑战，以往主要由国家来承担的对国民的保护职能也随之弱化，在国家撤退的地方，种族主义抬头，它能够凝聚和团结具有相似背景的人群，以"种族"这一看似天然的生理的特征为旗号，为个人提供某种心理上的安慰和人身上的保护。在发生动乱和急剧转变的社会里，恐惧、不安和委屈的人们会聚集在种族主义的口号下，提出自以为合理的要求。1997 年印尼卷入亚洲金融危机，数千万人破产，长期以来人口数量少却居于财富顶端的华裔又一次成为本土多数族裔的声讨对象。1998 年 5 月，部分印尼人在雅加达集会，要求不能带领印尼走出金融危机泥沼的苏哈托总统下台。这场政治运动最后演变为针对华裔的大规模骚乱，大量华人店铺和住宅被焚毁，华人妇女被强暴，华人被绑架和杀害。十年时间过去了，至今仍未查出歹徒，将他们绳之以法。

第三，前面已经提过，全球化的负面后果之一是加剧贫富分化和不平等发展。在世界一些地方，少数族裔控制和垄断了本国经济命脉，并且这种控制趋势伴随经济全球化而有增无减，由此导致人数上占据优势、缺乏经济实力的多数族裔的敌视和仇恨，埋下种族冲突的种子，如东南亚的华人、西非的黎巴嫩人、前南斯拉夫的克罗斯亚人等等①。在那些贫瘠而资源匮乏的地区，对资源的争夺往往以种族矛盾的形式表现出来，如 1994 年卢旺达胡图人屠杀图西人。

当富国越富、穷国越穷，国家之间拉大的经济差距会给处于弱势的国家带来心理上的失衡感和不平等感，对全球化的不满反过来加强了对自己的认同和接受，基于出身而定的种族似乎是最天然的区分标准，最简单，也最容易团结人，于是反对种族歧视变成反对全球化的借口，政治和经济问题以种族问题的面目出现。即使在发达国家阵营内部，由于全球化不均衡发展而引起的种族冲突也不新鲜。20 世纪 60 年代以来，日本经济腾飞，到了 80 年代，经济实力居世界第二位，令欧美国家侧目。1980 年，日本取代美国成为世界上最大的汽车生产国，于是"日本威胁论"喧嚣至上，美国认为跟日本的冲突在所难免。在欧美国家的压力下，1985 年日本签订了《广场协议》，日元升值以降低日本产品的竞争力。"日本威胁论"严重伤害了日本的民族自尊心。1989 年，石原慎太郎和盛田昭夫出

---

① 参见蔡爱眉：《起火的世界——输出自由市场民主酿成种族仇恨和全球动荡》，中国大百科全书出版社 2005 年版。

版《日本应该说“不”》一书，展现经济巨人的民族自豪感和自信心，要对世界头号强国美国说“不”。此书震惊了美国朝野，被看成是美日矛盾的一次升级。

第四，殖民主义者撤出殖民地时，有意采用分而治之的策略，制造种族矛盾，以达到控制前殖民地的目的。长期的殖民历史改变了殖民地国家原本的民族演变进程，新独立国家力量薄弱，跟宗主国的长期联系使其不得不依靠宗主国解决自己的问题，宗主国在殖民地上遗留下的财产正是建设新独立国家的基础，如果这基础有隐患，那么很显然，新独立国家必定面临种族问题。典型的个案如印度和巴基斯坦问题。边界、宗教和种族问题纠缠在一起。1947 年英国人撤离印度次大陆时，把印度教徒居多数的地区划为印度，穆斯林居多数的地区划归巴基斯坦，却让穆斯林人口占 77% 的克什米尔地区自行决定加入印度或巴基斯坦。当时该地区的地方统治者为印度教徒，希望能够加入印度，然而多数穆斯林希望加入巴基斯坦，由此引起印巴两国为争夺克什米尔地区而连年战争，直至 1971 年，同样信奉伊斯兰教的孟加拉国从巴基斯坦独立出去。这一点，直接解释了为什么二战以后，亚非拉殖民地解放运动如火如荼，而新独立国家同时也伴随着种族冲突和民族分离运动。

第五，全球化的发起者和受益者——西方发达国家——为了维护既得利益，拒绝清算根深蒂固的种族主义思想。2001 年联合国第三次世界反种族主义大会在南非召开，阿拉伯人认为目前全球最大的地区冲突——巴勒斯坦问题——的根源在于犹太复国主义，主张将犹太复国主义等同于种族主义，期望像当年全世界共同谴责和制裁南非种族主义隔离政策一样，通过国际社会压力，解决巴勒斯坦问题。丝毫不令人意外，此举招来美国和以色列的强烈反对，两国以退出行动来抵制这次大会。这次会议上，非洲国家代表提出，既然受纳粹德国迫害的犹太人能得到赔偿，那么奴隶贸易应该被视为“反人类罪行”，西方国家应该就殖民统治和奴隶贸易对非洲国家进行道歉和赔偿。西方国家则认为，殖民统治和奴隶贸易是不道德、不光彩的，口头道歉可以，然而道歉所带来的法律责任和经济赔偿是他们不愿意承担的，因此拒绝以公约或会议文件的形式公开道歉。双方最后不欢而散。这次会议的失败充分表明，消除种族主义思想任重道远，正是因为始作俑者不清算自身，才导致种族主义在当今世界普遍泛滥。

三、消费与全球化

经典马克思主义政治经济学将社会生产过程分为生产、分配、交换和消费四个相互联系的过程，在这个意义上，消费更应该属于经济学研究的对象。20 世纪 50 年代以前，消费基本上属于经济学和心理学的研究范畴。二战以后，得益于技术革新和资本主义的成功自我调节,社会商品极大丰富,发达资本主义国家进入所谓“消费社会”时期,1970年法国学者鲍德里亚出版《消费社会》一书,对“消费”这种现象进行了系统分析,认为当代人对消费已经从满足实际需求(比如买个包用来装东西)转向为消费所赋予的意义而掏钱(比如买个名牌手袋却不能装很多东西)。对这种行为不能用虚荣心作祟这个理由简单解释,消费是一种自我表达的方式,能使社会成员获得归属感和认同感,鲍德里亚由此认为当代发达资本主义社会已经转型。

其实,早在1899年,美国学者凡勃伦出版《有闲阶级论——关于制度的经济研究》一书,根据对当时美国社会的研究,就已经提出“炫耀性消费”这一概念,即为了炫耀财富而为商品支付更高价钱的行为。无论其意图和后果为何,炫耀性消费所展示的是身份、地位、财富和观念,而这些要素,经常被用于区分人群,在人群之间划出界线。具有相似消费能力和消费活动的人被归为一类,消费能力和活动不同的人被归为不同的类别。因此,消费也是确立身份认同的过程,消费什么、怎样消费、什么是合适的消费方式、什么是不恰当的消费活动等等,都体现了个人的观念、社会角色和社会地位。[①] 诚如法国学者布迪厄在《区隔:趣味判断的社会批判》(1984)一书中所言,消费是区隔群体的手段,社会地位和阶级差异通过消费活动而得以区分,“一个阶级……可以通过其消费来界定”[②]。20世纪80年代以来,对很多社会现象的研究,都是从消费入手,比如世纪之交我国的流行语“小资”、“BoBo族”、“白领”等等,很重要的一条,就是依据他们的消费活动而定位这些人群。

在全球化时代,消费以其规模和深度而更加引人注目。传统上,我们通过社会化过程学习怎样消费,或者跟从权威和参照群体的示范效应而从事消费活动,然而在全球化时代,商业力量对消费行为的推波助澜是显而易见的,并且超越其他途径成为影响当代消费模式的最重要的因素。文化全球化视角并不关心我们消费了多少总额的商品,而是关注消费商品和服务的同时,我们建构了怎样的认同感和归属感,我们重构了什么样的想象空间,我们的差异性是否被抹平,我们的生活方式是否正在趋同和迈向标准化,我们的时间和空间观念是否被颠覆等等。在这一过程中,传递消费信息的商业媒体的扩散和渗透,被认为是诱导消费行为发生变化的主要力量之一。传统儒家文化提倡勤俭节约和压制个人欲望,

---

① 参见王宁:《消费与认同——对消费社会学的一个分析框架的探索》,载《社会学研究》2001年第1期,第4—14页。

② 参见 Pierre Bourdieu, *Distinction: A Social Critique of the Judgment of Taste*, London: Routledge and Kegan Paul, 1984, p. 403。

跟新兴的消费主义观念格格不入，然而，深受儒家文化影响的当下中国已经进入消费社会。早在 2000 年，戴慧思等人就提出当代中国正在进行一场消费革命[①]。大量实证研究发现，中国媒体不仅通过广告、电视直销购物、电视剧和综艺节目，也通过新闻和评论传播消费主义观念，比如新闻里大肆宣扬“黄金周”七天长假对经济的拉升作用、落后地区的农民发财之后自费出国旅游、各地相继取消福利分房等等，北京和上海这样经济发达的大城市尤其体现出了消费主义的深刻影响。

早在《消费社会》一书里，鲍德里亚就提出，当代发达资本主义国家的消费活动虽然不断膨胀，然而此种活动的个性化却是相当有限甚至被局限的。由此，引出了对消费活动的主体之一——消费者——的两种截然相反的观点。第一种观点秉承古典马克思主义和法兰克福学派的看法，认为消费者是被操纵的对象，通过消费，他们的“虚假”需求得到满足，从而放弃抵抗和反思，拥有标准化同质化的生活方式，即使有个性化消费活动，也是伪个性化。典型的例子如迪士尼主题公园，在这里，动画片中的快乐场景被复制到现实生活中来，为了让游客处处感受到快乐，迪士尼使出了浑身解数。但是，从主题公园里享受到的快乐毕竟是建立在幻想和想象的基础之上的，一旦离开主题公园回到现实生活中，纷扰、冲突、单调乏味的生活照旧，而且在“制造快乐”的面具之下，是迪士尼对员工的剥削和对环境的破坏。所以，迪士尼主题公园被批评为通过麻痹游客而带来虚假的快乐，这种快乐对游客的现实生活没有任何好处，对迪士尼集团的利润却大有好处。

第二种观点比前一种乐观得多。它认为消费者不是文化傻瓜，不会对商品无动于衷，恰恰相反，消费者会投入感情，并按自己的想法来重新创造和改变既定消费模式。从积极的方面来看，消费的确能够满足实际需求、提高生活质量，生产商总是宣称为了满足消费者需求才推出新产品，模仿发达资本主义国家的消费模式，所带来的效率、洁净、方便等生活方式也有其进步之处。在乐观主义者看来，不可忽视的是消费者自己对商品所赋予的创造性的意义，如果抹杀这一现实情况，那么就是精英主义。

乐观主义者经常提起的是旅游这种新兴的消费活动。旅游业已经成为仅次于石油业和汽车业的全球第三大产业，2004 年国际旅游者达 7.6 亿人次，总收入达 6200 亿美元，据估计 2010 年将达到 11 亿人次，旅游业总产值将占世界

---

① 参见 Deborah Davis, ed., *The Consumer Revolution in Urban China*. Berkeley, CA: California University Press, 2000。

GDP总值的11.7%。全球化促进了旅游业的发展，随着收入水平提高、社会财富的增加和交通工具的革新，人们越来越愿意离开家乡去外地旅游，跨国旅游直至20世纪60年代才进入平常百姓家里。旅游地将本土或民族文化进行包装，“文化”——如文物古迹的模型和民间仪式表演——成为出售的商品，很多民间仪式原本只是在每年的固定日期进行，然而旅游地将这些仪式转化成每天固定时间段内进行的表演，旅游者不用担心自己来的不是时候。旅游者来到异乡，体验另一种文化，当来自两个文化背景的人相遇，冲击、震荡、冲突和融合不可避免，使得双方各自确立自己的身份认同，只有在异乡人的注视之下，我们才会意识到自己是“本地人”，也只有身临异乡其境，我们的身份认同才会浮现。“文化”是跨国旅游的关注对象，如果是两个一模一样的文化，那么就缺乏旅游的吸引力，因此，旅游地竞相打出“独特性、地方性、民族性”的大旗以招揽更多游客。

两种观点关于(伪)个性化之争尤其激烈。悲观主义者举例，在全球大部分旅游胜地里，我们都能看到麦当劳，很多旅游景点越来越相似，一个景点宣称自己拥有“阳光+沙滩+海洋”，另一个景点马上就宣布自己也发现了这些，同行之间通过模仿而不是创新来竞争。一个基本的现实是，由迪士尼最早开发的主题公园已经扩散到了新开发的第三世界旅游景点，并且成为这些国家创汇的重要来源之一。而乐观主义者认为悲观主义者只看到了旅行团旅游这一种形式，忽视了越来越多的个人自助式旅游，后者无疑是个性化的，它往往意味着冒险和探险精神，这是旅游带来的最大挑战，也恰恰是个性化旅游不可缺少的部分。

关于全球化助长了消费主义这一现实，美国学者乔治·里茨尔认为，全球化助长的是缺乏独特性和实质性内容并且容易被集中控制的消费活动，那些具备个性化和实质性内容的消费活动由于不能与世界其他地方的文化相适应，甚至可能发生冲突，因此很难被全球化推广。[①] 他命名前者是“虚无”(nothing)，如信用卡、麦当劳、微波炉饭菜、连锁旅馆等等，后者是“实在”(something)，如乡村集市、个性餐馆、手工饭菜、个性化服务等等。所谓消费活动的全球化就是“虚无的全球化”(globalization of nothing)，目前正在兴起的网络购物——无论是亚马逊这样的专业网站，还是eBay这样的购物平台——在里茨尔看来，都是虚无的全球化的明证。虚无的全球化有其优点，如更便宜(网店省掉了实体店的高额租金)和更高效(足不出户就可以买到世界各个地方的商品)，但是也有缺陷，对当代人来说最大的挑战就是在物质的极大富足中精神生活受到损失。出门购物意味着跟购物伙伴的交流和对自己邻居的熟悉，在讨价还价声中，买卖双方确立

---

① 参见乔治·里茨尔:《虚无的全球化》，上海译文出版社2006年版。

起亲密的人际关系,然而在家里轻点鼠标以得到自己想买的商品,就意味着我们放弃了围绕出门购物长期以来形成的社区意识,人与人的联系被人与机器的联系所取代,消费者的精神活动领域实际上被缩小了。虽然里茨尔一直强调自己不打算对虚无的全球化进行价值判断,然而,继续上文关于个性化消费和全球化的讨论,很明显可以看出,他基本上认为全球化正在取消个性化消费。

第二节　关于文化全球化的争论

在关于全球化现象的三个研究领域里,文化全球化所引起的争论远远多于经济全球化和政治全球化。这其中的原因,无外乎"文化"这一现象本身意义多变且又缺乏统一的衡量标准。文化多样性和文化标准化原本就是一对矛盾,发源自西欧的全球化一路高歌猛进,第三世界的人们对它是否会将自己的本土文化取而代之心存疑虑,因此,很多关于文化全球化的争论围绕在"同质性 vs 异质性"、"标准化 vs 多元化"、"集中化 vs 分散化"这些问题上,究其根源,所争论的都是同一个问题:文化之间的差异是否意味着高低优劣之分?

一、文明冲突论

1993 年,美国政治学者塞缪尔·亨廷顿在《外交》杂志上发表了一篇文章《文明的冲突?》(The Clash of Civilization?)。如同标题所提示的那样,亨廷顿认为,冷战结束之后,国际领域内的冲突将不再是意识形态之间的对立和经济领域内的斗争,而是不同文明之间的冲突。1996 年,亨廷顿将自己的文章扩充成一本书,补充了针对自己的批判者的反驳和回应,即《文明的冲突与世界秩序的重建》,该书一经出版,立刻成为各地畅销书,此书观点被统称为"文明冲突论"。

亨廷顿将世界文明划分为八种:西方文明(或基督教文明)、儒教文明、日本文明、伊斯兰教文明、印度教文明、东正教文明、拉丁美洲文明和非洲文明。前六种被认为是现代文明,后两种是候选文明。从这种划分中,很明显可以看出亨氏非常重视宗教在冷战后世界里的地位,也能够看出他对拉美和非洲的不屑一顾,下一节我们将进一步讨论这一点。作为美国学者,亨氏明确表达了自己所属的一度占据优势地位的西方文明正在受到其他文明的挑战,这其中,儒教文明与伊斯兰教文明最值得注意,未来世界里的冲突很有可能就是这两家文明与西方文明之间的冲突。2002 年美国攻打伊拉克,验证了亨氏的预言,然而此时亨氏却转变论调,反对美国出兵,因为这会给中东地区带来动荡不安,不符合美国的长期利益。

“文明冲突论”一经提出，就引起巨大非议，伊斯兰世界和中国的反应尤为强烈。在划分八种文明时，亨氏非常强调宗教的作用，然而身为世界三大宗教之一的佛教在他的概念框架里却没有一席之地，他的划分标准也存在着前后矛盾之处，他区分了基督教和东正教文明，却没有区分伊斯兰教内部的不同教派。而且，亨氏没有看到每种宗教或文明的内部差异性，同为伊斯兰教国家，印尼、哈萨克斯坦、巴基斯坦、伊朗这些国家之间的关系并非总是那么和谐。亨氏只看到了文明之间的冲突，却忽视了文明内部也存在着冲突，中越战争(1979)、两伊战争(1980—1988)和1990年伊拉克出兵占领科威特就是明证。当今世界时常出现的贸易摩擦和贸易战基本上都是基于国家经济利益考虑而进行，很少有基于文明考虑而发生国家间的贸易冲突。亨氏对八种文明的划分受到普遍质疑，究其本质，根源在于亨氏用文明的冲突掩盖了世界各国在政治和经济上的利益。看到了这一点，也就不难理解他为什么单列出了儒教文明和日本文明，后者从人数和影响面积上来说，很难跟其他文明比肩，然而日本却是全球第二大经济体、世界最大的债权国、美国在亚洲最重要的贸易伙伴和军事伙伴。

亨氏对于西方文化的普世性向来小心翼翼。1996年他在《外交》杂志上又发表了《西方文明:是特有的，不是普遍的》一文，对自己的文明冲突论进行了补充。他认为，西方化或者现代化并没有产生任何普世文明，当越来越多的非西方国家实现现代化之后，都转而反对西方化、提倡本土文明，因此，西方文明正在处于没落之中，今后的世界将是多极化和多文明的世界。表面上看，亨氏似乎是断定西方文明没有改变其他文明，似乎很有文化上的自觉意识，然而，从他的内心世界来说，他是在叹息西方文明没有能力改变和塑造其他文明。从《文明的冲突与世界秩序的重建》一书中将伊斯兰文明和儒教文明列为两个假想敌这一举动就可以看出，他的西方中心主义影影绰绰暗藏在文明冲突论里。

亨氏提到的儒教文明其实就是中文语境下的中华文明，在《文明的冲突与世界秩序的重建》一书里，亨氏处处体现出了对中华文明和中国崛起的忧虑，比如“武器扩散一直是儒教—伊斯兰教联系的最为密切和具体之处，中国在向伊斯兰国家转让常规武器和非常规武器方面起了主要作用”(第五章)；“中国这个亚洲最大国家的经济增长会扩大其在该地区的影响，以及恢复其在东亚传统霸权的可能性，迫使其他国家要么‘搭车’和适应这一发展，要么‘用均势来平衡’和试图遏制中国的影响”(第九章)；“中国的崛起和这个‘人类历史上最大竞争者’的日益自我伸张，就将在21世纪初给世界的稳定造成巨大的压力”(第十章)等等，甚至在全书末尾描绘出一幅假想图，假设未来发生的中美战争将导致基督教文明、东正教文明和印度教文明对儒家文明、日本文明和伊斯兰教文明的一场全球战争，然而，他却预言“中国的霸权将减少东亚的不稳定性和冲突，它也会削弱美国和西方在那里的影响……亚洲要在以冲突为代价的均势或以霸权为代价的和平之间做出选择”（见第九章）。亨氏看似矛盾的论述恰好体现了面对正在崛起的中国，美国人的复杂心态。

20 世纪 90 年代的中国，正值民族主义情绪上升的年代。从 1990 年 12 月 11 日《人民日报》头版刊登《世界经济形势与中国经济问题——何新与日本经济学教授 S 的谈话录》开始，经过 1996 年“中国可以说不”系列和《妖魔化中国的背后》畅销书的热销，直至 1999 年北约轰炸中国驻南使馆和 2001 年中美战机南海撞机事件，经过大众媒体的渲染，公众的民族主义情绪一波比一波高涨。亨氏的“文明冲突论”恰逢其时，书中关于中国的论述引起了中国学者们的争议，基于民族主义立场，中国学者们认为亨氏带着有色眼镜看人，无视中国现实情况，暴露出西方世界的优越感，编了一本《文明与国际政治》论文集，收录了亨氏一篇文章、他对中国学者的一篇回应文章以及 26 篇对他的批评文章。

平心而论，如果抛掉西方中心主义心态，亨氏的“文明的冲突”很有可取之处，至少他以大量事例和证据，令人信服地指出了在世界越来越一体化的当代，文明和文化对于维持稳定的重要性，也看到了文化和政治经济宗教因素的复杂纠缠。在当下中国开始能够冷静反思民族主义情绪的时候，回头重新看“文明冲突论”当年的热潮和争议，我们更应该认识到，单一因素不足以解释这个世界的变化，单一结论也不符合现实情况，文明之间的确有冲突，但也有融合，否则一部人类进化史将是没完没了的战争史，在全球化的今天，怎么让不同的文明和谐共处而不是制造冲突，将有赖于人类的智慧。

二、文化种族主义

“文明冲突论”和文化种族主义只有一墙之隔，二者具有相同的心理假设，即西方文化的优越心态，拉什迪事件就集中体现了这一点。1988 年，出生于印度一个穆斯林家庭、后加入英国国籍的萨尔曼·拉什迪在其出版的《撒旦诗篇》一书中对伊斯兰教的先知穆罕默德有不恭敬的描写，亵渎了《古兰经》，引起穆斯林世界的愤怒。穆斯林同作者和出版商对话的要求得不到注意，1989 年 1 月，英国的穆斯林走上街头焚书，被英国媒体比作纳粹焚书压制思想自由，引起伊斯兰教徒和基督教徒之间的矛盾激化。1989 年 2 月 14 日，伊朗精神领袖霍梅尼悬赏 150 万美元，下达了全球追杀令，号召全球穆斯林对拉什迪、出版商以及翻译者进行追杀。2 月 18 日，拉什迪做出了公开道歉，表示“我对该书出版后给伊朗伊斯兰教忠实信徒造成的痛苦而深感遗憾”，却被霍梅尼拒绝，即使联合国秘书长呼吁也无济于事。拉什迪不得已逃往英国。即使霍梅尼已经去世，追杀令却依然有效，拉什迪至今仍在英国警方的保护下过着东躲西藏的日子。此事引起英国与伊朗断交，该书的日本译者被暗杀，多名译者被袭击，世界多个地方发生游行，20多人死于骚乱，不仅是穆斯林国家，就是印度这样的印度教国家也将《撒旦诗篇》列为禁书，不准入境。

从一本书演变为一位作家多年提心吊胆地生活和伊朗与多个国家交恶，实在是值得反思。整件事情的根源在于西方文明和伊斯兰文明在核心价值观、经济、政治领域内的差异。[①] 两个文明自7世纪伊斯兰文明兴起之时就处于不停的斗争之中，西方文明长期处于劣势，然而近代以来西方文明超过了伊斯兰文明，穆斯林国家纷纷沦为殖民地，只保留下了伊朗和土耳其这两个拥有名义主权的穆斯林国家。二战之后，阿拉伯和以色列之间的冲突进一步恶化了两大文明之间的关系，随着石油资源的开发和阿拉伯人口激增，70年代以来伊斯兰教复兴运动开始兴起，其特征之一就是反西方。一些开明知识分子指出，在这次事件中，如果拉什迪和出版商在一开始能够正确对待穆斯林起初的和平谈判要求，后面的事情就不会发生。如果西方文明不放下自己的老大心态，不反思自己的傲慢无礼和殖民罪行，此类事情还会出现。英国也绝对不是仅仅因为这次事件而与伊朗断交，在拉什迪事件之前，两国关系已经很紧张了。1979年伊斯兰革命之后，伊朗成为世界上唯一一个政教合一的伊斯兰教国家，伊斯兰教有90%的教徒属于逊尼派，而伊朗是什叶派居主流，伊朗的通用语言是波斯语而非阿拉伯语，因此，在整个穆斯林世界里，伊朗也显得有点与众不同。伊朗的石油储备和产量都居世界前列，为了获得石油资源，同时也是观念不合，西方国家利用穆斯林世界的矛盾，不用担心反对伊朗而招来整个伊斯兰教世界的反感，跟伊朗的关系一直交恶，拉什迪事件只不过是个引子。

如果说亨廷顿的“文明冲突论”还只是大谈文明之间的冲突将给世界带来的不稳定的话，那么他此后发表的文章就难免暴露出更强烈的文化种族主义心态，其实这一心态在“文明冲突论”里早已有体现。有人认为，亨廷顿实际上认为文明、宗教、种族是三位一体的，囿于美国的“政治正确性”环境，他不能过多表露任何种族歧视言论，否则有可能丢掉教职身败名裂，于是以“文明”为幌子，实际谈的是种族冲突。[②] 在《文明的冲突与世界秩序的重建》一书里，亨廷顿认为伊斯兰教文明之所以能够挑战西方文明，原因在于人口激增（第五章）。伊斯

① 参见阮炜：《拉什迪事件与“文明的冲突”》，载《读书》2004年第8期，第126—134页。

② 参见李慎之：《数量优势下的恐惧》，载《读书》1997年第6期，第31—38页。

兰教国家的人口出生率高得惊人，1965—1990 年期间，全球总人口的年增长率为 1.85%，而穆斯林社会的年增长率经常超过 2.5%，甚至达 3% 以上，人口增长率最高的阿曼达到 5%。高人口增长率导致主要穆斯林国家的青年人(15—24 岁)占总人口的比例超过 20%，他们容易激动，成为革命和改革的主角，而且青年人口骤增带来了巨大的就业压力，一旦对社会不满，青年人更容易成为不稳定因素。

这种看法不是毫无根据。2000 年，亨廷顿与劳伦斯·哈里森合编《文化的重要作用：价值观如何影响人类发展》一书，收入二十多位学者的文章，如同书名提示的那样，该书的基本观点是认为文化能够影响经济和社会的发展。[①] 亨廷顿对加纳和韩国进行了比较。60 年代初期，两国的人均国民生产总值差不多，经济结构相似，然而 90 年代之后，韩国的国民生产总值进入世界前二十位，国内政治摆脱了军人独裁走向民主化，加纳的人均国民生产总值只有韩国的十五分之一，经济长期陷于停滞状态。亨廷顿由此认为，两国不同的文化决定了它们今日的发展现状。

另一位主编哈里森是拉美问题研究专家，曾长期负责美国对五个拉美国家的发展事务。他提出，拉美地区落后的根源不在于殖民统治、法治不健全、不平等的国际政治秩序等因素，而在于该地区的文化。他将文化区分为动态文化和静态文化两大类，列出了十点不同，二者的主要区别在于：动态文化强调未来和进取，静态文化强调过去和现在；动态文化强调节俭和教育，静态文化重视平均主义；动态文化重视社会伦理道德和廉洁，静态文化不强调这些；动态文化鼓励发表不同意见，静态文化则鼓吹服从权威和行动一致；动态文化里宗教对公民生活的影响较小，静态文化中宗教几乎是最重要的因素。哈里森认为拉美地区处于静态文化之中，东亚大体上属于动态文化，因此东亚的发展势头远远超过拉美，如果不改变自己的文化，拉美仍将长期处于落后地位。

文化对经济和社会发展的确产生过巨大作用。历史上，新教改革之后，荷兰和英国发展成为世界头号强国，儒教被认为是 20 世纪 60 年代之后东亚经济腾飞的推动因素之一。《文化的重要作用》一书引用了大量实证材料来证明自己的观点，在资料和数据上无可非议。对该书的批评主要集中在它所暴露出来的文化种族主义心态上。该书认为文化决定了经济和社会发展，拉美和非洲落后的原因在于它们的文化不合时宜，欧美发达的原因在于先进的文化。如果将国家和种族之间的差异仅仅归因于文化因素的话，等于看不到世界的政经不平等

① 参见亨廷顿、哈里森：《文化的重要作用：价值观如何影响人类进步》，新华出版社 2002 年版。

现状,也看不到每种文化各自的长处和短处。为什么亨廷顿和哈里森有权批评其他文化,而拉美人和非洲人无权指摘西方文化?

三、文化同质化与文化异质化

全球化研究的先驱人物罗兰·罗伯森曾经概括了关于全球化的几个关键问题,其中一个就是:全球化带来的是越来越多的同质化,还是越来越多的异质化,抑或是两者的混合?本土化与全球化之间的关系是什么?[①] 倘若没有对这个问题的争执,那么关于文化全球化的很多问题都将迎刃而解。实际上,最早注意到文化全球化这一现象并展开的研究的第一批学者,如“传播与发展”学者和文化帝国主义学者,都涉及这一主题。虽然他们对于文化全球化的后果看法大相径庭,但是他们都假设全球化会带来文化同质化,所不同的是,“传播与发展”学者肯定全球化能够促进发展中国家的经济和社会全面发展,来自发达国家的信息能够传递先进观念和提高生活水准,而文化帝国主义学者则批评信息在不同国家之间的流动加强了发展中国家对发达国家的单向依赖程度,从而阻碍了发展中国家的发展,是另一种意义上的文化殖民。

在某些方面,现实证据支持了文化同质化。目前全球十大最高建筑物里,有八座分别位于中国内地、马来西亚和中国香港,只有两座在美国(排名第四的芝加哥西尔斯大厦和排名第九的纽约帝国大厦)。在1980年之前,全球十大最高建筑物都位于欧美国家。建造摩天大楼是建筑实力和技术的体现,原本经济落后的城市开始腾飞之时,竞相建筑摩天大楼作为城市地标,带有民族风格特色的建筑物纷纷被拆除,城市的面貌越来越相似,漫步在香港中环的旅行者跟漫步在纽约华尔街的感觉没什么两样。流行音乐的变迁也说明了全球文化正在变得趋同。20世纪50年代,R&B(节奏布鲁斯)音乐从黑人街头音乐变成美国白人青年的流行音乐,进而在欧美各大音乐流行榜上攻城略地。进入21世纪以来,华语流行乐坛崛起的人气天王周杰伦、陶喆、王力宏等都是以R&B歌曲打开局面。在他们之前也有华语歌手偶尔唱一唱此类歌曲,然而,周杰伦、陶喆、王力宏将R&B与中国民族音乐特色很好地结合在一起,加入其他音乐元素,令听惯流行音乐和摇滚音乐的听众耳目一新,改变了世纪之交整个华语歌坛的面貌,甚至一度出现歌手出专辑,没有R&B歌曲就不会大卖的现象。

然而,仅仅看到文化同质化是不够的,在另一些方面,文化异质化的证据也

---

① 参见 Roland Robertson, “Globalization Theory 2000 + : Major Probelmatics,” in George Ritzer and R. Smart, eds., *Handbook of Social Theory*, London: Sage, 2001, pp. 458—471。

很充分。美剧《达拉斯》1978 年开始在美国播出,共播了 13 年,放映了 356 集,高居整个 80 年代全美黄金时间电视收视率榜首,同时,它出口到全球 90 多个国家,是第一个在美国本土市场和海外市场上都大获成功的电视连续剧。但对该剧的批评声也一直不绝于耳,最有代表性的是 1983 年法国文化部长声称该剧是"美国文化帝国主义的象征"[①]。但是,利贝斯和卡茨对该剧的跨文化研究发现,让不同种族的观众复述该剧的内容,他们都会依据自己的文化背景和社会地位而复述出相异的故事,即使自认为是铁杆粉丝,观众们也没有完全接受该剧的内容,反而体现出了某种程度上的情感对抗,比如认为该剧的某些情节违反了自己的道德规范。[②] 洪美恩关于该剧荷兰受众的研究发现,受众喜欢这部电视剧,不是因为认同它的内容,而是被它的叙事结构(或者说形式)而吸引,比如坏蛋这一角色,受众追着看坏蛋如何使坏、如何被识破、如何受惩罚,从中获得暂时逃离无聊现实生活的快感,如果没有了坏蛋,那么电视剧的内容就缺乏吸引力。[③] 洪美恩研究带来的启示是:既然受众更加关注媒介形式,那么有什么理由要对媒介内容所带来的同质化担忧呢?在其他领域,虽然圣诞节之类的"洋节"在当下中国越来越火,然而春节依然是中国人最隆重的节日,过年回家造就了"春运"这一独特现象。2008 年春节一周,全国消费总额达 2550 亿元[④]。2008 年起,端午节、中秋节等传统节日成为公众假期,中国人以后将更喜欢过传统节日还是"洋节",让我们拭目以待。

批评文化同质化现象的学者无不担忧它将取消全球文化的丰富性,原本各异的文化在内涵和外观上相互模仿,逐渐趋同,而这一过程的必然结果是西方文化成为其他文化模仿的风向标,等于确立了西方文化的主导地位和其他文化的从属地位,殖民主义者曾经用武力试图吞并世界的梦想,经由文化同质化,不费一兵一卒就取得了对他国文化的控制权。

然而,有人批评这样的看法即使不是耸人听闻,也是对真实情况的不恰当的夸张。文化同质化的缺陷在于,没有考虑过受众个人对文化产品的理解和接收。坚持文化同质化立场的学者几乎都站在了文化产品的生产者一方,将文化产品的影响过程看成是从生产者到消费者的单向过程,经济落后地区的文化似乎缺

---

① 转引自陆晔:《解读达拉斯:文化帝国主义的尴尬》,载《新闻记者》2004 年第 11 期,第 11—13 页。

② 参见泰玛·利贝斯和埃里胡·卡茨:《意义的输出:"达拉斯"的跨文化解读》,华夏出版社 2003 年版。

③ 参见 Ien Ang, *Watching Dallas: Soap Opera and the Melodramatic Imagination*, London: Methuen, 1985。

④ 参见《2008 年春节黄金周中国消费品零售总额达 2550 亿元》,中国新闻社 2008 年 2 月 13 日。

乏生命力，只会学习和模仿，不会创新和独立，但这并不符合现实情况。实际上，即使在那些深受西方文化影响的地方，也能找到本土文化的影子，香港就是一例。香港人结婚，既要穿着西式婚纱去政府部门注册，在门口拍照留念，购买钻戒作为婚戒，也会保留中式婚礼的元素，新郎去岳父母家迎娶新娘，新娘给公婆敬茶，新娘佩戴贵重黄金首饰，新郎、新娘以喜饼作为回赠礼送给亲戚好友。

文化同质化的另一个缺陷在于，它坚持在国家层面上文化是同质的，没有看到一国内部文化的差异性。它坚持认为西方文化造成全球文化面貌相似的发展中国家，面对西方文化时的反击咄咄逼人；面对国内抗议之声时，要么置之不理，要么强行镇压，很少反思自己的国内文化政策是否压抑了少数族群的文化。文化之间的压制和冲突并非仅仅存在于国家之间，国家内部的冲突往往被掩盖，实行这样的文化政策的政府多少显得矛盾和避重就轻。

表面看来，文化异质化似乎比文化同质化占据了道德上的制高点，然而，文化异质化也不是毫无缺陷。批判者认为，全球媒体公司全是西方文明浸染的欧美公司，即使在同一地区，个人接近和使用媒体的权利也存在着不平等。文化异质化忽视了这些基本事实，夸大了个人能动性，就算不是有意误导，也是以偏概全。即使以色列观众对《达拉斯》的解读跟美国观众不一样，又能怎么样呢？改变了什么呢？

针对文化同质化和异质化的尖锐对立，罗伯森提出了"全球本土化"①（glocaliztion）。这一概念更准确地描述了文化全球化的现实，即全球化不会完全代替本土化，本土化也不会完全替代全球化，二者同时发生、相互渗透、互为补充。全球化和本土化被看成是一枚硬币的两面，全球化带来本土文化的复兴，本土化又促进全球化的发展。只有经过本土化，全球化才能被接受；只有走向全球化，本土化才能成立。纯粹本土的或纯粹全球的，都不会被接受，现实文化应该在二者的张力之间求得自己的发展道路，即思考全球化、行动本土化。

少林寺是中国一所佛教古寺，20 世纪 80 年代以来，它不断改革和扩大，在国外建立少林文化中心输出中国功夫，派武僧出国表演，吸引外国人来中国学习"真正的"功夫，还开发练功装备、诵经用具、少林食品、拍影视剧，甚至进军电子商务领域，在淘宝网上开店。2004 年，美国加利福尼亚州众议院通过决议，每年 3 月 21 日为嵩山少林寺日，以便加州居民能够领略到少林功夫。虽然很多人质疑千年古刹已经被商业化玷污，然而不可否认的是，无论在中国，还是其他国家，"少林寺"已经成为一个国际性品牌，海外少林寺的崇拜者看重的，正是中国功

① 参见罗兰·罗伯森：《全球化：社会理论和全球文化》，上海人民出版社 2000 年版，第 12、141 页。

夫这一传统文化。

跟这一概念有关,霍米·巴巴提出了文化混杂或文化杂交(hybridization)[①],即来自不同文化的文本融合成为一个新文本,在内容和形式上都跟原来的文本既有所相同也有不同。2001 年,华人导演李安执导的电影《卧虎藏龙》大获成功,不仅在各大电影节上获奖无数,而且在世界各地的票房收入也很可观,叫好又叫座。《卧虎藏龙》融合了东方文化和西方文化,主要人物李慕白和俞秀莲代表了外儒内道的东方文化,玉娇龙则体现了西方文化所推崇的个人自由。但影片结尾处李慕白临死时对俞秀莲的表白——“不,我已经浪费了一生,即使到了最黑暗的地方,这份爱,也让我不会因为成为孤魂而寂寞”,明显不符合中文的语言表达习惯,在放映时引来中国观众笑声阵阵。

全球本土化和文化混杂这样的概念跳出了同质化和异质化的争论,准确把握住了走向多元化的全球文化的现实,然而,它们依然没有能够回答这样的质疑:在全球本土化和文化混杂的过程中,是不是每一种文化都拥有平等的参与机会?在最终成形的文化产品里,是不是每一种文化都产生了相同的后果?跟文化异质化受到的批评一样,无视西方主导的文化全球化这一现实,理论概念的解释力受到局限。更有学者强调,全球本土化和文化混杂是西方国家为推销文化产品而寻找的合理性借口,本质是在美化西方文化对其他国家的影响。

四、美国化与多样化

跟文化同质化和异质化争论相关的一个争论是美国化与多样化之争。简单地说,作为当今世界头号强国,以美国为基地的大众文化向世界其他地方扩散,会不会造成其他地方文化的消失和跟美国文化的趋同?还是会造成这样一个结果,即其他地方文化以美国文化为目标,吸取其精华,变革自己的本土文化,从而造成全球文化生态的多样性?文化输出带来的是文化趋同还是文化变迁,这个问题之所以引起我们关注,概因为第三世界国家面对美国霸权,往往是强烈的民族主义情绪占据上风,很难冷静地分析美国化这一看似简单实际复杂的现象,落实到文化政策和对外政策层面,往往是民族主义(甚至民粹主义)代替了理性分析。

的确,在世界的任何一个角落,我们都能看到麦当劳餐厅、可口可乐、好莱坞影片、牛仔裤、主题公园、超级市场等等美国文化产品。在很多人眼里,这些就代表了美国文化,当美国跟其他国家发生冲突时,当地的麦当劳餐厅往往受到攻

---

① 参见 Homi K. Bhabha, *The Localization of Culture*, New York: Rouledge, 1994。

击。美国是一个移民国家,如果广大移民对新国家没有认同感,那么这个国家将是分裂的。早在1901年英国记者威廉·斯特德出版的《世界的美国化》一书中,他所使用的"美国化"一词主要指美国国内对在国外出生和长大的移民的同化过程,这也是这一概念在19世纪末期和20世纪早期的常用含义。然而,随着时间流逝,今天我们已经是在完全不同的意义上使用这一概念了。

美国的文化输出与其强大的经济和军事力量分不开。二战后,与美国军队一起登陆欧洲大陆的,还有好莱坞的发行人员,打着阻止观众转向共产主义和左翼思想的旗号,他们的目标是抢占欧洲电影市场,美国国内被禁止的竞争手段——如低价倾销、漫天要价、交叉担保、购买外国制片厂以隐蔽利润等——在当时的欧洲市场上都能看到,"马歇尔计划"的援助条件之一,就是欧洲国家购买一定数量的美国电影。即使冷战结束后,美国政府支持文化输出的力度仍旧不减。1995年,匈牙利议会通过法案,要求私人电视频道至少有20%的时间播放国产电视节目,至少有51%的时间播放欧洲产节目。此举招来美国反对,时代华纳和CNN这样的跨国传媒集团展开游说活动,美国商务部也明确支持美国公司,在高压之下,这道法案最终废止。①

对美国化持反对意见的既有欧洲发达国家,也有亚非拉第三世界,然而,二者对美国化的态度是不一样的,前者对美国化的反对更加强烈。19世纪下半叶,欧洲仍是世界的中心,美国正处在上升期,欧洲坚持贵族精英式的观点,认为美国兴起的大众文化是粗俗的、低级的,直至二战后美国成为世界霸主,欧洲人担心的仍旧是"低级的"美国文化对"高级的"欧洲文化的威胁,典型的表述如1982年法国教育部长提出对好莱坞电影进口实行配额制,声称这是"出于(维护)良好秩序和公众道德的利益"。20世纪80年代,好莱坞电影占领了法国电影市场的72%、英国电影市场的95%、德国电影市场的90%和日本电影市场的64%,东欧电影市场几乎完全被美国电影所占领。2000年,仅音像服务业一项,欧盟对美国贸易赤字就高达60多亿美元。与美国地缘关系接近的加拿大受影响最大,好莱坞电影占据了影院放映时间的95%以上,70%的图书从美国进口,电台播放的音乐70%来自美国②,加拿大甚至被戏称为美国的第51个州。

如果说,发达国家还有资格跟美国化谈论一下文化互动和文化交流问题的话,那么,实力决定话语权,第三世界国家没有资格对美国化持精英主义心态。

---

① 参见陆扬:《消费文化与美国化问题》,载《学术月刊》2006年第5期,第13—16页。

② 参见朱晶:《困境与对策——加拿大广电传媒抵制美国化浪潮》,载《电视研究》2000年第7期,第61—63页。

带着被殖民的痛苦经历，这些国家普遍担心美国化会瓦解本土文化，美国化被视为对国家文化主权的威胁，因此，第三世界国家更愿意奉行保护主义的文化政策。这里，美国化并非被单纯看成是美国的文化模式，而是以美国为代表的一种建立在西方文化基础之上的单一文化。在世界贸易组织的《服务业贸易总协定》将文化列为自由贸易行业之后，发展中国家想要加入美国规则主导的全球化进程，就必须开放国内文化市场，原有的文化政策有悖于自由贸易精神，如何在美国主导的世界里确立自己的地位，发展中国家面临着新的挑战。

相比之下，反对美国化的声音缺乏强有力的经验证据的支持，这使得这一观点多少带有夸大事实的嫌疑。2002 年，彼得·伯杰等人以中国、日本、印度、德国、匈牙利、智利、南非和土耳其等国为例，发现这些国家总是试图用美国文化来满足本国需要，如利用好莱坞电影故事来宣传环保的重要性，麦当劳满足了当下中国市民对公共空间的要求等等，在一些国家，美国文化与本国文化经由融合形成文化杂交，如基督教与非洲传统宗教仪式的融合。[①] 学者们以东南亚的香港电影和拉美的墨西哥肥皂剧为实例，说明全球文化的交流是多层面的，美国文化影响虽大，却不是唯一的，在某些地区，地区文化的影响力尤甚于美国文化。

亨廷顿在《西方文明：是特有的，不是普遍的》一文里曾经指出："喝可口可乐不会使俄国人更像美国人，就像吃寿司不会使美国人更像日本人一样……那种认为大众文化和消费品在全世界的传播代表了西方文明胜利的观点轻视了其他文化的力量，同时也……贬低了西方文明。"[②]亨廷顿的观点一向争议甚大，但在这里，他至少提出了一个重要的问题：穿着牛仔裤、喝着可口可乐、看着好莱坞电影，是否就意味着个人接受了美国文化价值理念？在全球化时代，美国化对个人的影响，到底有多深入？

在很多国家看来，反对美国化的核心理由不在于反对美国霸权，而在于反对美国化所代表的消费主义的泛滥，担忧消费主义将销蚀传统民族文化价值观，从而瓦解传统文化。以色列是美国在中东地区最重要的盟友，美国消费文化对该国影响深远。[③] 1964 年，美国的甲壳虫乐队打算到以色列演出，却被拒绝，当时的以色列认为这样的演出毫无品位。然而，到了 1995 年，上万名以色列青年为

---

① 参见彼得·伯杰、塞缪尔·亨廷顿主编：《全球化的文化动力：当今世界的文化多样性》，新华出版社 2005 年版。

② 参见 Samuel P. Hungtington, "The West: Unique, not Universal," *Foreign Affairs*, 1996, 76(6): 28—46。

③ 参见王晓德：《"美国化"与以色列向现代消费社会的转变——一种文化视角的探讨》，载《西亚非洲》2008 年第 2 期，第 39—45 页。

了观看一个美国摇滚乐队的演出而发生踩踏事件，3 人被踩死，150 余人受伤。以色列总理随即发表声明，认为“以色列人民受到美国化的侵蚀……应该停止进口粗劣的文化，寻求真正的以色列文化和对传统的回归”。在这三十年期间发生的重大社会变迁之一，就是以色列为了冲破阿拉伯国家的包围而向西方国家开放国门，成为美国盟友，大量进口美国产品。1968 年可口可乐进入以色列，80 年代超级市场在以色列开业，特拉维夫街头的广告只用英语不用希伯来语。在美国文化的影响之下，以色列从宗教国家步入消费社会。

对于许多第三世界国家来说，壮大国家经济实力需要勤俭、奉献、自我牺牲、对集体利益的服从等等文化理念，然而消费所倡导的个人主义、自由主义，甚至过度消费恰恰对此构成威胁，这些国家欢迎消费所拉动的内需增长和经济上升，却不喜欢消费活动造成文化价值观的变迁，美国化被认为是肤浅粗俗和骄傲的文化而受到批评。

无论是支持美国化，还是反对美国化，都应该看到文化自身的创造力和生命力。作为生活方式的总和，文化总是处于不断的变动之中，萨义德（1993）说过：“没有哪一种文化是单一而纯正的，相反，所有的文化都是杂交，来源不同，而且成分极为复杂，远不是铁板一块。”“真正的”美国文化是什么？“纯粹的”本土文化又是什么？有没有曾经存在过一种纯净不受外来文化“污染”的本土文化？外来文化和本土文化的相互缠绕才形成了我们今天所看到的文化生态，这个世界欢迎文化多样化，然而，在历史上，没有一种文化能够统领全球，将来也不会有。文化的吸引力在于它的变迁所引发的无穷可能性，而不是固守既定的文化模式。同样地，国家的能力在于解决文化所带来的冲突和挑战，而不是对问题置之不理。印度算不上发达国家，但是这里有一项引以为傲的现象，1990—1993 年期间，进口电影占本国全部发行电影的比例只有 14%，在完全开放国内电影市场的主要国家里，这一比例是最低的。相比之下，智利达 100%，马来西亚占 98%。考虑到英语是印度的官方语言，这一现象更加令人深思：是什么原因造成这些国家本国电影工业的现状？印度电影虽然国际号召力不如好莱坞电影，但是至少在国内市场上，能够打败好莱坞电影。西方有好莱坞，印度有宝莱坞（Bollywood），印度电影业用实例再一次说明，文化不能同政治和经济画简单的等号，在文化全球化进程里，不均衡和差异性是常态。

第五章　文化帝国主义

在所有跟全球传播有关的理论中，文化帝国主义是不容忽视的一个。自从20世纪70年代正式提出至今，文化帝国主义一直被归类为批判学派和传播政治经济学的内容之一。90年代末期以来，随着该理论的代表性学者席勒重新被介绍到我国，汤林森的《文化帝国主义》和萨义德的《文化与帝国主义》一书翻译出版，我国学者开始表现出了对文化帝国主义的空前热情。要看到的是，这一理论虽然广受第三世界国家的追捧，但也不是毫无缺陷，事实上，它的某些缺陷严重妨碍了理论的更新和发展。更何况，很多时候，我们只是在自己所熟悉的过往"帝国主义"话语的意义上使用这一新概念，关于这个概念的分歧、矛盾、争论和抗争，却往往被忽略。理论的生命力在于思辨，因此我们需要深入考察文化帝国主义在理论和实践两个层面上所导致的争论及其发展。

第一节　文化帝国主义的发展

有什么样的社会和时代，就有什么样的理论。1960年，联合国大会通过1515号决议，将促进发展中国家经济社会进步作为其主要任务之一，在两大阵营对峙的冷战背景下，联合国经常沦为两大阵营实现强权的工具，顺应发展中国家需求而通过的这项决议，显得格外有意义。1961年，联合国大会通过了《发展的十年》决议，把缩小国家之间的贫富差距作为自己的目标。从此，整个60年代里，"发展"成为一个热门词汇，其地位大概类似于我们今天所讲的"全球化"一词。"传播与发展"（也称为发展传播学）是第一个关注国际研究的理论，今天，虽然有人也在考察大众媒介如何促进了落后地区的经济发展和社会变革，然而，"传播与发展"早已从洛阳纸贵变成明日黄花。究其原因，在于这一理论缺乏深度和思辨性，缺乏后续发展动力，给后来学者留下的开拓空间极为有限，而且该理论所依附的社会气候发生转变，联合国的"均富"目标在某种程度上失败了，于是鼓吹"均富"的理论相应地失去了读者。"传播与发展"受到后人批判的另一个原因，在于理论本身的功利性受到质疑。有人认为，身为传播学真正奠基人的施拉姆为了给自己创立的新兴学科建立阵地，于是迎合“发展的十年”这一主题，1962 年就出版了《大众传播与社会发展》一书，确立了传播与发展理论。这是联合国决议之后以“发展”冠名的第一本美国学者所写的学术著作，因此，“传播与发展”可以看成是新出现的传播学的促销术。

在国际传播理论的发展进程里，在时间上稍晚于“传播与发展”，并且直到今天仍备受关注的另一个重要理论是文化帝国主义。早在 1979—1984 年，文化帝国主义的代表性学者席勒的第二本书《思想管理者》(1973)中的部分章节就已经在中国人民大学新闻系主编的《国际新闻界》上编译刊登。在这本书里，席勒不那么清晰地表现出了日后成形的文化帝国主义理论的影子，然而，《国际新闻界》选译的章节并没有涉及文化帝国主义问题。直至 20 世纪末期，一方面，我国新闻传播学界对席勒、政治经济学派、批判学派加以重新重视和引进，另一方面，汤林森的《文化帝国主义》(1991/1999)①被翻译引进，后殖民主义学者萨义德的流行带动《文化与帝国主义》(1993/2003)②一书在国内出版，再加上我国属于发展中国家，为发展中国家“撑腰”的理论当然更容易受到欢迎。当时我国国内民族主义情绪高涨，“帝国主义”一词由于特殊国情曾经渗透进我们的日常流行用语里，刺激了学术研究的民族主义倾向。于是，文化帝国主义理论从 90 年代末期开始，进入新闻传播学院的课堂和教科书里，然而，虽然很多人在谈论文化帝国主义，最早提出这一概念的席勒的《传播和文化主导》(1976)却没有被引进，他的成名之作《大众传播与美利坚帝国》③(1969)直至 2006 年才被国内正式引进。

一、文化帝国主义的提出与发展

早在 20 世纪六七十年代，一些美国学者在研究基督教传教士在非基督教国家的传教活动时，就使用过“文化帝国主义”一词，认为传教士不仅传播宗教，也有意识地传播殖民宗主国的文化、价值观念和生活方式，并由此改变了殖民地的本土文化，实施了文化侵略。然而，我们今天所讲的“文化帝国主义”有点不同，它是 70 年代的学者们针对美国在拉美地区的活动而发展出来的一种理论。

随着理论的发展，对文化帝国主义这个概念的内涵有着不同解释，我们在下面还会深入讨论。这里需要指出的是，无论是哪种解释，都承认美国学者赫伯

① 参见约翰·汤林森：《文化帝国主义》，上海人民出版社 1999 年版。

② 参见爱德华·W. 萨义德：《文化与帝国主义》，三联出版社 2003 年版。

③ 参见赫伯特·席勒：《大众传播与美利坚帝国》，上海世纪出版集团 2006 年版。

特·席勒(1919—2000)最早地明确定义了这个概念。席勒一般被认为是传播政治经济学的早期代表性学者之一。在他的第一本书《大众传播与美利坚帝国》里,席勒提出,美国的娱乐业、传播业和信息业(他取这三个单词的头一个字母,称其为ECI)推动了整个国际范围内广播业朝向商业化方向发展,ECI的影响绝不仅仅局限于政治和经济领域,更重要的是它在文化领域内所造成的直接的但是不可估量的后果,而且,应该从美国政治、经济、军事和外交政策的角度来理解美国ECI的全球扩张和所有权集中现象。

在《传播和文化主导》一书里,席勒认为,在美国竭力主张的"信息自由流通"口号之下,带来的是世界传播格局的不平等,而且在美国主导之下,这种不平等正在加剧而不是缩小差异。美国对其他国家——在当时,席勒主要指的是拉美国家,后来又加入了其他发达国家——的文化入侵,实现了在文化领域内的主导和支配,把自己的一整套价值观和生活方式推销给这些国家,导致这些国家出现了"美国化",从而维护了美国的世界霸主地位。

席勒提出,文化帝国主义是"许多过程的总和,经过这些过程,一个社会被带入现代世界体系之中,它的主导阶层被吸引、压迫、强制,有时甚至被贿赂而塑造出对应于——甚至促进了——这个世界体系的主导中心国家的价值观和结构的社会体制"①。这个定义里至少有三点对以后的文化帝国主义研究有着深远影响。第一,席勒的研究对象是社会和国家,不涉及国内传播,他关注的是国家之间的传播,换句话说,就是一个国家对其他国家的影响,这使得文化帝国主义研究从一开始就站到了国际传播领域内。第二,跟第一点有关,席勒的定义里看不到人的活动和人的能动性,在他看来,国家会对外部压力做出某种整体性的反应,个人的差异性没有进入席勒的研究视野,席勒的视野比较宏大,不关心具体细微的内容,这一点不仅体现在席勒毕生的研究之中,也影响了后来学者对文化帝国主义的反思和批评。第三,席勒眼中的被影响的国家(拉美地区)相当的被动和虚弱,只能被迫接受这套体制,无力反抗现代世界体系的影响,更不可能改变和制定新的社会体制。这种被动国家论后来受到很多批评,因为它不仅理论上可疑,而且也不符合实际情况。席勒的探索和思考并没有中止,他生前出版的最后一本著作是与他人合编的《超越国家主权》(1993),这本书讨论了超越国家主权而建立一个跨国传播机构和跨国传播秩序的可能性。

席勒的定义为文化帝国主义研究确立了大致方向,后来学者在很长时间内

---

① 参见 Herbert I. Schiller, *Communication and Cultural Domination*, New York: White Plains, 1976, p.9。

都是沿着席勒所开创的道路前进。1977年版的《哈珀斯现代思想辞典》定义文化帝国主义是“运用政治和经济力量，在牺牲当地文化的同时宣扬并传播外来文化的价值和习俗”，博得—巴拉特定义文化帝国主义是“一个过程，在这个过程里，某个国家的媒介所有权、结构、分配或内容其中之一或全部受到源于其他国家媒介利益的外部压力，而受影响国家又没有成比例地反馈影响”①。从这些定义里，都可以看出席勒定义的影子。

《传播与文化主导》一书中大量采用了拉美地区的实例来进行论证。对拉美地区的关注，不仅由于这里是美国的传统势力范围，而且跟60年代经济学家通过对拉美的研究而提出依附理论这一学科背景有关。依附理论只解释了拉美在经济上落后的原因，媒介研究者开始关注拉美在文化上的依附和同化。1973年，在智利任教的比利时学者阿瑞尔·多尔夫曼和法国学者阿芒·马特拉合作出版了《如何解读唐老鸭：迪士尼卡通中的帝国主义意识形态》②，在拉美地区被译成11种语言出版。在这本书里，两位学者以广受欢迎的迪士尼卡通为例，通过文本分析，解读了在看似幽默滑稽的人物和剧情背后隐藏着怎样的帝国主义野心。1970年信奉社会主义的阿连德在智利通过民选上台，建立了左翼政府，成为继古巴之后与中国建交的第二个拉美国家。政府内集中了一大批左翼学者，《如何解读唐老鸭》这本书就是左翼学者为了提醒智利人民、揭露美国阴谋而做。通过内容分析，两位作者发现，在拉美发行的所谓“价值中立”的迪士尼卡通故事中，有四分之三以上描写了淘金活动，只字不提对印第安人的残酷镇压和剿灭，淘金活动被看成是浪漫的传奇和冒险，人人面临着平等的机会，只要有勇气和胆略就能成功，余下四分之一则描写人们追名逐利的活动，老实人总是被捉弄，贪婪和虚伪反而能够获得成功，接受现状反对变革的人总是能得到好处，试图革命的人总是吃亏。这本书第一次分析了迪士尼卡通和帝国主义价值观之间的联系，是文化帝国主义的经典著作之一。1973年阿连德政府被军人政变推翻，此书被列为禁书，两位作者因为是外国人而保住性命，被驱逐出境，美国也一度试图阻止英译本在美国发行。当然这本书有缺陷，全书英译本正文仅有112页，得出结论的心愿过于强烈，分析显得粗糙，“结论先行”使得有些地方不能令人心服口服。然而该书的结论极为重要，席勒在《思想管理者》一书里对此也有

---

① Oliver Boyd-Barrett, "Media Imperialism: Toward an International Framework for the Analysis of Media Systems," in James Curran, Michael Gurevitch, and James Woolacott, eds., *Mass Communication and Society*, London: Edward Arnod, 1977, pp. 116—135.

② 参见 Ariel Dorfman and Armand Mattelart, *How to Read Donald Duck: Imperialist Ideology in the Disney Cartoon*, translated by David Kunzle, New York: International General, 1975。

过犀利论述,迪士尼动画传递的信息是“我们可以拥有一个没有社会冲突的世界,社会中存在着诸多暴力,有一些坏人,但他们是个人,不是社会分工的代表。世界是一个幸福的乐园,美国中产阶级生活在最完美的世界里”①。

二、文化帝国主义的缺陷与反思

从文化帝国主义的确立过程可以看出,它的提出与当时拉美地区的反殖民主义和民族解放运动密不可分。新独立的拉美国家不仅面临着政治独立和经济发展的迫切任务,而且也面临着建设本国文化的艰巨任务。思想文化领域内的斗争不如政治和经济领域那么明显,花费的精力和时间却有过之而无不及,殖民者退出,新独立国家建立起了政府、货币和基础设施,却找不到“自己的”文化。四百年殖民统治,拉美大部分地区的原始居民要么已经被灭绝,要么被迫放弃自己的文化接受殖民者的同化,当75%以上的智利人是欧洲人和印第安人的混血后代、印第安人不足总人口5%时,当一个智利人只会说西班牙语不会说印第安人的马普切语时,二战以后的智利将建设什么样的“自己的”文化?彻底清算殖民统治者的思想文化遗产,建设独具特色的本国文化,似乎是一个不可能完成的任务。

在文化帝国主义理论发展的过程里,有一个有意思的现象值得注意——无论是20世纪70年代的席勒和马特拉,还是90年代的汤林森和萨义德,几乎清一色都是西方白人学者或者是出身第三世界却在西方接受教育并执教。因此,与其将文化帝国主义看成是前殖民地国家对旧日殖民者和当今世界霸主的批评和挑战,不如看成是西方殖民者内部左翼知识分子的自我批评和反思。

在众多全球传播理论中,文化帝国主义的概念表述简洁,立场鲜明,它立足于文化产品的生产、分配和流通领域,往往通过对几个国家的系统比较和分析来得出结论,研究视野宏大。它看到了全球传播现实里的不平等,批评某些国家——主要是美国,后来也包括一些地区性强国——在其中所发挥的作用,同情发展中国家和落后地区所受到的伤害和损失。文化帝国主义理论的很多代表性学者,贯彻了马克思“哲学家总是在解释世界,而问题在于改变世界”这一思路,在著书立说之外,亲身参与改变不平等的世界传播秩序的斗争。强烈的实践性,也是该理论的特色之一。自从正式提出至今,三十年来,关于它的争论始终不绝,这也从另一个侧面说明了该理论的意义,如果一个理论不能引起争议,说明它是不重要的理论,不值得人们关注。

---

① 参见赫伯特·席勒:《思想管理者》,远流出版公司1996年版,第18页。

然而，文化帝国主义绝对不是没有缺陷，相反，很多学者对它的挑战和反思都是相当致命的。卸下对弱者的同情和对强权的憎恶，我们可以看出，这个理论要想进一步发展，需要解决一些基本问题。

首先，什么是文化帝国主义？这个最基本的核心概念的意义并没有我们假设得那么清晰明确。汤林森[①]梳理了 70 和 80 年代关于这一理论的文献，总结了四种关于文化帝国主义的话语。第一种是媒介帝国主义，即一个国家的意识形态和文化主要通过大众媒体来传播，媒体是思想文化领域内的斗争场域，不均衡的全球信息流尤其值得关注，前文所述席勒和马特拉都可以归入此类。汤林森强调这一种定义没有看到媒体只是传播工具，本身是中性的，媒体顶多是帝国主义的“帮凶”，远不是主谋。

第二种话语从民族国家立场出发，认为本民族文化过去和现在都受到某些霸权国家的威胁。然而汤林森质疑这一话语的有效性，文化变迁不是换衣服，脱下一件才能穿上另一件（所以近代日本百年来“脱亚入欧”是否成功还有待观察），所谓的本土文化自身就有外来文化的内容，本土文化处于不停变动和与其他文化的交往之中，这个世界上找不到百分之百纯正的“真正的”民族文化。五百年前中国人的饮食习惯跟今天的大相径庭，五十年前中国人穿的衣服跟今天的不一样，五年前中国人的语言跟今天也有出入（网络语言正在改变某些语言表达习惯，如“雷”、“囧”、“槑”）。如果高举民族文化的大旗、以此抵挡外国文化的“入侵”，有点杞人忧天的滑稽感觉。文化帝国主义的研究思路大致是：因为外国文化产品有“坏”的内容，所以才需要警惕和削弱。那么，本土文化就一定是“好”的内容？这是不是过于绝对化和浪漫化？按照萨义德《东方主义》的看法，这种行动本身就是殖民主义的产物。更何况很多时候，垄断性的媒体以民族利益为借口，为垄断利益寻求保护空间，妨碍个人自由选择，这种行为并不值得赞同。

第三种观点认为通过文化侵略，发达国家在全球推行资本主义体系和生活方式，获得高额利润。汤林森援引马克思的观点，经济决定了文化，而不是颠倒过来，因此批判的对象应该针对全球资本主义经济体系，而不是文化产品的全球分配和流通。

第四种观点将文化帝国主义视为对现代性的批判话语之一。正是由于源起西欧的现代性的全球扩张，才导致了世界其他国家在经济和文化上主动或者被动地纳入全球资本主义体系中。现代性产生了悖论，它带来了物质丰富、科学、

① 参见约翰·汤林森：《文化帝国主义》，上海人民出版社 1999 年版。

理性和自由,也带来了异化、工具理性和大屠杀。文化帝国主义就是这种悖论的表现之一:一方面,它带来好处,比如大多数国家的国民识字率和教育水平普遍提高,自由和民主的理念深入人心;另一方面,文化同质化也悄然出现。然而,汤林森否认了现代性的扩散与文化主导之间的直接联系,他认为现代性带来了工具理性,工具理性的运作才导致了文化帝国主义现象。他还预言,世界进入全球化时代以后,所有民族国家的文化向心力将被削弱,即使是那些势力比较大的中心国家也不能幸免,文化之间的差异被抹杀,文化全球化将带来文化同质化,这是我们这个时代的宿命。

在这四种立场里,汤林森比较赞同最后一种,因为民族国家和资本主义都是现代性的产物,大众媒体也是伴随现代社会而出现的,最后一种立场淡化了意识形态色彩,放在现代性的背景下来考察文化帝国主义,能够更准确地把握它的发展和矛盾之处。身处发展中国家,中国学者很容易就落入到汤林森总结的第二种立场,即民族国家的立场,然而放下民族主义情绪之后,我们更应该看到汤林森的宏大视野和独具匠心。汤林森的总结条理清晰,然而他为了论证文化帝国主义与现代性之间的联系,刻意将原本分属不同分析层面的概念放在一个层面,很明显的就是,"媒介帝国主义"是对经验现象的总结,而后三种立场其实讲的都是过去五百年来同一个社会现实。这方面,卡兰和朴明今的总结更加一针见血,"(在文化帝国主义领域内)三个不同概念——美国、西方和资本主义——几乎可以换着用"①。

其次,表面上看,"文化帝国主义"这个概念等于"文化 + 帝国主义",在实际论证和研究中,这一流派的学者也的确在有意无意之间犯下了在文化和经济之间画等号的化约论错误。文化帝国主义要解决的究竟是经济问题还是文化问题? 经济支配等于文化主导? 经济抵抗等于文化抵抗? 用经济手段来解决文化领域内的问题,最后只会落得个文化和经济两边都无法做好的下场。模仿好莱坞商业大片模式的电影《英雄》在中国本土获得票房成功,到美国上映后票房反响也很好,这体现了美国文化(强势文化)的又一次胜利,还是中国文化(弱势文化)的成功?《英雄》为人所诟病的原因之一在于它的历史观,崇拜集权和权威,漠视个人生命,以后果而不是动机和活动来评价历史人物。然而这样一部宣扬愚昧效忠思想的影片在最发达的资本主义国家美国却成为有史以来最卖座的中文电影,这是对文化帝国主义最好的讽刺。弱势国家的文化产品在强势国家获

---

① 参见 James Curran and Myung-Jin Park, "Beyond Globalization Theory," in J. Curran and M. J. Park, eds., *De-Westernizing Media Studies*, London: Routledge, 2000, pp. 3—18。

得经济成功，文化帝国主义应该为扭转不平衡的全球信息流的努力而叫好，但是，这种经济成功却是建立在宣扬集体主义、压制个人自由这一落后文化内核的基础之上，文化帝国主义要维护这样的文化吗？同样地，对于中国电影从业人员来说，票房成功是否就意味着可以放弃对崇高精神的追求？如果两只眼睛只盯着经济指标，最后影片就会沦为没有精神内涵的空壳。

再次，文化帝国主义研究忽视受众，坚持了大众社会的受众观，这几乎是它最致命的缺陷。对强势文化的批评建立在弱势文化受到不良影响这一前提之上，然而，文化帝国主义几乎没有能够提供有力证据从经验上证明这个前提。文化帝国主义研究几乎只关注文化产品的生产一端，完全忽视了另一端的消费，所引用的资料大多是文化产品在国家之间的不平衡流通的统计数据。很显然，理论论证过程里缺少了重要一环，进口更多的美国影片就一定意味着更大的影响力？数量等于质量？临界点在哪里？文化帝国主义没有提供满意的答案，一旦落实到受众研究，就可以发现，更多研究结论发现了受众的能动的抵抗，而不是被动的接受，葛兰西的霸权理论和霍尔的“编码/解码”理论更具有解释力。1982 年法国文化部长批评美国电视剧《达拉斯》是“美国文化帝国主义的象征”，然而卡茨等人却发现不同国家的受众对该剧的理解大相径庭，日本和俄罗斯观众甚至抵抗该剧的某些内容，即使这部电视剧在各国创下收视率高峰，也没有一个国家的受众不加思考地全盘接受它，各国观众都是从自己的生活和文化背景来解读这部电视剧，找不到全球一致的反应。如果受众是积极主动的，为什么要担心输入过多外国文化产品会破坏一个处于不停变动状态的本国文化？更进一步地，文化帝国主义一方面忽视了个人的能动性，另一方面，却寄希望于国家的整体式反应，通过制定文化政策和扶植本国文化产业来抵抗强势文化。这里的矛盾之处在于，如果个人都是被动的，凭什么由个人组成的国家就是主动的？也许这个理想只有集权国家才能实现。

最后，文化帝国主义只将国家列为分析对象，需要拓展新的分析层面。第一个需要重视的是国家的地位，国家也是一个权力机构，文化帝国主义有着强烈的批判倾向，却绕过了对国家的批判式思考。对于文化交流中的强势国家，文化帝国主义基本上持批判态度。美国是早期学者瞄准的靶子，却没有合理解释为何美国文化产品能够在拉美地区产生巨大影响力，为何拉美人民喜欢看美国影片、喝可口可乐、吃麦当劳汉堡包、穿牛仔裤。按照席勒的看法，是因为美国文化产品建构出一个中产阶级美国梦麻痹了受众。那么，一个更深入的问题是，为什么没有一个拉美梦来跟美国梦抗衡，为受众提供另一种选择余地？中国和拉美同为发展中国家，在跟美国的文化交流中同处于劣势，然而一个强大祖国的中国梦似乎普遍确立在中国人的内心世界中,遇到刺激性事件,就会发生强烈反弹。因此,硬币的一面是美国政府和大公司勾结起来推销文化产品,另一面是拉美自身的问题和缺陷,文化帝国主义将注意力几乎都贡献给了前者,对后者论述不多,难怪2000年,在塞缪尔·亨廷顿与劳伦斯·哈里森合编的《文化的重要作用:价值观如何影响人类发展》一书中对拉美文化进行了毫不留情的批评。该书流露出的文化种族主义观点值得警惕,但它何尝不是道出了一个问题:为何东亚实现了自己的梦想而拉美没有?而对于弱势国家,文化帝国主义持同情立场,主张落后地区的国家联合起来,顶住发达国家的压力,发展自己的本民族文化。但是,个人是否愿意由国家来确定自家电视机屏幕上出现什么外国电视节目?减少进口外国文化产品会不会阻碍文化交流和文化多样性?脱下牛仔裤穿上传统服装是否就会增加我们生活的幸福感?文化帝国主义开出的药方需要经过实践检验。由于财力物力有限,落后国家经常集中建设一个垄断性的全国媒体以保存本土文化特色,文化帝国主义认为对这样一个全国性媒体应该加以特殊保护,否则本土文化就更加被外来文化冲得七零八落。然而,在受众的眼中,同一性的全国媒体可能会压制地方文化特色,无法体现本土文化的丰富性和多样性,垄断会妨碍自由竞争。受众是欢迎单一的声音讲述着单一化的本土文化呢,还是欢迎多种声音讲述着多元平衡的观点——哪怕其中大部分是外国进口文化?批判性是文化帝国主义的特征之一,但是只追求批判性放弃反思性的理论,注定引来对自身的批评。

第二个新加入的分析层面是地区性文化强国。早期文化帝国主义的批评对象基本上仅限于美国和以美国为基地的大公司,如果仅仅将整个世界分成输出文化/意识形态的美国和接受文化/意识形态的其他国家,这样的分类无疑过于简单。随着全球化进程加速,一些地区性文化强国和地区,如东亚的日本、中国香港和韩国,也进入研究者视野之中。某些国家公开或隐蔽地将自己的思想文化强行输出到其他国家,目的在于维护不平等的世界秩序、获得利润和控制他国的文化市场,这种行为都可以视为文化帝国主义。

在跟美国的文化交流中,日本处于信息入超地位,日本报纸上的大部分国际新闻来自于美国通讯社,然而,在东亚和东南亚地区,日本文化的影响力又相当重要。比如1962年,我国台湾地区第一家电视台——台湾电视台——开播至今一直有四家日本企业股东(富士电视台、NEC、东芝和日立),共持股19.6%,台湾有专门的24小时日语有线台,台湾电视剧和综艺节目经常模仿日本同行。因此,考察台湾地区的文化帝国主义现象,抛开日本文化光谈美国文化,有点不切实际。2008年下半年,台湾本土电影《海角七号》以4亿新台币票房收入成为台湾地区历史上最卖座影片，并且拿下多个电影奖项，艺术性与商业收入并重，然而这部影片却因为对日本殖民台湾时代的态度暧昧不明招来很多非议。影片的明线是一支七拼八凑的台湾本土乐队要在日本歌手的演唱会上充当暖场乐队而进行排练，暗线是1945年日本男教师遗弃了相约私奔的台湾爱人而随军队撤离台湾，将爱意和悔意写成七封情书，六十年后他去世后才由女儿代为寄出，"海角七号"是日据时期的旧地址，也是情书要寄到的地址。影片真实再现了日本战败后撤出台湾的历史场面，很多台湾人依依不舍送日军离开，并没有常见的殖民者撤离殖民地时的狼狈不堪和黯然离场。影片的暗线对大时代里小人物的朴素感情寄予了美好回忆，引起是否"媚日"的争论：为什么台湾被日本殖民统治51年，然而台湾人却没有像其他殖民地一样，发展出对日本殖民者的仇恨和反感意识，也没有深刻反思过日本殖民统治对今日台湾到底意味着什么？对比一下同为日本殖民地而且同处东亚文化圈的韩国，以及曾经沦为日本完全殖民地的中国东北和不完全殖民地的大部分中国内地地区，就可以看出各地人民对日本和殖民统治的不同态度，造成这种现象出现的原因究竟是什么？

第三个新层面是全球传媒集团。全球化将世界连成一体，1988年日本索尼公司买下美国哥伦比亚电影制片厂，此后发达国家的传媒公司相互兼并和整合，国际化色彩越来越浓重，几家超大型的全球性传媒集团几乎控制了主要文化产品的流通，美国优势不再那么突出。1998年德国贝塔斯曼集团收购了美国最大的出版社兰登书屋。这个时候，与其旧调重弹，以美国为批评对象，不如以全球传媒集团为批评对象，90年代以来的文化帝国主义研究者，如戈尔丁和哈利斯[①]、罗伯特·W.麦克切斯尼[②]等人正是沿着这条路，将对美国的批评转为对全球传媒集团的批评。从这个研究角度出发，可以更清晰地看出，民族国家立场下的文化帝国主义过于简单地假设了单一的民族利益，掩盖了国家层面和全球层面上不同媒体集团之间的竞争。

总结对文化帝国主义的质疑，可以看出其中关键一点在于，该理论建立在"坏"的外国文化产品和"好"的本国文化产品、他们（坏人）和我们（好人）的二分法基础之上，但在今天全球化的现实之中，简单的二分法已经不能回答现实问题。在本书第四章"文化全球化"里讨论了文化同质化问题，其实在某种程度上，文化帝国主义讨论的也是同样的问题，如果文化交流和扩散带来的是文化多

---

① 参见 Peter Golding and Phil Harris, eds., *Beyond Cultural Imperialism: Globalization, Communication and the New International Order*, London: Sage, 1997。

② 参见罗伯特·W.麦克切斯尼：《富媒介，穷民主：不确定时代的政治传播》，新华出版社2004年版。

样性，那么就无需担心某个文化的强势影响了。因此，有些学者更愿意使用“文化同质化”而不是“文化帝国主义”这样的术语来讨论全球化的文化现实。

放在全球化的背景下反观60年代出现的文化帝国主义，可以看出，它大体上赞同全球化能影响国家生活这一结论（否则发展中国家就无须担忧进口过多外国文化产品会造成负面影响了），这使得它更多地看到了全球化强大（但不是“好”）效果的一面，不能看到全球化也有力所不能及之处，比如在很多国家，全球化反而激发了更强烈的民族主义情感，而不是西方价值观的普世化。“越是民族的，越是世界的”，“思考全球化，行动本地化”，这些口号从另一个方面说明了全球化与本土化的纠缠关系并非如同席勒最初所假设的“强/弱”关系那样简单。

第二节　文化帝国主义的抗争实践

文化帝国主义的特点之一，在于它强烈的现实性和实践性，很多学者将理论联系实际，投入到建设更加平等的全球传播秩序的斗争之中，虽然他们的努力一度失败，但是斗争的经历和精神鼓舞着我们争取一个更加多元化和平等的世界。

一、建立世界信息与传播新秩序（New World Information and Communication Order，NWICO）的斗争

二战结束后短短数十年间，全球有100多个国家先后摆脱殖民统治而独立，民族主义和发展中国家成为国际社会一道独特的风景线。新独立国家必然向传统的旧世界秩序发出挑战，在新闻传播领域，这种挑战就体现在它们关于建立世界信息与传播新秩序的斗争上。

1957年，苏联成功发射了人类历史上第一颗人造卫星。此后十年，美国、法国、日本也相继把自己研制的人造卫星送入太空，从此人类进入了利用航天器探索外层空间的新时代。与电报和电话不同，人造卫星通过茫茫天空传递讯号，传递速度更快，费用更低，传递的信息量急剧增加。1963年，美国成功发射了世界上第一颗同步通信卫星，使得广播和电视直播成为可能，居住于地球不同角落的人可能会看到相同的电视节目，这一新现象令发展中国家担忧。

新独立国家对于国际社会里霸权的挑战和国际新闻流通的剧增，直接导致人们开始关注发达国家和发展中国家之间信息流通不平衡问题。1968年，联合国教科文组织在南斯拉夫卢布尔雅——不结盟运动的发起国之一——召开“大众传播和国际了解”研讨会。在会上，一些学者首次提出了这个问题，此后，在历年教科文组织会议上，发展中国家和发达国家关于信息流通不平衡问题都有过尖锐争论。1969年，为了迎接即将到来的卫星广播时代，联合国和平利用外

层空间委员会展开了辩论,美国等国家主张自由广播,电波讯号不必恪守国家边境线,而发展中国家大致上都主张直接卫星广播必须事先取得接收国的同意,电波讯号不能任意传播。

很明显,世界信息与传播新秩序的斗争跟文化帝国主义理论有着诸多相同诉求,文化帝国主义学者从自己的学术研究出发,联系新秩序斗争的目标,做出了自己的贡献。这其中的代表性学者是芬兰学者卡拉·诺顿斯登(Kaarle Nordenstreng,1941—)。1973 年,诺顿斯登在芬兰坦佩雷组织了一次国际研讨会,出席会议的有席勒、斯麦兹、戈尔丁、卡茨等著名学者。会上,诺顿斯登发表了受联合国教科文组织资助的与他人合作的研究报告《电视交通——单行道?》。这是第一份对电视节目跨国流通情况进行大规模的研究,通过对近 50 个国家的实证分析,他们认为,世界范围内,电视节目从发达国家流向发展中国家,因此这是一条单行道。报告末尾提出,"应该提倡信息在各国之间更加平衡地流通,在这种流通中,每个国家都有权利与责任决定本国的文化前途"①。这份报告直接从学术研究上挑战美国主张的信息自由流通原则,后来被联合国教科文组织公开发行,引起了巨大反响。

表 5.1　本国(地区)生产的节目在黄金时间段和总时间段里所占的百分比

	1962		1972		1982		1991	
	黄金时段	总时段	黄金时段	总时段	黄金时段	总时段	黄金时段	总时段
亚洲								
日本	81	92	95	90	96	95	92	94
韩国	73	76	80	79	89	87	89	86
中国香港	23	26	64	62	92	79	95	83
印度	—	—	98	80	89	88	97	78
美洲								
多米尼克	38	45	33	53	21	32	—	—
智利	63	65	54	52	58	48	58	44
巴西	70	69	86	55	64	63	72	64
哥伦比亚	65	77	81	75	83	66	—	—
墨西哥	63	59	68	62	58	57	46	67
美国	99	98	98	98	98	93	98	99

① 转引自徐培喜、郭镇之:《全球媒介改革运动的实践家——卡拉·诺顿斯登及世界信息与传播新秩序运动》,《中国传媒报告》(中国香港)2007 年第 2 期,第 10 页。

（续表）

	1962		1972		1982		1991	
	黄金时段	总时段	黄金时段	总时段	黄金时段	总时段	黄金时段	总时段
中东								
以色列	—	—	63	69	72	71	67	57
黎巴嫩	66	60	46	38	37	34	34	24
加勒比海								
特立尼达和多巴哥	26	24	46	42	31	18	—	—
牙买加	17	30	30	29	37	20	—	—
巴巴多斯	16	16	13	51	10	16	—	—

资料来源：参见 Joseph D. Straubhaar, "Distinguishing the Global, Regional and National Levels of World Television," in Annabelle Sreberny-Mohammadi, Dwayne Winseck, Jim McKenna and Oliver Boyd-Barrett, eds., *Media in Global Context: A Reader*, London: Arnold, 1997, pp. 284—298。

在国际政治领域内，关于 NWICO 的争论最早由不结盟运动发起。1955 年，一些亚洲和非洲国家在印尼万隆开会，发出不结盟倡议，不与美国和苏联这两个超级大国结盟。在当时冷战和两极世界的背景下，很明显，不结盟运动的目的不在于保持中立，而是反对超级大国的新殖民主义和帝国主义。1973 年，成员国超过 50 个发展中国家的不结盟运动在北非阿尔及尔举行第四次政府首脑会议，石油危机引起的经济问题是会议的首要日程，此外，这次会议首次提出，"帝国主义的活动不仅仅局限在政治与经济领域，而且还体现在文化与社会领域"，号召成员国"在大众传播领域开展一致行动"①，大多数发展中国家只能被动地接受来自发达国家的信息，因此会议提倡发展中国家之间彼此相互交换新闻，以打破发达国家的信息垄断。

1976 年，不结盟运动国家在突尼斯召开传播研讨会，第一次明确提出"摆脱信息殖民化，建立国际信息新秩序"。过了几个月，有 86 个国家参加的第五次不结盟国家政府首脑会议在《政治宣言》里声明，"在大众传播领域建立国际新秩序同建立国际经济新秩序同等重要"。

建立 NWICO 的斗争与其他领域内的国际斗争密不可分。1974 年，为了推翻国际经济领域内第三世界对发达国家的结构依赖，77 国集团提出国际经济新

① 转引自徐培喜、郭镇之：《全球媒介改革运动的实践家——卡拉·诺顿斯登及世界信息与传播新秩序运动》，《中国传媒报告》（中国香港）2007 年第 2 期，第 10 页。

秩序口号，两年以后，联合国教科文组织在第19届大会上，正式将NWICO纳入自己的议程。从此以后，NWICO的斗争阵地也从不结盟运动转向了联合国。在这次会议上，发展中国家猛烈抨击垄断了国际新闻的五大通讯社，这些通讯社都来自发达国家，它们的报道加剧了信息从发达国家流向发展中国家，而不是相反，发展中国家决定加强在国际新闻领域内的横向合作。会议的另一个成果是成立了国际传播问题研究委员会，16名成员来自学界、新闻界和前政府官员，既有发达国家代表，也有发展中国家代表，主席为爱尔兰学者肖恩·麦克布赖德，因此，也被称为麦克布赖德委员会。

在第19届大会上，不结盟运动国家和社会主义国家提出了事先充分准备的《有关大众媒介为加强和平与国际共识、为促进人权，以及为反对种族主义种族隔离与战争煽动而作贡献的基本宣言》（简称《大众媒介宣言》），要求进行全体表决。发达国家对这个宣言的第一条"政府应该鼓励大众媒介为促进信息自由与平衡流通作贡献"和第五条"对于战争、暴力、种族隔离与其他形式煽动国家、种族、宗教仇恨的罪恶行为，大众媒介有责任避免提供任何形式的辩护与支持"提出了反对意见，认为这些内容为政府干涉新闻自由提供了借口。由于发达国家反对，大会决定重新修订宣言内容，等待两年之后的下一次全体会议上再进行表决。1978年第20届大会通过了修改后的宣言，第五条增加了很多内容，表述为："在信息流通方面，建立新的平衡与更多交互流通，既有利于维持公正与持久的和平，也有利于增强发展中国家政治与经济发展的独立性，因此，有必要纠正发达国家与发展中国家之间以及发展中国家自身之间信息流通不平等的现象。要达到这些目的，发展中国家的大众媒介需要具备相应的条件与资源，来促进并扩大自身力量，加强彼此之间的合作以及与发达国家大众媒介的合作。"① 从"不支持"到"合作"，宣言的内容等于宣告发展中国家在与发达国家的较量中已经失掉了主动地位。

1980年，在第21届大会上，麦克布赖德委员会提交了《多种声音，一个世界：传播与社会的现状与展望》报告，以大量翔实的材料，证明了世界新闻传播领域内存在着不平衡和不平等的现实，主张各国根据自己的传统和实际情况发展自己的传播业，实现多种声音全球并存的局面。由于发达国家的反对，这份报告没有被进行表决。1983年第22届大会上制定了1985—1989年建立世界信息与传播新秩序的中期计划，发达国家的不满达到顶点。1984年和1985年，美

① 转引自徐培喜、郭镇之：《全球媒介改革运动的实践家——卡拉·诺顿斯登及世界信息与传播新秩序运动》，《中国传媒报告》（中国香港）2007年第2期，第10页。

国和英国相继退出教科文组织,使得该组织的活动经费锐减了三分之一,从此,联合国关于传播新秩序的斗争基本上偃旗息鼓。1987 年,西班牙人梅耶成为联合国教科文组织新任总干事,宣扬信息流通自由,等于宣告了新秩序斗争的失败。实际上,整个 90 年代,联合国教科文组织都在试图说服美国和英国重返该组织,引起他们敏感和不舒服的词语都不会出现在任何教科文组织的文件里,直到 1997 年和 2003 年,英国和美国才重返联合国教科文组织。

斗争阵地重新转回到不结盟运动。1987 年,120 个发展中国家的新闻部长出席了不结盟国家新闻部长会议,通过了《哈拉雷宣言》,再次呼吁发展中国家加强合作,建立世界传播新秩序。然而此时,不结盟运动成员国内部的矛盾已经激化,比如古巴和印度与苏联的关系恶化,欧美国家对海湾石油国家进行拉拢,身为不结盟运动成员国之一的越南竟然侵略另一个成员国柬埔寨等等。不结盟运动已经被边缘化,尤其是冷战结束后,失去了美苏对抗这个背景,不结盟运动也就在某种程度上失去了继续存在的价值。此后二十多年,不结盟国家新闻部长会议断续召开,截至 2005 年共召开了六届,每一届会议都会在宣言里谈到国际新闻流通的不平衡问题,然而措辞越来越平和,比如第六届新闻部长会议宣言第 36 条认为"应该鼓励私营从业者辅助政府机构所从事的努力",这其实已经从《大众媒介宣言》里反对私营媒体的立场上撤退,第 39 条则直接承认了不结盟国家通讯社联盟已经多年没有活动,名存实亡。从不结盟运动转到联合国,又从联合国转向不结盟运动,传播新秩序斗争走向高潮,又转入低潮。

联合国和不结盟运动的斗争失败了,然而,争取全球传播新秩序的努力并未停止。80 年代末市民社会理论和实践开始流行,一些学者、记者和前政府官员从斗争的失败中看到了单纯依靠国际组织并不可靠,他们重新组织了麦克布赖德圆桌会谈,从 1989 年津巴布韦哈拉雷到 1998 年约旦安曼,圆桌会谈每年一次,鼓励草根力量和市民社会加入到争取传播权的斗争中来,讨论实践活动中的经验教训,逐渐发展成为一个非政府组织。此外,文化环境运动(the Cultural Environmental Movement,美国)、传播和人权中心(the Centre for Communication and Human Rights,荷兰)、基督教传播世界联盟(the World Association for Christian Communication—WACC,英国)、进步传播联盟(the Association for Progressive Communication,英国和美国)这些非政府组织一起,发动了信息社会传播权运动(the Communication Rights in the Information Society Campaign—CRIS Campaign)。2003 年和 2005 年,由国际电信联盟倡导并得到联合国支持的两次信息社会世界峰会(World Summit on the Information Society—WSIS)分别在日内瓦和突尼斯召开,非政府组织的积极活动家在会上作主题发言,并且主持其中的非政府论坛。当人类进入信息社会,通信技术对传播活动的影响力与日俱增的时候,致力于更平等的全球传播新秩序的活动家们及时调整了自己的策略和方向,继续投身于自己所热爱的事业当中。

二、发达国家与发展中国家的分歧

纵观整个世界信息与传播新秩序斗争,对立双方——发展中国家和发达国家——的分歧主要在于,发展中国家强调新闻和信息流动中的数量不平衡,而发达国家坚持信息的自由流动不可动摇。这其中的分歧当然不排除国家和经济利益的因素,身为世界头号文化产品输出国的美国自然主张信息自由流通以获得更多经济利润,而发展中国家也不愿意用宝贵的外汇去交换文化产品。面对发展中国家提出的国际新闻流通不均衡、不平等的现象,发达国家在道德层面上并不占据优势,于是反而采取同情和支持的策略,比如提供贷款、技术设备、人才培训等,帮助发展中国家发展大众媒体。

除此之外,双方在理论层面的根本分歧在于新闻管制和自由之争,发展中国家主张对新闻和信息实行某种程度上的管制,从而减弱"不良"信息产品对本国的负面影响。与此针锋相对,发达国家提出,首先,不应该对新闻和信息进行任何管制,尤其是来自政府的管制,其次,信息产品的内容"好"或者"不好",缺乏一致清晰的标准来衡量,如果坚持新闻管制,那么最终的结果就是加强了政府对新闻业的控制。

受到新秩序运动的鼓舞,发展中国家对新闻业的管制主要体现为:明确规定本国和外国电视广播节目播放的时间和数量比例;立法禁止外国财团拥有本国新闻媒体或者限制股权份额;设立政府新闻部门对外国新闻和信息产品进行内容审查;限制外国记者在本国的采访活动;严格审批外国媒体在本国的发行和落地接收;等等。站在发展中国家的立场,这些措施能够降低外国信息产品在本国的影响力,保护本国媒体的发展和壮大,保证本国媒体在政府管制下宣扬经济发展和民族独立目标。发展中国家承认,为了某些目标,新闻媒体应当受到管制。在实际操作中,很多发展中国家以民族整合和国家发展为目标,也的确发生过禁止本国媒体就争议性问题(比如女性主义者就指出,几乎所有发展中国家都选择"稳定"为首要目标,女性运动被视为有别传统的、破坏稳定的力量而受到压制)发表意见的事例。

站在发达国家的立场,这些措施无疑是妨碍了新闻自由,侵犯了人权,以维护本国文化和本国利益为名,为政府管制新闻业寻找借口,而且很多发展中国家的政府并非民选产生,政府只是一小部分人的利益代表,维护政府管制新闻业的权力并不等于维护国家和民族利益,因此这些措施最后都会导致政府管制,而不会出现一个非政府之外的权力机构协调整个国家的大众媒体平衡运转。在历史上,每一个实行新闻管制的国家最终都将管制权力集中于政府身上,这一点已经被各国实践所证实。源于对政府(不仅是发展中国家的政府,也包括发达国家的政府)深深的不信任,发达国家主张解除新闻管制,拥护普遍的新闻自由,让新闻和信息不受限制地自由流动,由受众自行决定是接受还是拒绝这些信息。

由于对政府与新闻的关系的看法存在着不可调和的分歧,发达国家主张媒体应该由私人(如美国的商业电视台)或者非政府的公共机构(如英国的公共广播体制)所有;而新独立的发展中国家实力单薄,集中优势资源发展拳头企业是它们的习惯策略,在大众媒体领域,很多国家将新闻媒体收归国有,成立国家电视台和国家通讯社,建立卫星讯号接收站,铺设有线电视和基础通讯设施,并且严格限制私人媒体的规模和数量。因为外国媒体更容易控制本国私人媒体而不是政府媒体,因此,不结盟运动新闻部长会议宣言赞同私营媒体,就意味着发展中国家已经对自己原先的立场进行了修正。

发达国家的立场也经历过转变。1948 年联合国大会通过的《世界人权宣言》第 19 条全文如下:“人人有权享有主张和发表意见的自由,此项权利包括持有主张而不受干涉的自由,和通过任何媒介和不论国界寻求、接受和传递消息和思想的自由。”发达国家对新闻自由的坚持往往以此条款为法理依据,反对任何形式的新闻管制。在新秩序斗争高涨的年代,针对发展中国家准备的《大众媒介宣言》,发达国家提出了“传播权”问题,即不受限制地制作和传播信息的权利,认为这是基本人权之一,当然这一观点受到了发展中国家的反驳。

1981 年,20 多个发达国家在法国塔瓦卢尔举行会议,重申新闻自由的重要性,批评《多种世界,一个声音》报告为政府管制新闻提供了借口。然而几年以后,当美国文化产品在其他发达国家的市场份额越来越大的时候,利益受到损害,发达国家内部出现了分歧,比如法国文化部长同意文化帝国主义的论断,公开批评《达拉斯》损害了法国文化,欧洲一些国家着手制定政策以限制好莱坞影片的进口和放映,欧洲国家大力扶持公共广播体制限制私人媒体等等,最终成功使美国让步,让电影和文化产业免于列入乌拉圭回合谈判内容。美国一枝独秀的优势风光不再,日本动漫产品取代美国成为世界第一,日本索尼公司干脆收购了美国最大的电影公司之一哥伦比亚公司,此时,美国表现出来的并不是它所鼓吹的“自由流通”和自由竞争立场,而是对日本的谩骂和恐惧。发达国家表现出来的双重标准和虚伪,说明它们鼓吹的新闻自由只是发达国家才能享有的自由,一旦自己的利益受到侵害,立刻就“变脸”。

发展中国家和发达国家的分歧仍在继续，评价哪一方立场更加优越、更加正确，毫无意义，现实生活远比笔墨书写来得紧张精彩。需要承认的是，每一种立场都跟每个国家独特的社会文化和历史发展经验密切相关，对于发达国家来说，它们大多已经发展出其他权力机构与政府抗衡，因此反对政府的新闻管制在实践上具备可能性，然而对很多发展中国家而言，政府依然是最强大甚至独大的权力机构，所以政府的新闻管制在现实中是合理且必要的。

三、为什么世界信息与传播新秩序运动会失败？

从20世纪60年代到80年代再到21世纪，争取更平等、更均衡的全球传播秩序的斗争虽然失败，但绝对不是毫无影响。在斗争最激烈的年代，发达国家或者出于道德良心，或者在作秀，在一定程度了支援了原本薄弱的发展中国家大众媒体，加上发展中国家自身对本国媒体的发展很积极，导致了发展中国家的大众媒体获得长足进步。以数量计算，60年代和70年代这20年间，亚非拉地区的收音机和电视机的增长率远远超过发达国家。而且，为了交换和分享媒体产品，发展中国家纷纷成立非洲广播电视组织联盟（1962）、亚洲太平洋广播联盟（1976）、泛非通讯社（1983）、拉丁美洲特种新闻社（1983）等区域性合作组织，部分地冲破了发达国家对国际新闻的控制。

说到底，新秩序争论是国家实力之争。在一国范围之内，制定和执行传播政策的权力基本上由国家掌握，与此相似，制定国际传播政策的权力也基本上由国家掌握。因此，关于国际传播政策的争论直接演变成各个国家权力之间的斗争，在这里，大鱼吃小鱼、强国欺负弱国的事例时有发生。整个70年代，发展中国家人均国民生产总值年均增长率只有2.7%，而发达国家为3.2%，进入80年代，拉美地区的经济增长率长期低于1.5%，非洲表现得更糟糕，一个南非就占了整个非洲大陆国民生产总值的30%，只有亚洲经济表现出了活力。国家实力不够，在国际斗争中难免会受人牵制，美英退出联合国教科文组织直接导致了该组织因经费不足而陷于瘫痪，就是活生生的例子。

面对实力强大的对手，发展中国家联合起来，才是斗争的策略。两千年以前，中国古代战国时期的“合纵”与“连横”之争，在当今新秩序斗争中再次上演。联合国曾经为发展中国家争取到了更多资源和更多话语权，区域性通讯社使得发展中国家获得了更低廉、更公正、更多元化的国际新闻，然而当发展中国家自身经济出现问题，不得不依赖国外贷款（如拉美80年代陷入债务危机）来解决问题时，这些区域性通讯社的业务活动开始陷入困境，甚至停止活动。70年代两次石油危机，使发达国家认识到了富产石油的国家的重要性，在它们的拉拢和利诱下，世界上比较大的石油储备和生产国如沙特阿拉伯、墨西哥和委内瑞拉都没有加入不结盟运动。伊朗是不结盟运动的积极成员国，跟伊朗有矛盾的伊拉克和科威特等国就没有加入不结盟运动，反而转向寻求美国支持，理念上的不结盟在实际操作中成为现实政治考量的结果，发达国家对石油国家的拉拢直接造成了不结盟运动的分化瓦解，一盘散沙的发展中国家自然失去了对抗的砝码。

在理论层面，新秩序运动一度所主张的“信息主权”也招来很多学者的批评。在诺顿斯登与席勒合编的《国家主权与国际传播》(1979)一书里，提出了“信息主权”概念，他们认为不平等的国际新闻流通已经损害了部分国家的信息主权，因此应当被改变。这个概念之所以被诟病，在于现实经验已经证明了某些国家的政府和统治阶级会以信息主权为幌子迫害本国新闻自由，“实践证明，信息主权概念既帮助了极权国家限制媒介自由，也帮助了弱国抵制外国控制，但是对前者的帮助超过了后者”[①]。人权与主权，向来争论很多，反对信息主权的学者从学理上分析这个概念对人权的忽视，它将直接造成对人权的压迫，然而支持这个概念的学者则认为发展中国家的实际经验说明，既然只有政府才有能力实现发展目标，维护基本的个人生存，那么就应该重视国家的权力，而不是一味地否定和反对国家介入新闻媒体。

缺乏现实资源，也缺乏创新的理论，新秩序运动的失败似乎是不可避免的。然而，要看到的是，这场运动并没有悄无声息地结束并进入历史故纸堆。2003年和2005年的信息社会世界峰会就是坚持斗争的明证，市民社会和非政府组织能发挥多大作用，让我们拭目以待，但不能忽视国家仍是最基本的国际政治单位这一事实。

① 转引自徐培喜、郭镇之：《全球媒介改革运动的实践家——卡拉·诺顿斯登及世界信息与传播新秩序运动》，《中国传媒报告》(中国香港)2007年第2期，第10页。

第六章　全球化与媒体政策

无论制定和执行的主体是国家、公共机构，还是国际或超国家组织，媒体政策具有强制力，一旦获得通过和实施，就对整个媒体运行产生强烈而深刻的影响。媒体政策的影响力往往只局限于以国家疆界为限的范围之内，因此，关于媒体政策的讨论注定绕不开民族国家的活动。另一方面，政策的演进具有连续性，在全球化的年代，那些曾经影响媒体政策的因素或者依然存在（如民族国家），或者已经消失（如世界信息与传播新秩序运动），新的因素逐渐浮现。在现实中，一个国家的媒体政策已经不能够单纯由国家一方势力来确定，在那些跟国家势力博弈的各方因素中，技术的作用尤为突出。技术决定论的态度固然失之简单，但是我们需要承认，当代很多情况下，技术的确能够挑战和变革媒体政策。如果说，我们对于当下媒体政策的理解跟五十年前有了什么不同，那么最大的差别就在于，我们已经不能脱离技术因素来谈媒体政策。一个很明显的事实是，很多国家经常针对不同的本国媒体奉行不同的政策，如印刷品、无线广播、有线广播、卫星电视、电信传播、互联网等等。有时候，不同媒体的政策还可能存在着冲突，这些矛盾之处恰好说明了技术因素对于当下媒体政策的影响。

第一节　全球化与媒体政策的演进

被施拉姆奉为“传播学四大奠基人”之一的拉斯维尔是政治学家，他的“5W”模式和“三功能说”经过施拉姆的推广和宣传，早已深入传播研究者人心。然而他关于媒体政策的看法则少为人关注，在 1951 年，他写道：“‘政策’远离任何跟政治世界有关的令人不快的隐含意义，真实的政治世界往往意味着党派偏见或腐败。”[①]他的话明显体现出了当时美国学者的普遍态度，媒体政策——尤其是制定媒体政策——是一个有着自身发展规律的中立过程，应该把它跟肮脏

---

① 参见 Paula Chakrarartty and Katharine Sarikakis, *Media Policy and Globalization*, Edinburgh: Edinburgh University Press, 2006, p. 4。

的现实世界区别开来。

如同美国主流传播研究认为学术不关乎价值和利益一样，媒体政策研究也不关心国家控制和权力这些话题。根据1934年电信法案成立的联邦通信委员会（The Federal Communications Commission—FCC）是美国最主要的媒体监管机构之一，起初它负责监管电报、无线广播和无线电视，以后又逐渐加入了有线电视、卫星电视和电缆，主要工作是制定行业标准和准入资格，监管洲际和国际媒体关系，协调各地区和各部门的关系。它包括五名委员，委员们由总统提名，经国会批准，任期五年，其中最多三名委员来自于同一政党，它被看成是一个独立机构，直接对国会负责，不受政治利益——政党和总统——左右。以这种监管现实为经验，拉斯维尔认为媒体政策是"中立的"、非政治性的研究对象，不会让人太惊讶。

然而通过对媒体政策的历史考察，我们会清晰地看到，大多数时候，媒体政策的变革和演进伴随着政治权力、国家、市场、技术的相互作用，脱离这些因素单纯讨论媒体政策的演进，假设媒体政策在无历史的真空中进行，既不是现实情况，也没有意义。

19世纪30年代出现的便士报标志着真正的"大众媒体"（即大众能够普遍接触媒体）时代的来临，从那时起，直至今天，我们将媒体政策的演进大致分成三个阶段：(1) 19世纪中期至第二次世界大战；(2) 第二次世界大战至20世纪80年代；(3) 90年代至今。在第一阶段，印刷媒体是媒体政策的基本关注对象，在争取和确立新闻自由普遍原则的斗争过程里，限制和保护新闻自由的主张多次反复体现在国家的媒体政策里，然而，当时的国家普遍缺乏关于媒体发展的长期可行性规划，一幅常见的画面是，媒体领域内新出现某个问题，国家参与，制定短期政策以解决问题，再出现一个新问题，国家再通过一项政策来应付，除了国际电信联盟（International Telecommunication Union，1934年正式成立，前身为1865年成立的国际电报联盟）之外，当时也缺乏国际层面上的媒体政策来介入国家政治生活。考虑到全球化进程在21世纪进入起飞和加速阶段，下面主要讨论后两个阶段媒体政策的演进。

一、冷战时期的全球媒体政策

二战结束后，国际政治领域内正式形成美苏对抗的冷战局面，在联合国这样的国际组织内部，两大阵营的对抗无处不现。这种对抗自然也体现在学术研究里。1956年出版的《报刊的四种理论》比较了美国和苏联两种新闻体制的差异，以私人所有的商业媒体为主的美国新闻体制，跟由国家拥有和控制媒体的苏联模式，在言论自由和国家主权问题上针锋相对。美国媒体政策保护个人的言论自由，反对国家干预；苏联媒体政策主张维护国家主权独立和完整，反对消极的言论自由。

二战后的西欧和美国普遍奉行凯恩斯主义，即国家更多地干预和调节经济活动，为公民提供更多福利。媒体政策也遵照了这一逻辑，面对新兴起的电子媒体，西欧、加拿大和澳大利亚普遍建立了公共电视体系（这些国家都没有对报纸实行公共所有制），代表公众利益的国家而非私人公司拥有电视媒体，国家并不直接干预公共电视的日常业务活动，而是通过补贴和预算等手段实施间接控制。美国坚持私人公司拥有电子媒体，但是联邦通信委员会通过各项政策有效地控制了私人资本在大众媒体领域内的集中和垄断，比如规定一家电视公司拥有全国电视观众的上限为25%，禁止同一家公司在一个城市既拥有电视又拥有报纸，禁止同一家公司同时经营电话和电视业务等等。虽然公共电视和商业电视有着很大不同，然而在实际操作中，它们至少有一个共同点，即工作队伍稳定，基本上是终身雇佣制，稳定的职业前景使得新闻从业人员成为既定利益获得者，他们更加认同现状，倾向于维持自己的稳定福利和收入，而不是挑战现状寻求变革，因此，二战后，西方国家的大众媒体渡过了一段相当长的稳定时期。

两种意识形态的对抗使得第一世界和第二世界分裂成两大阵营，1945—1963年共有48个国家新独立，第三世界国家在数量上已经超过了第一和第二世界，面临着要么加入某一个阵营要么保持中立的选择。虽然选择了跟第一或第二世界相同的经济制度，然而第三世界仍不愿意再次充当发达国家的盟友，1956年发起、1961年正式成立的不结盟运动就是冷战背景下的产物。第三世界的迫切任务是将国家从前殖民地的分裂和落后状态中拯救出来，社会整合和发展成为它们普遍追求的目标。在这一过程里，媒体被认为能够起到积极的推动作用，正如美国学者勒纳在《传统社会的消逝：中东的现代化》（1958）一书里所总结的那样，大众媒体的普及能够提高国民的识字率和公共事务参与热情，推动城市化进程，使得个人突破传统观念的束缚，摆脱思想封闭和懒惰，勇于接受新事物和新观念，从而加速现代化进程。施拉姆在《大众媒体与社会发展》中也认为，媒体能够发挥教育和培训的角色，教会人们掌握新技能，同时把人的注意力吸引到特定问题上来，开拓眼界，提高期望，树立更高的发展目标。然而，无论是“传播与发展”流派的第一代学者，还是联合国教科文组织、世界银行、国际货币基金组织这样的国际组织，当他们讨论第三世界国家的媒体问题时，都假设了一个线性的发展道路，即今天的发达国家是第三世界学习和追赶的榜样，第三世界发展的目标是变成跟发达国家“一样好”的国家，建立在西欧和美国经验基础之上的现代化(或者说西方化)成为第三世界必须经历而且唯一可行的发展道路。消除传统价值观的影响和创造新的现代化公民,是大众媒体对于现代化目标的贡献,然而没有人(包括第三世界国家自身)彻底反思和清算过殖民地统治遗留下来的政治和思想遗产,落后的根源在于殖民主义,不平等的根源在于不公正的国际政治和经济体系,如果没有国家的政治改革和经济改革,即使媒体新技术多么普及,发展中国家也无法实现有尊严的独立式的发展。可以预见的是,当第三世界重复西方经验的发展道路出现困难和瓶颈时,这种线性发展观必然遭到质疑和否定。

在第三世界的争取之下,60 年代成为联合国“发展的十年”,国际社会的共识是“发展”。1961 年,肯尼迪就任总统,在一次讲话中,他说:“今天保卫和扩大自由的伟大战场是……亚洲、拉丁美洲、非洲和中东,这些地区人民正在日益觉醒。”①同一年,赫鲁晓夫公开宣扬,亚非拉是反帝国主义革命战争的中心。美苏对第三世界的争夺日趋激烈。根据 1961 年《对外援助法案》,美国成立了国际开发署(the United States Agency for International Development—USAID)专门负责对第三世界的援助,对外援助目标从发展军事力量转向发展经济、提高公共健康水平和促进民主。受到这一背景支持,“创新的扩散”研究者来到第三世界,观察在没有政治革命和土地革命的情况下,新技术的扩散如何促进社会进步。在促进社会发展的大目标之下,美国和西欧的媒体公司也带着新电信设备和新媒体技术来到了第三世界,第三世界向美国和西欧开放了媒体市场,然而这种开放并没有带来研究者所期望的社会进步。

《对外援助法案》内容之一是规定由国际开发署协调美国私人企业参与对外援助。70 年代,国际开发署为美国企业提供担保和贷款,帮助他们进入巴西刚刚出现的电视市场。然而,1964 年经由军人政变上台的威权主义政权将媒体发展纳入威权统治,不允许那些容易导致社会运动和社会不稳定的电视节目播出,只允许在维持现有政权的前提下发展电视产业,实行严格的新闻审查,加强媒体监管。在美国的技术援助和经济援助之下,巴西电视走上了商业电视之路。如果说,在美国这样已经成熟的发达国家内实行商业电视模式并不会对民主造成根本性破坏的话,那么在巴西这样经济落后的国家内推行商业电视模式,在现实中只会导致阻碍自由和民主进程。第一台电视机出现在巴西的时候,被视为高档产品,只有富人才能够负担起电视机和看电视的费用,穷人买不起电视机,电视台为了吸引富人观众,播放适合他们口味的节目,很少播放有关教育、社会

① 参见小阿瑟·施莱辛格:《一千天:约翰·菲·肯尼迪在白宫》,三联书店 1981 年版,第 387 页。

公正、提高政治参与的节目,因此电视在巴西的扩散只给少数人带来了好处,大多数人的利益被牺牲掉了。新技术扩散的后果不是普遍参与,恰恰相反,少数人获益。在冷战背景下,只要巴西这样的发展中大国不倒向苏联,只要开放国内电视市场有利于美国公司开拓海外市场赚取利润,美国就对其内部的威权政体视而不见,甚至转而支持威权政府对国内民主力量的镇压,比如1973年美国支持智利军人发动流血政变,推翻亲苏联的民选政府,扶植军人独裁统治,取消一切国内政治活动,执行严格的言论审查。臭名昭著的独裁者,如菲律宾的马科斯、印尼的苏哈托和伊拉克的萨达姆(20年后的历史真是讽刺),都曾经是美国对外援助的宠儿。很明显,这种发展脱离了西方经验的西方化道路,也背离了发达国家和研究者的初衷,因此,包括"创新的普及"重要学者罗杰斯在内的学者们转变立场,开始思考单纯依赖技术进步推动社会进步这种发展思路的缺陷,质疑以西方经验为模板的现代化发展道路的有效性和正当性。

来自西方国家(主要是美国)的电视和电影节目大量引进,交易总额飞速上升,引起了第三世界的不安。60和70年代,国际传播领域内最激烈的斗争是有关世界信息与传播新秩序的斗争(详见第五章)。虽然这场运动以美英退出联合国教科文组织、致使该组织经费不足而陷于瘫痪告终,然而,它至少表明了,在媒体领域内,发展中国家不再遵循发达国家所规划的目标和模式,开始探索自己的独特道路。

世界信息与传播新秩序运动失败的原因很多,其中关键一点是第三世界内部的分化,追随美英脚步也退出联合国教科文组织的国家只有新加坡,近年来英国和美国陆续重返教科文组织,然而新加坡至今都不是教科文组织的正式成员国。第三世界的分化出现在70年代中后期。东亚"四小龙"崛起,出口导向的经济结构带动了整个东亚地区的发展,盛产石油的海湾国家经过1973年和1978年两次石油危机积累了大量财富,除了这两个地区,其他第三世界国家普遍处于经济不景气状态。70年代中期开始,为了促进工业化发展,拉美和非洲国家大规模借外债,到了80年代,普遍陷入债务危机。根据国际货币基金组织的统计,1973至1982年,第三世界里非产油国家的债务总额从1031亿美元增加到8420亿美元,1982年,拉美国家外债总额为3313亿美元,非洲国家外债总额为1226亿美元,二者合计占到了第三世界国家债务总额的54%。这一时期,西方国家普遍采取高利率政策以缓解国内高通货膨胀现象,反过来又加剧了拉美和非洲的债务负担。1981年,墨西哥到期的债务本息合计268亿美元,墨西哥无力偿还,要求外国银行准许延期支付,遭到拒绝后,1982年,墨西哥宣布无限期关闭兑汇市场,暂停偿还外债。债务危机迅速波及巴西、阿根廷、秘鲁等国家，近40个发展中国家要求重新安排债务以避免发生债务危机。对于拉美国家而言，80年代是“失去的十年”，人均教育经费从1980年的91美元降至1985年的66美元，拉美国家用于公共卫生、教育、基本食品补贴等方面的开支减少了30%，穷人受到的冲击尤甚于富人，通货膨胀加剧，人民生活质量下降，社会动荡不安。

80年代，苏联和东欧国内经济出现困难，冷战接近尾声。两次石油危机导致发达国家出现高通货膨胀、高失业率、低经济增长局面，凯恩斯主义对此无能为力，福利国家破产，英国的撒切尔政府和美国里根政府纷纷转向新自由主义，反对政府干预，缩减公共开支，消除通货膨胀，贬值本国货币。债务危机和暴露出来的腐败丑闻使得危机国不得不依赖发达国家的力量以渡过难关，西方国家不再相信第三世界国家的政府的能力，转而在拉美和非洲推行以私有化、市场化和反对政府干预为特征的新自由主义政策，希望第三世界国家通过经济增长来偿还外债，以利率自由和外汇交易自由为特征的金融自由化浪潮更进一步把第三世界推向西方国家的怀抱。媒体领域也概莫能外，要求取消国家对媒体产业的管制和保护、取消媒体投资和贸易壁垒、降低政府用于公共电视的开支的呼声越来越高，发达国家和发展中国家纷纷转向新自由主义媒体政策。

二、新自由主义媒体政策的转向

20世纪80年代，媒体领域内发生的一件意义重大的事件是关贸总协定乌拉圭回合谈判（1986—1994）将服务业纳入谈判议程，此后北美自由贸易协定、亚太经合组织、欧洲联盟等超国家组织也循此前例，将服务业纳入政策范畴。以前，关贸总协定主要关注工业制成品，在世界贸易组织成立（1995）之后，除了传统的新闻领域，大众媒体所包含的很多领域都受到乌拉圭回合谈判的影响，包括电信和电视设备、电影和娱乐产品的进出口贸易、电子数据库服务、互联网技术设备和接入服务、广告业、公关业等等。关于服务业，乌拉圭回合谈判确立了几个基本原则——自由投资、产品自由流动和保护知识产权，这些充分体现了新自由主义解除国家管制（deregulation）的思路，对媒体产业有着深远影响。作为一个独立于联合国的永久性国际组织，世界贸易组织拥有一定的权力，比如对成员国实施贸易制裁，而且要求成员国的国内政策不能与世贸组织的协定相冲突，这意味着国家更难以推行独立的不受外部干预的媒体政策。当然世贸组织也不是万能灵药，2003年墨西哥坎昆部长级会议上各国未能达成一致意见，首次遭受失败，此后，世贸组织内部关于产品自由流动和国家监管的争论就没有停过。

70年代，第三世界国家对外维护国家主权独立完整和重新分配传播资源，对内追求媒体服务于大多数人和公民普遍接近媒体。然而,新自由主义媒体政策不再看重这些,维护国家主权和追求经济增长这两个目标看似水火不容,发展中国家只能二者选一。在国内和国际市场上自由竞争的压力之下,国家对媒体的充分管理被让渡给跟各种私人资本和非政府独立机构的合作。国内和国际媒体政策的界线开始模糊,各种超国家和地区性国际组织所通过的协议、公约、协定但凡涉及媒体产业,必定主张文化产品贸易的自由化、国内媒体市场的完全开放、保护知识产权打击盗版。在发达国家的压力和示范下,发展中国家被迫或主动开放国内媒体市场,卫星电视、互联网和手机这样的新兴媒体领域取代传统媒体成为国外投资的首选目标。由于发达国家在新兴媒体领域内占据了技术优势,凭借着技术优势和资金优势,发达国家将本国模式再一次输入到发展中国家。

从封闭到放开本国电视市场,印度的个案生动地体现了发展中国家如何从公营/国营电视走向私营电视模式。在这一过程里,本国政治经济环境与国际因素交织,加上技术进步的普及,使得开放和竞争几乎成为发展中国家必然的选择。1947 年第一次印巴战争爆发,西方媒体基本站在巴基斯坦一边,印度认为受到了不公正报道,埋下了对西方媒体的深深不信任。印度是一个多种族、多宗教的国家,政府相信,一旦放开国内媒体市场,有可能导致国内印度教徒和伊斯兰教徒更多的冲突。为了维护社会稳定,跟经济上奉行独立自主政策相似,在媒体监管思路上,印度政府也实行国有制,1955 年通过了一系列政策,禁止外国投资进入一切媒体领域,也禁止本国私人企业进入广播电视业和电信业,但是同时允许私人企业经营印刷媒体和电影工业。1959 年印度国家电视台开播,市民必须持有效凭证才能购买电视机,禁止进口电视机,电视机价格居高不下,成为普通人难以承担的奢侈品,导致电视业发展缓慢,1982 年才开播彩色电视,即使 1975 年印度曾经试播卫星电视,但是长期以来,印度人的电视机只能收看一个国家电视台。

苏联解体后,国际环境发生了不利于印度的转变。在国内,通货膨胀、贸易逆差和财政赤字扩大,内外因交织,终于在 1991 年爆发了自独立以来印度最严重的经济危机。新政府临危受命,改革国内经济体制,将原来的国有部门纷纷进行私有化改造,允许私人开办银行,降低关税,向外国资本开放了诸如石油和电力这样的原本国家垄断的行业。电视领域内的商业化转型与此同步。1990 年《印度广播电视公司法》把国有电视台改组为拥有独立人事权和财务权的公司,国家不再拨款,由电视台自负盈亏,并允许私人资本进入电视业。由于有线电视业进入门槛低、利润丰厚(更容易针对高收入人群播出特定内容节目和吸引广告商)，因此私人资本和国外资本几乎都集中在有线电视业，对无线电视兴趣寡然。这直接造成了直至今天，印度国家电视广播公司在无线领域内的优势地位。然而，在有线电视领域内，私人资本和外国资本独领风骚。1992 年开播的 Zee 卫星电视台由本国资本家创办，1996 年收视率就超过了印度国家广播电视公司，经过十几年运营，已经发展成为全国频道最多、收入最高的卫星电视台，甚至在非洲和美国落地播出。

1994 年默多克的 Star TV 进入印度，发展成为最成功的外国卫星电视频道。然而，面对外国投资者，印度政府的态度是复杂的。2003 年，政府规定，电视频道中外国资产不能超过 26%，频道所有重要部门的管理人员和至少四分之三的董事会成员必须是印度人。这些规定暴露了政府对外国资本的不信任，这跟之前允许外国资本自由进入电视业的规定存在着明显矛盾之处，可以看成是对新自由主义电视政策的一次逆转。外国资本并不甘心就此削减自己在印度电视市场上的份额，于是关于新规定的斗争仍在继续之中。

90 年代以来，印度电视政策的新自由主义转向，直接带来了本国电视市场的繁荣，仅仅 1991 年印度就出现了 3450 个有线电视台，目前保留了大约 250 个有线电视频道，电视覆盖了全国 90% 的人口，远远超过 1991 年之前的发展速度。然而，电视业飞速发展的背后是不均衡发展，城市和乡村、高收入人群和低收入人群所接触的电视节目的时间和内容在不断拉大差距，新兴的有线电视业基本上集中在少数几个大城市，孟买可以收到 90 个电视频道，一般小城镇只能收到 20 多个频道，占人口 90% 的普通受众只能收到 12 至 16 个电视频道。①

在发达国家内部，福利国家监管媒体的模式逐渐成为过去式，公共开支和政府开支的缩减减弱了国家管理媒体的能力，国家普遍奉行解除管制思路。美国 1934 年电信法规定，给非营利组织保留四分之一频道，然而等到了 1996 年电信法，就变成了在大多数城市里只给非商业电视台保留一到两个频道。

80 年代以来，欧洲曾经流行的公共电视广播模式面临巨大挑战。在撒切尔政府上台之后，摆在英国广播公司面前有三条路供选择。第一种，单一依靠政府财政拨款，不得接受其他渠道的资助，这种方式能够保证电视节目的高质量和公共性，但是现实情况是，英国政府不断缩减英国广播电视公司的经费预算，单一经费来源会使得电视台不得不压缩频道和播出时间，从而降低市场份额和收视

① 参见刘琛：《全球化背景下的跨文化传播——印度电视传媒变迁研究》，外语教学与研究出版社 2007 年版，第 285 页。

率,社会影响力下降。一边是影响力下降,一边是经费预算高度依赖政府,这一现状对公共电视能否有效监管政府,提出了更大挑战。第二种,部分依靠政府拨款,同时通过其他渠道(如广告)获得利润,这样做,将会使公共利益和市场利润之间的紧张关系在公共电视台身上表现得更加明显。政府拨款意味着高质量的、满足公共利益的媒体内容,这往往跟商业利润发生冲突,一旦这种情况成为现实,那么公共电视台可能每时每刻都不得不做出分裂自己的选择。第三种,依靠致力于公共利益目标的私人机构捐款,这样一来,电视台可以坚持公共利益的高质量节目,却不能保证稳定的收入来源,也不能就自身发展和节目建设做出长远规划。

最后,英国广播公司做出了第一种选择,与此同时,英国政府放开了国内电视市场,随着卫星电视和有线电视的普及,商业电视台对英国广播公司过去几十年来保持的垄断优势地位发出了强有力的挑战。竞争当然不全是坏事,没有引入竞争之前,英国广播公司也存在着人浮于事、节目缺乏创新、受政治干预过多、对英国政府颂扬多批评少这样的问题,然而,自由竞争也带来了节目质量下降(低俗化和小报化)、人员流动频繁等问题。

在新兴媒体领域内,新自由主义监管思路表现得尤其明显。无论是欧洲美国,还是亚非拉,除了少数国家,新兴媒体领域几乎无一例外地选择了私人拥有的商业媒体模式,这意味着国家对新兴媒体的监管更少干预也更少。在超国家组织和私人资本的双重压力下,国家作为公共利益代表者的角色被严重削弱,更多地扮演起利益调节者的角色。垄断资本和跨国公司取代了往日的国家监管,成为影响媒体政策的一支重要力量。以前,国家负责制定媒体硬件的技术标准、培训专家、协调行业利益,现在,这些工作已经或多或少甚至全部交给私人公司承担。

80 年代以来,经过美国和英国的大力推广,新自由主义横行全球,然而,新自由主义并非无往不胜。新自由主义推行最彻底的时期,也正是国家之间和一国内部社会不平等急剧增长的时期,国家监管能力下降,市场化和私有化渗透进经济生活里,却导致了反民主的结果,垄断性的全球媒体公司的势力日益膨胀,公司兼并和整合的规模越来越大,曾经期望的信息自由和言论自由却成为私人公司赚取利润的挡箭牌。以新闻自由指标来衡量,美国的一家 NGO“自由之屋”(Freedom House)发现,新自由主义并没有提高全球的新闻自由程度,顶多只是维持了现状。

表 6-1　全球新闻自由程度的趋势

	1983/4	%	1994	%	2004	%
有新闻自由的国家	36	19.5	67	34.9	73	37.8
有部分新闻自由国家	58	31.5	69	35.9	49	25.4
没有新闻自由的国家	81	43.8	51	26.6	71	36.8
无法获得信息的国家	10	5.4	5	2.6	0	0
国家总数	185	100	192	100	193	100

资料来源:参见 Kai Hafez, *The Myth of Globalization*, translated by Alex Skinner, Cambridge, UK: Polity, 2007, p. 150。

有利于跨国资本扩张的新自由主义加剧了第三世界的贫困。以拉美为例,2005 年,拉美地区贫困人口高达 2.27 亿,占总人口的 44%,极端贫困人口占总人口的 20%,1% 的富人控制着整个拉美地区总财富的 42.3%,拉美是全球贫富差距最严重的地区。2002—2006 年,经过选举,左翼政党执掌了南美洲 13 个国家中的 9 个国家政权,左翼政府纷纷推行国有化,将重要的能源和战略产业收归国有,制定经济发展规划,干预经济发展,以减少贫富差距为重要目标。新自由主义最坚定的支持者右翼政党遭遇惨败,拉美集体"向左转"成为新世纪里国际政治领域里的一件大事,标志着新自由主义在第三世界的失败。不仅是第三世界国家,就是发达国家,政府对媒体的监管和控制也在加强,新自由主义媒体政策正在退出。一方面,传统的政府补贴和贷款、推动信息技术出口、推动知识产权保护等手段重新回潮,另一方面,变化的国际形势要求重新确认国家的职能。"9·11"事件之后,"反恐"成为美国政府对外政策的重要内容,打着反恐战争的旗号,美国通过了争议不断的《爱国者法案》,政府可以窃听国内普通公民的电话,监视普通公民的居所,在公共交通工具上采集旅客信息用于筛选恐怖分子,扩展 DNA 和个人身份信息数据库以避免漏网之鱼,像半岛电视台这样跟美国政府意见相左的外国媒体被扣上"传播恐怖主义"的大帽子,它在美国市场上的发展也受到严重限制,这些在上个世纪末期想都不敢想的对言论自由的粗暴干涉,竟然在短短几年之后,就成为现实。新自由主义虚伪的一面,在现实面前暴露无遗。

第二节　新自由主义与电信政策

历史地看,每当一个新媒体技术出现并且进入社会生活,都会伴随着一个关于技术创新的神话,人们假设新媒体会产生巨大的威力,并且在技术进步和社会进步之间建立起乐观的因果联系。当电话、无线电报、无线广播、电影、电视、互联网依次进入我们的生活时,这种对新媒体技术的乐观看法从来就没有停止过。然而,将一切技术看成是隔绝于意识形态之外的东西,无视政治和经济势力对技术革命的影响,这种技术决定论的乐观未免显得过于天真,如果将一切发展问题都归结于技术问题,那么这个社会就不会充满那么多风险和不确定性。

在电信领域内,二战后世界各国大致上经历了从公共或国家监管走向私有化的政策转变。自80年代以来,新自由主义不遗余力地向发展中国家推销自己的理念,它所鼓吹的技术决定论和私有化一度成为政策主流。1984至1999年间,国际电信联盟189个成员国中已经有一半从公共或国有电信体制转向私有制,据估计价值2500亿至1万亿美元的国有电信产业被卖给了私人公司①。1997年2月,世贸组织通过了《基础电信协议》(the Agreement on Basic Telecommunications),并于1998年1月1日起正式生效,涉及对象包括电话、数据传输、电报、传真、移动通信、卫星通信、个人通信等服务,该协议的主要内容是各缔约国承诺部分或全部开放国内的基础电信市场给其他国家。基础电信协议的生效,是新自由主义媒体政策的生动体现,同时也使关于电信产业私有化和自由化的争论达到顶峰。

一、公共/国家监管模式下的电信政策

凭借电子技术的进步,在不同地点之间迅速和廉价地传递大量信息,这就是电信产业,它覆盖了各种远距离通讯方式,如无线电、电报、电话、电视、数据通信以及互联网通信等。19世纪70年代,第二次工业革命带领人类进入电气时代,新交通工具和通讯手段层出不穷。1844年莫尔斯拍出第一份电报,1876年贝尔发明了电话,1895年波波夫和马可尼分别发明了无线电报机。直接得益于工业革命而催生的电信产业,从一开始就很容易落入技术决定论的论调里。然而,跟印刷媒体不同,电信产业刚开始产生就被认为应该加以约束和管制。以电话为例,一个电话网的用户越多,那么这个电话网的价值就越高,不同用户通过交换器被联系在一起,如果电话线路出了问题(比如容量不够或通话质量下降),那么所有用户(而不是某些个人)的利益都会受损,因此,所有用户有着相同且平等的利益需求,电话的技术进步和行业发展应该增进每个用户的利益,一个电话

① 参见 Robert McChesney and Dan Schiller, "The Political Economy of International Communications: Foundations for the Emerging Global Debate about Media Ownership and Regulation," Technology, Business and Society Programme Paper, Geneva, Switzerland: United Nations Research Institute for Social Development, 2003。

用户的利益得到满足，并不以他人利益受损为代价。

印刷媒体和电信产业都被认为是公共产品，但是，除了党报之外，这个世界上并不存在“公共报纸”这种东西，大部分国家一直采取私人拥有和经营报纸的模式，并且这种模式没有因为民族独立运动和冷战结束而有丝毫更改。跟印刷媒体相比，电信产业的命运更加曲折多变。二战后，新独立的前殖民地国家大都采取了国家所有制形式来发展本国电信产业。做出这种决定的原因，既有对于驱赶殖民者、维护国家主权的考虑，也是遵循各国电信产业普遍服务（universal service）原则的习惯，更是发展电信产业的现实选择。

建设电信网络需要大量金钱和人力物力，而且很多经济落后地区的电信业基本上全部赔钱，私人投资者不愿意进入，因此，刚独立的发展中国家只能选择国家投资和建设，由国家向所有公民提供平等的标准化的服务。为了避免落后地区掉队，大部分国家都实行交叉补贴政策，从一个领域内获得的利润被用于填补另一个领域内的亏损，常见的是城市补贴乡村、长途通话补贴本地通话、电信补贴给邮政（当时在很多国家，电信和邮政由同一个政府部门来监管）。

不仅仅是发展中国家，就是很多发达国家，如英国、德国和日本，也实行公有制，一家巨无霸式的国有公司垄断了全国的电信网络，从铺网、设备制造到出售服务给消费者，几乎由国有公司一手操办，国家制定电信产业政策，由国有垄断企业来执行，国家通过立法和税收手段强化了垄断而不是鼓励自由竞争。即使在美国，私人公司美国电报电话公司（AT&T）也垄断了全国电信市场，然而联邦通信委员会多次要求它承担社会责任，提供所有人在经济上都能够负担得起的电信服务。无论是公有制，还是私有制，普遍服务和共享资源的理念深入电信政策的核心，这也是国家监管的电信模式最有价值的思想遗产，当新自由主义对这种模式提出挑战时，实践证明，新自由主义政策恰恰是在这一点上受到的批评最多。

当时，最重要的国际电信组织是国际电信联盟，它于1865年由20个欧洲国家共同建立，1947年成为联合国的专门机构之一。冷战时期，发达国家和发展中国家关于广播频率分配和卫星轨道位置发生了严重冲突。虽然迄今为止掌握卫星发射技术的国家仅仅是少数，大多数国家都没有属于自己的卫星，但是发展中国家仍旧担心发达国家侵占了在未来属于自己的卫星轨道。在这一阶段，国际组织不成气候，联合国经常成为美英两国争霸的工具，国际电信联盟无力协调发达国家和发展中国家之间的冲突，于是转向关心技术标准问题，对各国的电信政策并无实际影响。直到70年代末期，国际电信联盟世界电信日的口号还停留在“电信与气象”（1975）和“无线电通信”（1978）层面上。

国家所有制或国家主导的电信政策有其优势，它保证了弱势群体和落后地区能够使用电信服务，也保证了电信政策的稳定性，然而进入70年代，世界形势的变化对这种监管思路提出了挑战。

国家监管带来的首要弊端是电信产业的普及程度不高。以电话普及率这项指标来考察，很多国家并没有实现电信产业的大发展。到70年代中后期，很多发展中国家的电话普及率不足1%，全世界的电话普及率不足10%，在很多国家中，电话仍然是奢侈品，发达国家的情况并不比发展中国家好多少，铺设新电话网的速度缓慢，通话费用居高不下又进一步阻碍了电话的普及。具有讽刺意味的是，让所有人享受电信技术进步的好处，这是国家监管电信产业的逻辑前提，然而现实中，大部分人却没用过电话。

造成普及率不高的深层原因在于国有企业效率低下，这是垄断带来的另一个显而易见的弊端。电信公司政企不分，机构臃肿，尾大不掉，官僚气十足，关于电信部门服务态度恶劣的投诉在各个国家屡见不鲜，行业腐败丑闻时有发生；垄断造成无论哪种所有制下的电信公司都几乎实行终身雇佣制，从业人员缺乏发展动力，国有企业里每条电话线的平均雇员数远远高于私人公司里的水平；交叉补贴政策使得那些被补贴的领域长期没有活力，增长缓慢；技术革新速度缓慢，电信基础设施建设停滞，落后的通信网络拖累了经济发展，从1950年到1980年，电信行业最重要的技术革新是通信卫星和程控电话交换机相继投入使用，但是，直到1980年之后，这些技术才被有效推广。

进入70年代，两次石油危机给大多数发达国家造成了财政危机，通货膨胀和经济停滞并行。同时，发展中国家爆发了严重的债务危机，拉美和非洲经济面临严重危机，只有依靠外部力量——即发达国家的帮助——才能渡过危机，只有东亚和少数新兴市场国家保持了增长势头。这一切造成了对国家在电信领域内的角色的重新思考，当新自由主义通过私有化手段引入市场竞争、刺激经济活力、减轻国家负担、限制国家控制的时候，电信产业也首当其冲地面临着政策思路的转变。

二、新自由主义电信政策的转向

伴随着1979年撒切尔和1980年里根在英国和美国相继上台，两国政府开始了一系列改革措施，其核心是解除国家对经济活动的管制，推行私有化和自由化的产业政策，取消贸易壁垒，推动资本、技术和服务的自由流动。对于电信产业来说，满足个人用户的个性化需要被置于国家推行的集体式的产业发展战略之上，消费者权利优先于普遍服务模式，国有企业不再是公共利益的捍卫者，而是个人利益的侵犯者;交叉补贴政策被认为有悖于市场经济,利润率不同的各个领域应该一致开放给自由竞争,由市场来决定各类电信服务的价格而不是国家定价;既然资本的跨国自由流动体现了市场的自发要求,那么跨国电信公司进入他国的限制措施应该全部取消。

在新自由主义的逻辑之下,主要发达国家的电信产业都经历了邮政和电信分开、公司化、股份制改造、去垄断化和对外开放这些阶段。1984 年,AT&T 垄断了美国本地和长途通话业务以及设备制造的 90% 以上市场份额。根据反托拉斯法,美国司法部正式拆分了 AT&T,新的 AT&T 公司专司长途通话和附加值业务,分出来的七个电话公司分别负责不同地区的本地通话业务(即贝尔七兄弟)。1985 年,英国电信 51% 的股份被售与私人。1985 年,日本成立了新的日本电信电话株式会社(NTT),引入私人资本,两年以后在东京证券交易所上市。1989 年,德国邮政总局被拆分成三个各自独立的企业,1995 年股份制改造之后,成立了新的德国邮政银行股份公司、德国电信股份公司和德国邮政公司,1996 年德国电信公司在纽约、东京和法兰克福三地证券交易市场上同时上市,出售 26% 的股份,成为欧洲历史上最大规模的首次公开发行股票(IPO),1998 年德国电信市场对本国私人资本和外国资本全面开放。

新自由主义电信政策的好处显而易见,它带来了电信普及率的飞跃式增长,繁荣了电信市场,克服了国家垄断模式的效率低下和技术创新滞后的弊端,给消费者带来了实惠,比如长途通话费用大幅度下降,消费者能够享受到量身定做的个性化服务,新通信手段(如移动通信)带来了便利性。根据国际电信联盟的统计数据,2000—2005 年期间,主要固定电话线在全球范围内以每年 5.3% 的速度增长,每百人所拥有的电话数以每年 4.0% 的速度增长,这远远超过了 80 年代之前的缓慢发展历史。移动通信领域内的表现超过了固定电话,1995—2000 年期间,全球手机用户的年平均增长速度高达 52.1%,2000—2005 年期间的年增长速度放缓至 24.6%,但是每百人中拥有手机的人数从 2000 年的 12.11 人提高到 2005 年的 34.28 人,手机用户占电话用户总人数的百分比也从 2000 年的 43.1% 上升到 2005 年的 63.8%。

在拍卖电信服务牌照和出售国有电信企业时,只有那些实力雄厚的垄断资本才能够竞标成功,比如 1998 年巴西电信的售价大约为 188 亿美元。因此,新自由主义电信政策并没有彻底消除垄断,顶多是把国家所有制的垄断模式转换成了私人公司垄断模式,其后果也并非全然乐观。经济学家已经证明,本地通话市场的自然垄断强度最高,长话市场则更有可能成为充分自由竞争的市场。AT&T 被拆分 20 年之后,人们发现,在长话市场上,没有一家公司的市场份额能超过 50%，然而美国 99% 的本地通话市场被贝尔七兄弟所垄断，2005 年，七兄弟之一的西南贝尔宣布正式收购 AT&T，重新成为美国最大的电信公司。

在当今世界大部分国家里，本国电信市场都被一小撮跨国公司所垄断，跨国公司的主要目标在于获得更高利润，因此那些潜在收益更高的市场（如城市用户和商务用户）更加受欢迎，经济落后地区和低收入人群几乎不是它们的服务对象。90 年代以来，移动通信的发展速度远远超过固定电话，在很多发展中国家，手机成为电信政策的关注热点，造成这种现象的原因，跟手机的利润率高过固定电话利润率有着直接关系。商业逻辑战胜了普遍服务模式，加剧了社会的两极分化和贫富差距。

表 6-2　全球电信产业的主要指标（1997—2006）

	1997	2000	2003	2006
电信市场收入（单位：十亿美元）				
服务	712	920	1126	……
设备	234	290	300	……
合计	946	1210	1426	……
电信服务总支出（单位：十亿美元）				
合计	177	198	215	204
其他数据				
主要固定电话线（百万）	792	975	1135	1263
手机用户（百万）	215	738	1417	2757
国际电话通话时间（十亿分钟）	81	114	141	183
个人电脑数量（百万）	325	500	650	……
互联网用户（百万）	117	390	721	1168

资料来源：http://www.itu.int/ITU-D/ict/statistics/at_glance/KeyTelecom99.html。

1984 年拆分 AT&T 被视为反垄断的经典案例，此后很多国家对邮电部门的改革都参照了这一模式。然而，10 年之后，为了迎接多媒体时代的来临，推动信息高速公路时代的建设，美国联邦通信委员会又通过了具有划时代意义的《1996 年电信法》。当年最高法院对 AT&T 的判决书明确指出，禁止电话公司开展影像传输业务，一家公司只能在本地通话和长话市场之间选择其一，不允许相互进入。随着技术革新，这些裁决在 90 年代越来越被看成是落后于时代、阻碍信息革命的法律。《1996 年电信法》的主要内容就是允许电话公司开办影像传输业务和经营有线电视（混业经营），本地通话公司和长话公司可以相互进入对方的市场，放松了对广电媒体所有制的限制，将一家公司在全美的电视覆盖率从 25% 提高到 35%，2003 年又进一步提高到 45%，允许一家公司同时拥有无线电视网络和有线电视网络。[①]

《1996年电信法》打破了电信和媒体之间的界线，其最初目的在于打破既有行业垄断、降低服务的价格，然而在实践中，当同一家公司能够同时经营无线电视、有线电视、电话、传真、互联网、电子出版、电信设备制造等业务时，就有可能成长为新的垄断企业，带来跨行业垄断的问题。事实上，《1996年电信法》实施之后，美国媒体行业内大规模的整合并购层出不穷，规模远胜于前，涉及金额一次比一次巨大，媒体公司数量越来越少，所占市场份额越来越大，电信和媒体行业洗牌的后果是造成了垄断而非自由竞争。当很多没有传媒业背景的大公司纷纷购买媒体时，它们往往将媒体视为营利工具，只考虑利润而不关心媒体所承担的社会责任。过去十几年来，美国新闻界，老板和大财团干预报道自由和社论方针的事例时有发生，令公众开始担忧新闻质量的下降和媒体社会责任感的消失。[②] 提出培养分析理论的传播学者乔治·格伯纳批评《1996年电信法》使得垄断合法化，把垄断推向全球市场。

如果说美国《1996年电信法》体现了一国媒体政策的转向，那么世贸组织《基础电信协议》则暴露了国际层面上媒体监管思路的新自由主义取向，当然谈判过程并非一帆风顺。1994年乌拉圭回合谈判结束时，大部分国家赞同将附加值产业自由化，只有8个国家同意基础电信产业自由化。又经过三年的谈判和协商，世贸组织《基础电信协议》才最终使得各个成员国同意逐步开放本国电信市场直至全面自由化，涉及电话、数据传输、手机、卫星通信等领域。对于某些对外国投资者更具吸引力的市场而言，这意味着本国电信市场将更不可能被少数公司所垄断，从而打破长期国家监管模式下一家大型国有公司的寡头垄断。对于技术发达和资金雄厚的跨国电信公司来说，它们能够更方便地开拓新市场从而获得更高利润。当然，更多竞争者的参与，使得消费者能够在不同公司间进行选择，费用更低廉，比如目前全球范围内，长途通话费从以分(60秒)为计费单位转向以6秒甚至1秒为计费单位。

跨行业垄断一定优于行业垄断吗？更低廉的服务等同于更高质量的服务吗？拜技术进步所赐，消费者选择的多样性意味着更高质量和更有尊严的生活吗？针对这些质疑，根据新自由主义逻辑而通过的《1996年电信法》和《基础电信协议》的回答并不那么令人心服口服，发展中国家的实际情况更是有力反击

① 参见郭庆光：《二十一世纪美国广播电视事业新构图——〈1996年电信法〉的意义与问题》，载《国际新闻界》1996年第6期，第5—8、18页。

② 参见展江：《1996年电信法给美国带来了什么？》，载《国际新闻界》1997年第4期，第5—8页。

了新自由主义电信政策。

三、新自由主义电信政策之下的发展中国家

80年代以来,在发达国家有意识的推动下,广大发展中国家出于减轻债务负担和减少政府开支的目的,将国有电信产业私有化,向外国资本开放本国电信市场。发达国家的国内电信市场趋于饱和,于是新兴的市场经济国家——集中在亚洲、东欧和拉美——成为以发达国家为基地的跨国电信公司追逐的目标。新自由主义电信政策的逻辑认为,私有化和去除管制能够推动电信技术革新,从而使得发展中国家跳过发达国家的现代化道路而享受技术革新的好处,呈现出蛙跳式发展。1984年国际电信联盟发表了麦特兰(Maitland)委员会报告,这份报告首次谈到了富国和穷国在电信发展方面的差异和不平等。然而,针对这一问题,报告提出的解决办法是改革国家垄断的电信产业模式,通过把电信技术从发达国家转移至发展中国家,电话普及率的提高能够直接带动经济增长。这里,技术决定论的思路再一次暴露无遗。

1986年,关贸总协定乌拉圭回合谈判将包括电信服务在内的服务业纳入议程,成员国承诺最终将削减电信产业的关税和贸易壁垒。围绕着服务业是否等同于工业制成品贸易,发达国家和发展中国家展开了激烈的斗争,最终,经过长达八年的谈判,发达国家以开放本国农产品市场和纺织品市场的承诺,换取了发展中国家对开放服务业的同意。

1994年,国际电信联盟开始授予私人公司和NGO以成员资格,为跨国电信公司影响电信政策走向提供了便利条件。目前,国际电信联盟的私人公司成员超过650个,而国家成员只有191个。以发达国家为基地的跨国电信公司游说致力于第三世界发展的国际组织,阿尔卡特、爱立信、英国电信等大公司都是世界银行和国际货币基金组织多项发展规划的重要赞助商,再加上80年代以来信息产业的发展带来了发达国家经济的普遍繁荣,这种示范效应直接推动了大多数发展中国家逐渐开放本国电信市场,引入跨国资本。也许站在一个国家的立场来考察,引入跨国资本的后果是引入了市场竞争,然而站在资本全球自由流动的立场上来考察,更应该看到的是少数跨国电信公司的全球垄断趋势被强化。

对那些实力较弱、债务负担较重的发展中国家来说,几乎丧失了跟国际组织和发达国家进行谈判和对抗的权力。为了吸引外国投资以缓解国内危机,它们被迫进行私有化改革,增加税收,维持所谓的“投资者信心”。1995年北美自由贸易协定开始生效,与美国和加拿大两个发达国家为邻,墨西哥的日子并不好过,从卫星电视到电话,电信市场的每一个环节几乎都开放给了美国和加拿大公

司。在基础电信领域内，外国资本的所有权上限是49%，然而新兴的移动通信市场不受限制，诺基亚、摩托罗拉、三星等大公司纷纷在墨西哥开设工厂，带来了就业机会和税收增加的同时，也造成了移动通信市场出现垄断趋势。墨西哥的私有化改革极其典型地代表了发展中国家媒体政策的转型道路：首先是允许国外资本进入基础电信领域，过几年后又进一步开放长途和其他附加值市场，原本垄断性的国有电信公司或者被出售给私人资本，或者进行股份制改造，或者被重组为私人公司。当政府出售国有的墨西哥电信给私人公司时，为了刺激私人公司的投资兴趣，政府承诺在七年之内维持私有化之后的墨西哥电信的垄断地位，此举直接造成了墨西哥电信在今天控制着全国90%以上的固定电话业务，拥有72%的移动电话用户，墨西哥电信的大股东卡洛斯·希利姆·赫鲁甚至超过比尔·盖茨，成为美国《财富》杂志评选的2007年世界首富。

事实上，新自由主义电信政策在发展中国家的普遍推行，带来的最积极的后果就是电话普及率的大幅度提高和电信服务质量的提高。国际电信联盟多次对比解除管制之前和之后发展中国家的电话普及率，以此论证政策改革的合理性。表6-3清楚地表明了，2000年以来，部分发展中国家的电信产业发展迅猛，远远超过GDP的增长速度，许多发展中国家的主要固定电话线路（Main fixed telephone lines）的年增长率甚至超过20%—30%，用“腾飞”来描述这些国家的发展并没有言过其实。

表6-3　部分发展中国家的电信指标（2001—2005）

国家	人均GDP（美元，2001）	人均GDP（美元，2004）	主要固定电话线路（千）2000	主要固定电话线路（千）2005	每百人所拥有的电话数（2001）	每百人所拥有的电话数（2005）
巴西	3544	3603	30926.3	39852.6	38.51	67.63
中国	833	1480	144829.0	350445.0	24.77	56.53
埃及	1544	1078	5483.6	10396.1	14.70	32.45
印度	459	635	32436.1	50176.5	4.38	12.72
墨西哥	5871	7171	12331.7	19512.0	35.83	62.26
尼日利亚	423	500	553.4	1223.3	0.86	15.06
俄罗斯	1709	2384	32070.0	40100.0	27.96	111.80
南非	2982	4576	4961.7	4729.0	35.26	81.57
韩国	11127	14283	25863.0	23905.2	115.83	130.18
土耳其	3062	5430	18395.2	18978.2	56.15	85.51

资料来源：http://www.itu.int/ITU-D/ict/statistics。

表 6-4 发达国家和发展中国家的电信指标对比(1995—2006)

发展程度	年份	固定电话线(每百人)	移动通信用户(每百人)
发达国家	1995	50	8
	2000	57	50
	2006	51	92
转型国家	1995	15	0.1
	2000	19	3
	2006	23	77
发展中国家	1995	5	0.4
	2000	9	6
	2006	15	33
最不发达国家	1995	0.3	0.0
	2000	0.5	0.3
	2006	0.9	10

资料来源:http://www.itu.int/ITU-D/ict/material/LCW190_en.pdf,p.27,"转型国家"包括中国、俄罗斯、东欧和部分亚洲国家。

但是,从另一个角度来看,伴随着电话普及率大幅提高的同时,是建设新通话网络的投资大幅增加和数字革命所带动的技术更新换代,很多发展中国家用私人垄断代替了之前的国家垄断,新自由主义所期望的竞争并没有成为现实。在自由竞争、投资增加和技术革新这三个因素中,究竟哪一个对推动电话普及有着更大贡献?国际电信联盟的统计数据从来没有考虑过这一点。因此,对于90年代以来全球电信市场的发展而言,新自由主义究竟发挥了多大的推动作用,对这个问题的回答需要更多实证数据的支撑。

当全球电信政策从国家或公共垄断转向新自由主义立场的时候,发展中国国家内部的政治和经济环境尤其凸显出国家的调节作用。1985年,巴西结束了二十多年的军事独裁统治,社会政治生活的民主化造就了活跃而成就斐然的社会运动,在巴西推行电信产业私有化政策的过程中,这些社会运动和市民社会组织扮演了重要角色。1992年科洛尔总统签署了电信产业私有化的文件,1995年卡多佐总统颁布命令,允许私人资本进入电信产业,并且废除了交叉补贴政策。这一措施的直接后果是,本地通话费几乎涨了一倍,安装一部电话的费用则涨了五倍。鉴于公民对于国有的巴西电信(Telebras)的高收费不满,1997年,巴西政府效仿当年美国司法部拆分AT&T,将巴西电信拆分为12个子公司,分别经营不同地区的本地、长话和手机业务。在解除管制的同时,巴西政府并没有放弃对普遍服务模式的追求,在向私人资本出售国有资产的时候,巴西政府附加了一系列条件，私人公司购买了电信资产，同时也就必须承担相应的社会责任。

在国际领域内，2001年起，巴西政府倡导了世界社会论坛（World Social Forum），集中全球知识分子和NGO的力量，明确反对新自由主义全球化及其制造的社会不平等。在世贸组织里，以巴西为首的G20集团反对发达国家借知识产权保护原则而享受不平等交易的果实，支持开放源软件，主张发展中国家之间的合作。然而，国际领域内反新自由主义的思路，未能充分体现在国内政策领域。腐败是拉美政坛普遍存在的一颗毒瘤，第一任民选总统科洛尔就是因为腐败而受到弹劾下台。电信产业私有化过程里也爆发了一系列腐败丑闻。1998年，巴西媒体公布了包括通信部长和国家发展银行行长在内的政府高级官员的谈话录音带，涉及如何操纵巴西电信的拍卖过程、让合意的公司以更低的价格买下巴西电信的资产。录音带公诸于世，直接导致涉案官员纷纷辞职，也加剧了社会运动和市民社会对于私有化和更广范围内的新自由主义改革的强烈不满。[①] 2002年，跟整个拉美地区"向左转"政治方向一致，左翼的巴西工人党上台执政，引起了国外投资者的信心波动。巴西政府一直没有很好地解决经济发展问题，国内贫富差距越拉越大，政府需要依赖外国资本的力量来稳定经济形势。为了稳定国外投资者的信心，巴西政府作出了坚持私有化和解除管制的政策承诺，却遭到了工会、贫民和中下等阶级的激烈反对，巴西政府面临着两难选择：谨慎的适度的私有化会造成经济更加困难，然而大刀阔斧的私有化又会失掉选民的支持。可见，虽然理念上，当下的左翼巴西政府未必支持新自由主义，然而实践中，它却无法摆脱这一政策阴影。巴西的困境充分暴露了新自由主义电信政策在全球电信领域内的强势地位，当然这一政策运作造成的负面后果，也越来越引起人们的关注。

四、电信政策的未来趋势：迈向信息社会

新自由主义电信政策带来的负面后果，最令人担忧的是贫富分化和数字鸿沟。2000年西方八国首脑会议（G8峰会）在日本冲绳召开，会议通过的《全球信息社会冲绳宪章》里，首次提出了"数字落差"（digital divide）问题：

> 消除一国之内和国家之间的数字落差，在我们各自的国家议程上已经成为重要内容。每个人都应该能够接近信息和传播网络。我们重申，我们支持正在进行中的努力，形成和推进一个整合性的策略来解决这一问题。我们也欢迎，在消除落差方面，承认实业界和市民社会的作用。动员它们的

① 参见 http://www.publicintegrity.org。

> 专家和资源是我们回应这一挑战的必不可少的方式之一。面对技术和市场的快速发展，我们将持续追求在政府和市民社会之间建立更有效的伙伴关系。①

《冲绳宪章》之后，G8 成立了数字机会任务小组（the Digital Opportunity Task Force，DOT Force），专门解决数字落差问题。在《所有人的数字机会：迎接挑战》（2001）这篇报告里，数字机会任务小组提出，应该结合私人公司、非政府组织和国际组织的力量，鼓励各类组织从事信息内容的制作和传播，提供互联网使用培训，建设免费的公共图书馆，加强基础设施建设。

在国际电信联盟的积极推动下，经过五年筹备，信息社会世界峰会（World Summit on Information Society）于 2003 年和 2005 年分两次在日内瓦和突尼斯召开。会议的目标是“建设一个以人为本、具有包容性和面向发展的信息社会。在这样一个社会中，人人可以创造、获取、使用和分享信息化知识，使个人、社区和各国人民均能充分发挥各自的潜力，促进实现可持续发展并提高生活质量”。信息社会世界峰会的特色之一，在于与会者除了 175 个国家之外，大量 NGO、私人公司和政府间组织也活跃在会议上。这预示着未来的信息社会将不再是国家主导的治理，各种非国家势力也将发挥重要作用。事实上，突尼斯会议通过的《原则宣言》里面，不断地提到私营部门、民间团体和国际组织，并将它们称为“利益相关方”，跟政府一道，建设包容性的信息社会。

在突尼斯会议上，联合国秘书长安南在大会发言中指出：“归根结底，这次峰会必须凝聚新的动力，推动贫穷国家的经济增长和社会发展，转变穷苦人民的生活品质。”信息社会世界峰会对数字落差现象给予了极大关注，突尼斯会议决议中指出：“大会认识到迫切需要消除数字鸿沟，协助包括最不发达国家、内陆发展中国家和小岛屿发展中国家在内的发展中国家以及经济转型国家充分受益于信息化通信技术的潜力。”然而，它开出的药方却隐含着对技术的盲目乐观，没有考虑现实政治和经济环境——“大会重申信息化通信技术是强有力的工具，具有促进社会经济发展和推动实现包括千年发展目标在内的国际商定发展目标的潜力”②。

私人公司和 NGO 的参与，对传播技术的高度期望，不谋求重建公共垄断的电信产业模式，这构成了新千年以来全球电信政策的骨干框架。对这一管制思路最有力的挑战，在于三个方面：第一，国家不愿意让渡部分主权给国际组织、

---

① 参见 http://www.g8.utoronto.ca/summit/2000okinawa/gis.htm。

② 参见 http://daccessdds.un.org/doc/UNDOC/GEN/N05/502/71/PDF/N0550271.pdf? OpenElement。

NGO和私人公司，而且很多实力雄厚的国家能够规训跨国电信公司，迫使跨国公司遵从国家所设定的议程和发展规划。第二，NGO似乎更加符合民主化的信息社会蓝图，然而在现实中，私人公司和国际组织的权力和资源都远远强过NGO，因此，在近期内，建立在市民社会基础之上的NGO监管电信模式似乎更加是一个乌托邦。事实上，无论是G8峰会的《冲绳宣言》，还是信息社会世界峰会的《原则宣言》，在谈到建设信息社会时，都一再将市民社会和民间组织放在私营部门的后面，体现发达国家利益的《全球信息社会冲绳宣言》表达得更加明确：

> 在信息社会里，私营部门在信息和传播网络的发展中扮演了主导性角色。但是，创造一个有利于信息社会的、可预测的、透明的和非歧视的政策和监管环境，是由政府决定的。避免不适当的监管干预非常重要，因为它会阻碍生产性的私营部门主动创造一个信息技术友好的环境。我们应该保证，与信息技术相关的规则和实践对经济交易领域内革命性的变迁负责，同时考虑公共—私营部门伙伴关系、透明性和技术中立的有效原则。这些规则必须可预测，而且能够刺激商业和消费者信心。为了将信息社会的社会和经济利益最大化，我们同意下列关键原则和取向，并且向其他国家推荐它们：
>
> ——在信息技术和电信产品和服务的供应方面，继续推进竞争和开放市场，包括在基础电信领域内实行非歧视性和成本为导向的连通性；
>
> ——保护与信息技术相关的技术的知识产权，对推动信息技术有关的创新、竞争和新技术普及，非常关键……①

信息社会世界峰会《原则宣言》里的表述虽然没有这么露骨，但是它大量采用了《冲绳宣言》的表述，也就更多支持了发达国家的立场。比如“发展有效的和有意义的消费者隐私保护，以及处理个人数据时的隐私保护，同时保护信息的自由流动”(《冲绳宣言》)，与“在这种全球性的网络安全文化中，提高安全性和确保对数据与隐私的保护，同时增强接入和贸易十分重要”(《原则宣言》)。

第三，商业模式造成的贫富分化问题还没有解决，就让私人公司在商业利润和普遍服务之间寻求最合适的平衡点，如果不是天真和经验不足，就是别有用心，信息社会世界峰会里关于互联网域名管理的争论就充分体现了这一点。

互联网开始于美国国防部60年代的研发活动，自1998年以来，互联网络域

① 参见 http://www.g8.utoronto.ca/summit/2000okinawa/gis.htm。

名与管理机构(ICANN)负责对全球的互联网地址及域名进行管理和分配。该组织是位于美国加州的一家非营利组织,然而,它由美国政府授权成立,直接向美国商务部负责,美国商务部有权否决它的决议,其他国家的法律对它没有约束力,而且它的人员构成也不够国际化,因此很多人认为它仍是一家美国组织。考虑到互联网已经成为全球现象,如果由一家美国组织来监管互联网,难免会造成美国凭借 ICANN 在技术上遏制他国的可能,在解决域名纠纷时,对 ICANN 的公正性也不能抱有太高期望。在 2003 年日内瓦会议上,一些国家提出,应该将域名管理由 ICANN 移交给国际电信联盟。正式会议之前的准备会议上,经过发展中国家提议,ICANN 最高负责人甚至被拒绝参会,这并不符合信息社会世界峰会的开放性,充分说明了发展中国家对于一个美国组织管理域名的反感和不信任。

不仅是 ICANN 和美国政府反对将权力移交给国际电信联盟,就是国际电信联盟内部,也难以达成一致意见。反对移交权力的理由在于,国际电信联盟和联合国都是庞大的官僚机构,效率低下,灵活性不足,ICANN 在过去十年里在管理域名方面贡献很多,没有犯过大的过错,如果移交之后,国际电信联盟内部又成立一个新机构来接管域名管理工作,那么还不如完善和改革现有的 ICANN,推动美国政府逐渐放弃对 ICANN 的管理权,让联合国逐渐参与 ICANN 的活动,使它发展成为一个国际组织,这是成本更低的改革方案。在国际电信联盟对私人公司敞开大门之后,私人公司对它的影响力与日俱增。私人公司担心,一旦域名管理被移交给联合国,那么在 ICANN 那里只属于技术标准的问题将变成联合国里的政治问题,从而带来低效率,妨碍公司追求更高利润。两次信息社会世界峰会之后,发展中国家提出的 ICANN 权力移交提案不仅在大会议程和决议里不见踪影,甚至没有正式提交给大会讨论。反对的结果导致互联网国际治理这样的问题,变成一个纯技术问题,失掉了政治含义,至于信息社会的利益相关方之一的市民社会,则更是没有能够参与到 ICANN 的日常工作中去。因此,有学者精辟地批评信息社会世界峰会的新自由主义倾向,他们提出:NWICO - UNESCO + ICANN = WSIS?[①]

自 80 年代世界信息和传播新秩序运动失败以来,发展中国家一直主张,在发达国家提倡的“言论自由”之外,“传播权”(the communication right)也是一种

① NWICO 即世界信息与传播新秩序运动,UNESCO 即联合国教科文组织,WSIS 即信息社会世界峰会。转引自刘琛:《全球化背景下的跨文化传播——印度电视传媒变迁研究》,外语教学与研究出版社 2007 年版,第 148 页。

人权，应该受到保护。在日内瓦世界峰会筹备时期，发展中国家关于传播权的提案层出不穷。然而，突尼斯会议通过的《原则宣言》里提到并没有把传播权包含进"人权"范畴之中，只是强调：

> 我们重申，作为信息社会的根基，并如《世界人权宣言》第 19 条所述，每个人都有自由发表意见和自由言论的权利；这种权利包括持有意见而不受干涉的自由，以及无论疆界为何均可通过任何媒体寻求、接收和分享信息和思想的自由。这里，并没有提到个人发表思想和意见的自由，相比起消极自由模式下的被动接收，主动寻求便利条件以便发表意见的积极自由不被支持。

自 1957 年脱离法国殖民统治成立共和国以来，四十年来，突尼斯只产生过两位总统——布尔吉巴（1957—1987，1987 年去世才将职位让出，由当时的总理本·阿里继任）和本·阿里（1987 至今）。本来国际电信联盟的计划中还包括同时召开市民峰会，给市民社会组织更大的发言空间，然而，突尼斯拒绝了这一方案。由此可见，仅仅将这个世界区分成发达国家和发展中国家两类，并且假设它们秉持绝对冲突的立场，并不符合实际情况，在建设未来的信息社会时，发展中国家内部的复杂性也值得关注。

同样地，关于知识产权的条款也更加符合拥有大量知识产权的大公司和发达国家的利益，发展中国家的呼声不予采纳。

> 对于鼓励信息社会中的创新和创造性而言，保护知识产权甚为重要；同样，知识的广泛传播、普及和共享对于鼓励创新和创造性亦很重要。通过增强意识和加强能力建设来促进所有各方对知识产权问题的有意义的参与，是包容性信息社会的一项基本内容。①

两次峰会的形式意义大于实质意义。突尼斯会议之后，联合国和国际电信联盟在世界各地为了推动信息社会的发展而做了大量工作，但是，在缩小数字落差和互联网国际治理方面，成效不大。2005 年，国际电信联盟发表《连接世界》（"Connect the World"）的报告时，明确提出，生活在发达国家里的 9.42 亿人中，固定和移动电话的普及率是居住在低收入国家的占世界 85% 的人口的 5 倍，互联网普及率是后者的 9 倍，拥有个人电脑的数量是后者的 13 倍。有鉴于此，国际电信联盟提出"连接未连接者"（Connect the Unconnected）这一口号，打算经过十年努力，到 2015 年，在缩小数字落差方面取得一定成果。2015 年也是联合国千

① 参见 http://www.itu.int/dms_pub/itu-s/md/03/wsis/doc/S03-WSIS-DOC-0004!! PDF-C.pdf。

年发展目标的八项内容——极端贫困人口数量降低一半、普及小学教育、在中学和小学教育中消除两性差距以推动男女平等、五岁以下儿童死亡率降低三分之二、产妇死亡率降低四分之三、遏制艾滋病蔓延、确保环境的可持续发展能力和推动发展的全球合作——的完成时间。国际电信联盟相信,“连接未连接者”活动能够有效帮助实现千年发展目标在教育、健康和削减贫困方面的目标,两次信息社会世界峰会过后,国际电信联盟已经于2007年在非洲召开了第一次连接非洲地区峰会。

当新自由主义电信政策所期望的蛙跳式发展并没有成为现实时,如何消除它所造成的贫富差距拉大和社会不公正加重,将是未来国际社会和民族国家共同致力于解决的目标。在私有化和解除管制过程里,各国普遍出现的腐败丑闻,更是加重了对新自由主义政策的质疑:如果说国家无法为个人利益负责,为什么私人公司就可以保证个人利益的实现?在未来可见的信息社会里,私人公司对政策的影响力越来越重要,国际电信联盟近年来组织的几次重要全球会议里,到处可以见到产业界和金融界的身影。一方面,美国和其他发达国家正在减少对诸如国际电信联盟这样的国际组织的经费支持;另一方面,私人公司却在加大自己所占的经费开支份额从而获得更大发言权。全球市民社会组织还没有足够的实力来对抗私人公司和国家,可以期望未来几年的现实是,电信政策的改革步伐将会放慢,新自由主义政策虽然造成过负面后果,然而,至少在电信领域内,它的隐含逻辑(产品和资本自由流动、保护知识产权、私有化)将在很大程度上主导未来的电信产业发展。

第七章　跨国传媒集团

当代社会里，媒体领域内发生的引人注目的变化之一，就是跨国传媒集团的兴起和对全球传媒市场的控制，在刚刚过去的三十年，这一变化被加速了。今天，任何一家媒体都不可能脱离跟跨国传媒集团的接触，它们是国际新闻、娱乐工业、广告、媒体设备的主要提供者，普通个人也不可能摆脱跨国传媒集团所提供的媒体产品。在考察跨国传媒集团的加速发展之前，我们先要讨论一下全球媒体的出现。全球媒体跟跨国传媒集团如影随形，相互推动，无论是考察哪一个方面，我们都需要特别注意国家、市场（资本）和技术力量之间的交织和斗争，正是这些，引起了媒体领域内的深刻变革。

第一节　全球媒体的出现

20 世纪之前，媒体几乎局限于一国范围之内，顶多就是跨越邻国边境，影响周围语言和文化相近的一些国家。当时最有影响力的大众媒体是印刷媒体，报纸和杂志的印刷必须依赖笨重、无法便携移动的机器，而且，印刷机的一头想输出多少份报纸和杂志，另一头就必须输入多少吨纸张，比起后来的广电媒体，大量生产原料也使得印刷媒体的生产更多地依赖地理空间。印刷媒体以文字（加上少量的图片）传播信息，要求读者具备一定的识字水平和阅读能力，而广电媒体通过声音和图像传递信息，对受众没有那么高的教育水平要求，这使得报纸和杂志天生注定就是办给一个国家的读者看的。直到今天，报纸和杂志也经常出口到其他国家去，然而出口量远远低于它们的本国发行量，所以很多报纸和杂志办地方版，比如法国时尚杂志《Elle》在全球有 70 个地方版（中国版名称为《世界时装之苑——Elle》），美国《华尔街日报》办有亚洲版和欧洲版。地方版的普遍流行，从另一个侧面说明报纸和杂志不适合充当全球媒体的角色。第一个真正做到信息全球流动的媒体形态，应该是 19 世纪后半期依赖电报技术发展的通讯社，20 世纪相继诞生的电影、无线电广播、电视和互联网从一出现就带着全球媒体的潜力。

一、电报和通讯社

信息的传递需要载体，媒体的传播速度跟它所依赖的运输手段密切相关。19世纪初，英国人史蒂芬孙发明了第一台取得成功的蒸汽机车。20年代，英国建造了世界上第一条成功的蒸汽火车铁路，虽然时速仅有每小时5公里，但是比起之前的马车，铁路具有速度更快更持续、稳定性更强的优势。然而对于媒体来说，铁路的劣势在于，碰上恶劣天气就必须中止运输，而且铁路有固定的运行时刻，一旦一列火车发出而记者的新闻稿没有能够及时被装载，那么就只能等下一班火车，新闻的时效性因而无法保证。

1838年，美国人莫尔斯发明了莫尔斯电码，用长或短的电脉冲信号代表26个英文字母。1843年，他建立了一条从华盛顿到巴尔的摩之间长达64公里的电报线路，一年后他在国会大厅亲自演示，人们目睹了信息在一瞬间准确无误地从华盛顿传递到巴尔的摩。电报的发明使得人类进入了用电来传递信息的新时代。电的速度接近光速，达到每秒30万公里，远远高过铁路，“滴答”一声响，一秒之内，电报负载信息可以绕地球七圈半。从此，报社开始依赖电报传递信息，这直接导致了报纸的内容量剧增，而且四通八达的电报网将其所到之处联系在一起，使得不同地方的人有可能在同一份报纸上看到关于自己的报道，加强了人们之间的联系。

较之铁路，无线电更容易突破国家之间的边界。1858年，第一条横跨大西洋的海底电报电缆开始工作，将大西洋两岸连成一体，拍出了第一份横跨大西洋两岸的电报。在无线电报发明之前，铺设电报线路需要大量资金，因此拍电报的费用昂贵，电报线路铺设到哪里，哪里才能跟其他地方连接起来，没有铺设电报线路或者远离电报线路的地方，越来越不可能成为信息中心、经济中心和政治中心。从电报铺设的密度就可以看出，早期电报线路大多集中在大西洋两岸，在当时，这是全球经济最发达的地区，也是媒体最发达的地区。

19世纪下半期，世界上大部分领土仍处于殖民统治之下。对于帝国主义国家来说，为了维持殖民统治，为了从殖民地获得经济利益，交通运输和通信技术的发展至关重要。以19世纪印刷媒体的兴起为例，安德森认为印刷媒体成功建构了“想象的共同体”，从而塑造了民族主义认同。如果没有印刷媒体，当时的“日不落帝国”大英帝国难以获知远在千万里之外的殖民地的信息，殖民地也无法及时获知宗主国消息，信息的隔绝和阻碍不利于宗主国对殖民地的控制。因此，从19世纪中叶开始，随着报纸的发展，以及对国际新闻的需求上升，通讯社纷纷在各地出现，而且，在历史上，通讯社一出现，其目的就是提供非本地甚至非本国新闻给报纸订户,这使得通讯社往往都是国际通讯社。19 世纪三大商业通讯社——法国哈瓦斯通讯社(即今天法新社的前身)、德国沃尔夫通讯社(因为支持纳粹而于二战后解散)和英国路透社——都是以出售国际新闻为主要收入来源。

在有线电报发明之前,通讯社主要通过马车、铁路、轮船传递信息,采集国际新闻的范围和数量都相当有限。1849 年纽约六家报纸签署协议,组建了“港口新闻社”(即今天美联社的前身),其中规定:六个合伙人共享两艘船只;在驶入纽约港的轮船上向旅客和船员们采集新闻;共同分担费用;向其他报纸出售新闻,利益均分。

哈瓦斯社、沃尔夫社和路透社经过多年竞争,为了维护既得利益,阻碍新竞争者的出现,于 19 世纪 50 年代建立了“联环同盟”(Ring Combination),确认彼此的垄断权力和势力范围,瓜分全球新闻市场。1870 年,美联社加入联环同盟,签订所谓的“三社四边协定”。每家通讯社都拥有自己势力范围内的信息的独家采集权和销售权,大家互不干涉对方的势力范围。由于当时美国国力相对比较薄弱,因此美联社只能负责采集美国本土的新闻供给其他三家通讯社,以此交换其他三社出售的信息在美国的独家垄断权。哈瓦斯社的势力范围包括法国等西南欧国家、中美洲、南美洲,路透社的势力范围包括英国及其殖民地、土耳其、远东,沃尔夫社的范围包括德国、东欧和北欧国家,埃及则是哈瓦斯社和路透社共同的势力范围。很明显,这个同盟带有殖民主义的色彩,完全违背了新闻自由流动的原则。当我们将目光投向二战后发达国家以新闻自由为理由抨击发展中国家这一事实,历史是多么地讽刺!

1914 年,美联社退出联环同盟。1934 年,三家通讯社宣布废除过去的协定,联环同盟正式解散,世界通讯社重新回到自由竞争的时代。联环同盟的解散,跟国际形势的变化密不可分,美国实力上升,不甘心仅仅采集本国信息,英、法、德经过两次世界大战实力被严重削弱,也无力维持之前的殖民统治。此外,无线电报取代有线电报,从技术上也使得推翻旧的国际通讯社模式成为可能。

1897 年马可尼横跨布里斯托尔海峡,成功进行了无线电通信试验,距离为 12 公里。1902 年,英国和加拿大之间正式开通了横跨大西洋的无线电报通信线路。无线电报无需铺设昂贵的地面通信线路和海底电缆,比起有线电报,采集和传输信息的成本大幅度降低,很快就后来居上取代了有线电报。1907 年美国合众社诞生,1909 年赫斯特创办国际社,这些新成立的通讯社凭借着新技术,首先在地理接近的中美洲和南美洲,接着在帝国主义势力争夺激烈的远东,向老牌通讯社发起强有力挑战。美联社于 1914 年退出联环同盟,跟它在国内受到新通讯社的竞争和在国际受到老牌通讯社的挤压直接相关。

经过近百年的时间，人类社会进入互联网社会，无线电报逐渐消亡。2006年2月6日，美国最后一家提供电报服务的公司——美国西部联盟公司——宣布正式停止电报业务，从此，电报正式退出美国社会，随着互联网的普及，它也将退出其他社会，成为被封存的历史。今天，在军事和国防领域内，由于其保密性强和费用低廉，电报仍占有一席之地，而且，有线电报信号稳定，无线电报受天气情况干扰较大，因此军队同时采用有线电报和无线电报两种技术。

凭借电报技术起家的通讯社并没有消失。事实上，二战后发展中国家争取国际新闻和信息新秩序运动的起点之一，在于不满发达国家的通讯社对国际新闻的垄断，尤其是发展中国家没有资金来兴办自己的通讯社，在国际新闻方面只能依靠发达国家通讯社。这一事实从另一个侧面说明，二战后很长一段时期内，通讯社在国际新闻领域内仍有很大的影响力。即使无线广播和卫星电视的兴起，也没有能够动摇通讯社在国际新闻领域内的地位，直到互联网的兴起，“全球媒体”这一称号才当之无愧地落到了新媒体的头上，而此时，能够顺利转型、搭上新媒体顺风车的老牌通讯社，成功保持了自己的优势地位，对今天的国际新闻流动仍然产生巨大影响。

二、电影

1895年12月28日，法国卢米尔兄弟在巴黎一家咖啡馆的地下大厅公开上映12部影片，并出售门票。很快，每天都有多达2500人排队，等几个小时看一场电影，甚至为了排队和买票而引起斗殴，招来警察维持秩序。这一天成为世界电影的诞生日，而电影一经诞生，就跟盈利紧密联系在一起。

虽然早在1890年，发明家爱迪生就获得了透过小镜片看活动画面的“西洋镜”（又称电影视景）的专利，然而卢米尔兄弟一般被认为是近代电影的发明者。爱迪生的“西洋镜”一次只能由一个人观看，卢米尔兄弟把画面投影到一块大白布上，从而把许多人集合在一起观看同一部电影。1905年，美国匹兹堡一位大资本家戴维斯建立了第一家电影院，门票5美分，到1907年，美国各地的电影院已经达到5000家，每天放映12场甚至更多。1910年，每周电影观众高达3600万人次，考虑到当时美国总人口数接近1亿，每三个美国人中就有一个每周去看一场电影，这意味着电影后来居上，很快成为受众群最庞大的媒体产业。

庞大的受众群刺激了电影业的发展，1910年，全美国每个月可以生产400部电影。不同于其他媒体产业的发展史，电影业从一出现就由大公司垄断经营。

爱迪生拥有“西洋镜”的专利，1908年，由他控股的电影专利公司在纽约成立，公司拥有关于电影的16项专利，基本垄断了全国电影的制作，进而垄断了电影发行。受到高额利润的吸引，大资本家纷纷垂青新出现的电影业，比如银行家吉安尼尼兄弟到30年代末期已经对电影业投入近1亿5000万美元，而当时2000美元就可以使一个普通家庭维持温饱。

大资本家投资电影业，不仅推动了早期电影的发展，而且加速了电影业的垄断。当时欧洲忙于第一次世界大战，美国很快取代欧洲成为世界电影生产基地。1915—1916年，美国每年出口的影片胶片长度从3600万英尺增加到15 900万英尺，两年之内增长近5倍，同期进口影片胶片长度则从一战前的1600万英尺下降到20年代中期的700万英尺。1916年，美国出口电影的票房收入已经占到了全球出口电影总票房收入的85%。1925年，英、加、澳、新西兰和阿根廷电影总收入的90%以上来自美国电影，法国、巴西和斯堪的那维亚国家电影总收入的70%来自美国电影。1939年，据美国商务部估计，美国占了全球约65%的电影产量。在当时的中国，根据对1936年上海《申报》对电影放映广告的抽样统计，电影院里放映的影片中有60%—70%是美国电影。二战结束后，美国影片重返上海市场，1946年上海首轮影院放映的383部电影中，美国影片竟然高达352部，1946年全中国总共进口了881部美国电影，单片观众人数超过10万的均为美国影片。[①] 因此，从它的早期历史开始，美国电影就带有世界电影的特征，好莱坞不仅为本土观众，也为海外观众生产电影。1984年，海外市场收入占美国影片总收入的33%，自1993年起，这一比例就爆炸性地增长到60%—70%，而且一直保持在这一水平上。

虽然很多国家为了保护本国电影业而采取了一系列措施，但是直到今天，在世界范围内，电影业的垄断趋势只有加剧没有丝毫减弱之势。六大集团控制了当代全球电影生产——迪士尼、时代华纳、维亚康姆、索尼、新闻集团和维旺迪/环球，其中前三家都是美国公司，后三家公司的控股股东不是美国公司。1985年，澳大利亚的默多克新闻集团买下了美国20世纪福克斯电影公司；日本索尼公司于1989年收购了美国哥伦比亚电影公司，从而跻身全球顶尖电影集团行列；2000年，法国维旺迪集团收购加拿大西格拉姆公司，控制了它旗下的环球影业公司。美国仍旧是这六大公司的主要生产基地。2006年，美国电影占据了全

① 上海是当时中国最大的电影市场，票房收入占全国的一半以上，同时上海也是美国电影在中国乃至远东最重要的市场。参见汪朝光：《战后上海美国电影市场研究》，载《近代史研究》2001年第1期，第119—140页。

球电影市场92.3%的市场份额,欧洲电影占5.6%,而世界其他国家和地区的影片市场份额仅仅只有大约2%。[①]

生产的高度垄断阻碍了新竞争者的加入,带来了电影生产的高成本。根据统计,1996年,在好莱坞发行的417部影片中,仅13部影片的收入就占到了票房总收入的30%,预算超过6000万美元的影片比低成本影片的盈利能力更高。[②] 1963年,20世纪福克斯公司投拍《埃及艳后》,花费4400万美元,以今天的币值衡量,大约接近4亿美元,成为史上最昂贵的电影。这部影片最后收回2600万美元,1800万美元的亏空在当时简直是天文数字,令电影公司差点破产。高成本是一把双刃剑,在阻止对手加入竞争的同时,也给电影公司提出更大挑战,进一步地,它又促进了电影生产和发行的垄断而不是自由竞争。

从电影这种媒体开始,媒体全球化就带有商业化和垄断化的趋势,"商业化与公共性"、"垄断和自由竞争"这样的争论也如影随形地加入到关于全球媒体的讨论之中。早在1918年,美国最高法院作出判决,放映电影纯属商业行为,因此,电影作为娱乐产业不受宪法第一修正案的表达自由的保护,必须接受政府的审查。这一判决对美国电影审查制度产生了至关重要的影响,此后长达四十年,美国各级政府成立审查委员会,对那些涉及色情、暴力、渎神、赌博、酗酒等内容的影片实施删剪和禁映。对电影实施审查当然有好的一面,比如保证影片内容不至于过分格调低下,但也有不好的一面,比如政府审查所带有的任意性和保守性。电影工作者反对保守主义者的审查,资本家反对电影审查妨碍票房收入,到了60年代,最高法院做出新判决,取消了对电影实施审查。从此,电影在美国彻底失去了它的公共性,教育意义和艺术性成为空洞的说辞,商品性和盈利能力才是衡量电影产品的最终标准,商业化压倒一切,成为电影工业的主导发展逻辑。

三、广播

20世纪20年代,无线电广播投入商业运营。很快地,人口众多、国土面积狭小的西欧国家就发现,其他国家的电波频率能够轻易穿透国界到达本国听众那里。限制外国广播内容,鼓励发展本国广播产业,抢在邻国之前建设广播电台,成为当时西欧国家的普遍共识。为此,西欧国家普遍实行公营广播体制,建

---

① 参见周铁东:《好莱坞电影出口管窥》,载《大众电影》2006年第21期,第61页。

② 参见爱德华·赫尔曼和罗伯特·麦克切斯尼:《全球媒体:全球资本主义的新传教士》,天津人民出版社2001年版,第46页。

立了公共广播电台，最有名的就是于1922年成立的英国广播公司（BBC）。

美国国土面积广大，邻国较少，没有外国广播"入侵"的危机感，在报业和电影业已经被商业化的背景下，新兴的广播业也走上了商业化的道路。20世纪30年代，全国广播公司（NBC）和哥伦比亚广播公司（CBS）已经几乎垄断了全国广播市场，1927年通过的《广播法》在分配广播频率时，把40个清晰频率中的37个分给了NBC和CBS及其下属台，明显维护商业电台的利益。广播频率是稀缺资源，数量有限，没有生产者和所有者，只有使用者，具有排他性，一旦某个频率被一家公司占有，其他公司就不可能再使用这个频率，因此很多人提出，广播频率是公共产品，商业电台利用公共资源谋求私人利益，有违民主精神。面对这种指责，商业电台提出了自己关于公共广播的看法：只要降低费用，让人人都用得起广播，就有助于民主精神的培养。经过商业广播的游说，加上经济大萧条使得广播电台必须依靠广告收入才能维持下去，政府没有多余的钱拿出来办广播电台，因此影响了美国广播业长达六十余年的《1934年电信法》奠定了商业广播的道路，成立联邦通信委员会（FCC）来监管广播业，而不是由政府来实施监管。

最先投入运营的是长波和中波电台，20年代后期，短波波段开始投入运营，到了30年代后期，几乎所有收音机都能够收听到短波波段。短波广播可以实现更远距离的传送，不需建设信号中转站，就能够在本国境内向世界各地播出节目，更适合成为全球媒体。BBC、NBC、CBS等全国性大电台最先开始使用短波广播，在短波频率上重复播出国内节目。短波广播的目标是海外市场，无需重新制作节目，只要有发射塔就可以播出，成本低廉。刚开始，NBC和CBS等商业电台对短波国际广播寄予厚望，期望能够获得更多广告收入，但是很快地，他们就发现，短波的稳定性比中波差了很多，受天气、季节、昼夜、环境等因素的影响较大，信号杂音大，其他正在工作的电气设备会干扰短波信号，而且广告商更乐于在本地媒体上投放广告。商业电台很快就取消了短波国际广播。

目前，短波广播主要应用在政府的对外广播活动中。短波信号可以无视其他国家的媒体政策和态度，轻易发射到其他国家，只要拥有能够接收短波频率的收音机，就能够收听到短波广播。20世纪20年代，苏联最早开始开展短波对外广播，为了同苏联争夺听众，西欧和美国也开展了政府支持的短波对外广播。第二次世界大战期间，信息战和宣传战空前激烈，短波广播是争夺的热点领域。1939年，美洲和欧洲共有26个国家利用短波进行对外广播，到二战结束时，55

个国家建有外语短波广播电台。[①]

美国加入二战后，于1942年整合了NBC和CBS的短波广播，成立了政府全额拨款支持的短波广播机构“美国之音”（VOA），确立了它的官方电台地位。冷战期间，VOA的广播对象转成社会主义国家，1976年国会规定（Public Law 94—350）：“美国之音将清晰而有效地展示美国的政策，以及关于这些政策的负责任的讨论和意见。”[②]目前，VOA是世界上规模最大的国际广播电台，每天用44种语言播出，每周播出1300多个小时。VOA只向国外播出，在美国本土接收不到信号，而且美国本土出售的收音机也很少有短波波段。

冷战期间，短波国际广播是资本主义和社会主义阵营进行宣传战的重要基地，各国都对对外广播投入大量人力物力。随着冷战结束，短波国际广播出现了某种程度的收缩，比如VOA的播出语言从最高峰的53种减少为今天的44种，曾经用8种语言对126个国家播出节目的加拿大广播电台则于1997年关门了。考察广播的发展史，可以看出，虽然带有技术上的先天优势，广播注定是一种全球媒体，然而，无论是推动本国广播业的发展，还是限制本国公民接收对外广播，国家和政治因素对于它的全球发展起到了重要作用，有时候，政治势力能够突破技术优势，对大众媒体的全球扩散发挥更为关键的影响。

四、电视

1936年，BBC在世界上第一次开始了电视播送服务。1954年，美国RCA正式开播彩色电视。今天，在世界上大多数国家里，凭借着图像生动、信息丰富、直观性和现场感，电视已经成为影响力最大的媒体，从1970年到1992年，全世界家庭拥有的电视机数量从24.5亿台上升到72.5亿台[③]，1979年至1991年，全世界人口花在看电视上的时间差不多增加了3倍。跟其他大众媒体一样，电视在全球的扩散也经历了从经济发达地区到欠发达地区、从欧美到亚非拉的过程，而且存在着严重的不均衡。到2002年为止，世界上84.46%的家庭拥有电视机，高收入国家里97.39%的家庭拥有电视机，中等收入国家里这一数字达到88.90%，均比2001年有所增加，而在低收入国家里，电视机的家庭普及率则只

---

① 参见爱德华·赫尔曼和罗伯特·麦克切斯尼：《全球媒体：全球资本主义的新传教士》，天津人民出版社2001年版，第8页。

② 参见 http://voanews.com/chinese/aboutvoa.cfm。

③ 转引自陆晔：《力量游戏：全球化过程中世界电视业的市场重构》，首届中国影视高层论坛，2001年，中国高等院校电影电视学会主办。

有 14.80%，比 2001 年的 16.06% 还下降了。①

表 7-1　电视在世界各国出现的时间

电视出现的时间	国家和地区
1930—1939	西欧、美国、苏联
1940—1949	北欧、南欧、加拿大
1950—1959	澳洲、拉美、中东、中国、印度
1960—1969	北非、中非、外蒙古
1970—1989	西非、南非、部分南亚国家、部分中亚国家、部分大洋洲岛国

进入电视时代，大多数国家都不得不在两种不同的电视制度间作出选择——公共电视和商业电视。出于各自的特定原因，西欧、加拿大和大多数发展中国家都选择了公共电视，而美国和部分发展中国家则选择了商业电视。BBC是公共电视的典型代表，它的收入主要来自英国国内拥有电视机的观众每年所缴纳的执照费、政府拨款、产品销售收入等。跟广播频率一样，电视频道也具有稀缺性、非排他性和非竞争性，一个观众收看电视节目并不会影响其他观众的收看活动，增加一个观众也不会增加发射费用，因此，很多人认为电视频道是公共物品（或者是准公共物品），不能交给私人公司来经营，公共电视模式更加接近电视民主化的理想，能给受众提供独立、全面、平等和多元化的信息。

自从电视出现的那一天起，两种电视体制之间的争论就没有停止过。进入20 世纪 80 年代，随着全球化进程加剧，公共电视受到严重打击，商业电视暂居上风，出现这种现象有其深刻的原因。首先，新自由主义思潮兴起，鼓吹自由化、私有化和解除管制。里根政府于 1982 年任命的美国联邦通信委员会主席马克·弗劳厄有一句名言——“电视机只是另一件电器，是有图像的烤面包机”，根本无视电视的公共产品特性。公共电视开支庞大，效率低下，同等时长节目的制作费用比商业电视高很多，在跟商业电视的竞争中收视份额节节下降。90 年代，日本 NHK 甚至遭遇拒缴收视费运动，公众拒缴收视费，因为他们“不明白何以不能由广告费代替收视费……公众不再如从前那样珍视公共广播的存在”②。新自由主义者批评，公共利益成了维护既得利益的幌子。BBC 第一任经理说过，BBC 不是播放观众想看的节目，而是播放 BBC 认为观众想看的节目。这种

① 参见 http://www.stats.gov.cn/tjsj/qtsj/gjsj/2006/t20071106_402442672.htm。

② 转引自倪燕、赵曙光：《西方公共电视的节目评估：收视率悖论》，载《国际新闻界》2004 年第 2 期，第 65—68 页。

观点被攻击为忽视受众需要和精英主义，带有家长制遗风，只有给观众提供更多选择机会，消费者至上，才能更好地实现公众利益。机构臃肿的公共电视被认为在浪费纳税人的钱，新自由主义者们呼吁提高效率，引入自由竞争，减少补贴。当新自由主义政府倾向于整体地减少公共开支时，没有理由相信他们会维持原有的公共电视补贴标准不变。在加拿大，政府对公营的加拿大广播公司的财政投入，在1983年与1994年之间按实际价格计算，削减了23%，高于所有政府部门平均的财政削减率。1987年，英国政府规定BBC的收视费与零售价格指数直接挂钩，实际上导致BBC收视费大幅缩减，被迫于1986年至1993年之间裁员7000人，占固定员工总数的1/4，从1991年开始，BBC在国外经营商业电视频道。①

其次，技术革新使得政府对电视频道资源的管理面临挑战。1962年，利用通信卫星，美国进行了第一次试验性的电视卫星转播，1979年，英国邮政局在伦敦第一次开通了有线电视，利用电话线传输信息并显示在用户家里的电视机屏幕上。卫星电视和有线电视技术不仅为私人公司投资电视产业提供了新途径，而且更重要的是，它们突破了现有无线电视频道资源有限这一局限。现在，可供开发的电视频道资源大量增加，政府为了维持公共电视的垄断地位而限制电视牌照的发放，这一做法已经不再能够令公众和商人相信，兴办更多的商业电视台会对社会民主造成伤害。技术革命带来的另一个后果，就是电信和电视相互进入混业经营。以前，电信和电视接受不同的政府部门管理，而新技术使得电话线能够传输电视信号、有线电视能够传输数据和通信内容，电话、电视和后来兴起的互联网，很快从技术上被证实能够通过同一根宽带来传递信号。为了回应技术发展的需求，之前被隔离管理的行业很快将通过产业整合而实现同步管理，美国《1996年电信法》就回应了这一趋势。当电信公司开始经营有线电视时，它们的目标不在公共利益，而在商业利益，媒介融合的趋势走向商业化而不是公共体制。

最后，电视产业的商业潜力对私人公司具有极大的吸引力，私人公司一直在游说政府，放宽管制，颁发更多电视牌照，允许更多公司投资电视产业。80年代，默多克已经拥有多家英国报纸。按照当时的法律，他的新闻公司被禁止拥有电视台，但是，1989年，他在卢森堡注册了一家专门面向英国观众的卫星电视频道"空中电视"。1990年，空中电视兼并了另一家设在英国本土的卫星电视公

① 参见赵月枝：《公众利益、民主与欧美广播电视的市场化》，载《新闻与传播研究》1998年第2期，第25—44页。

司,成立了 BskyB。虽然这一举动违反了刚刚生效仅两天的英国《1990 年广播电视法》,但是英国政府默认了这一事实,而且 BskyB 的节目内容质量不受任何法律方面的管制,很快就成为英国收视率最高的卫星电视频道。[①] 90 年代,默多克旗下的英国媒体一改此前对保守党的支持,转而支持以布莱尔为首的工党。布莱尔上台之后,撤掉了支持公共电视的文化、媒体和体育部长,新上任的部长一度试图终止 BBC 的收视费制度,如果一旦获得通过,BBC 无疑被置于死地,因为收视费占了 BBC 总收入的 80% 以上。2003 年英国修订了电视广播法,之前的法律规定,拥有全国 20% 以上市场的媒体公司,不得经营无线电视,修改后的法律规定,拥有平面媒体超过市场 20% 的媒体公司,不得持有英国独立电视台(ITV)股份。这等于允许默多克控制 ITV 之外的其他无线商业电视台,为他控制英国卫星电视和无线商业电视大开绿灯。事实上,英国政府对默多克多次照顾和优惠,早就引起了多方不满,英国最大的无线商业电视 ITV 的总裁就抱怨说:"如果英国政府允许默多克集团进入无线电视,这将是电视史上最大的错误之一……未来转播足球赛,观众会在第五台(当时是默多克最可能买到的无线电视台)看到开始罚球的镜头,然后必须付钱才会知道罚球的结果……英国政府似乎允许默多克来决定修法走向。"[②]默多克进入美国电视市场,也触犯了美国法律。1985 年,他买下 20 世纪福克斯电影公司 50% 的股份之后,延聘原董事长担任新公司的董事长,利用他在好莱坞的人脉和游说,为自己的扩张寻求保护伞。在偷偷买下 6 家地方电视台之后,默多克才加入美国国籍,违反了当时法律关于非美国公民只能拥有一个电视台 25% 以下股份的规定。然而,强大的公关和游说活动,使得默多克免于被起诉。

私人公司对政府施压,呼吁开放电视市场,最典型的例子莫过于意大利。1976 年意大利法院的一个判例承认了地方性的商业广播电台的合法地位,从此广播走上商业化和自由化道路。虽然法院只允许地方性私营电台的存在,但是一些资本家擅自建立起全国性的私营电台和电视台网络。1984 年,房地产商出身的贝卢斯科尼基本上垄断了意大利的私营广播电视业,1993 年,他控制的私营电视网的观众数达到 44.5%,与公营电视台的 46% 不相伯仲。[③] 1994、2001

---

① 转引自赵月枝:《公众利益、民主与欧美广播电视的市场化》,载《新闻与传播研究》1998 年第 2 期,第 25—44 页。

② 转引自吕岩梅:《默多克数字天空的扩张及其问题》,载《新闻大学》2004 年秋季号,第 54—60 页。

③ 转引自赵月枝:《公众利益、民主与欧美广播电视的市场化》,载《新闻与传播研究》1998 年第 2 期,第 25—44 页。

和2006年，他三度当选意大利总理，成为意大利最有权力的人。传媒大王步入政坛，可以预计意大利的公共电视只会更加衰落。

公共电视的衰落，带来的直接的负面后果是媒介内容水准下降。在英国，在有线电视和卫星电视兴起之前，BBC与ITV两家电视台垄断国内电视市场，BBC不播放广告，专心提高节目质量，英国国内电视广告收入都归ITV所有，迫使它也致力于跟BBC比拼节目质量，而不是为了争夺广告用低俗节目取代高质量节目，两家电视台的垄断反而更好地满足了公共利益。然而，默多克的BskyB每年花在购买体育比赛转播权和电影版权方面的支出，是电视节目制作费的十几倍。不独BskyB，新兴的商业电视都对制作高水准的原创节目缺乏兴趣，进口廉价节目来填补时间，其中又以进口美国电视节目居多。跟全球化趋势背道而驰，国际新闻比重严重下滑，从1970年到1998年，美国三大电视网(NBC、CBS、ABC)上播放国际新闻的时间，从占整个新闻节目的45%下降到了13.5%，娱乐节目地位上升，侵蚀了严肃新闻的时间，1990年，三大网播放的娱乐新闻时间长度，比1988年多了一倍。商业电视潮流的另一个负面后果是加大信息鸿沟，造成信息贫富分化。1924年BBC第一任总裁曾经说过，广播服务不应该有一等和三等公民之分。1978年，CNN创始人特纳在推销自己的有线电视频道时却说："我们并不把贫民窟连接上。"公共电视所推崇的普遍接近原则被抛弃。[①]

过去二十多年里公共电视和商业电视的角力到了今天仍在继续。需要看到的是，一方面，新自由主义媒体政策的确削弱了欧洲公共电视体制，而且各国相互借鉴他国的媒体政策，电视产业的发展和监管都不再是一国政府的事情，要受到其他国家、跨国私人公司和国际组织的影响；另一方面，公共电视不可能完全消失，因为它所负载的公共利益原则已经深入人心，即使新自由主义媒体政策的典型代表——美国《1996年电信法》——也坚持公共利益，并且实施更严格的内容审查条款，为了保护儿童，要求所有在美国销售的13英寸以上的电视机必须装上能够过滤暴力内容的反暴力芯片(v-chip)，挑战了宪法第一修正案关于言论自由的原则。1997年，最高法院13位大法官一致裁决《1996年电信法》里的第五部分"传播规范法"(Communications Decency Act)违宪，跟反暴力芯片有关的第551条没有放在正文里，而是放在了"传播规范法"的副标题(Subtitle B—Violence)下面，虽然最高法院的判决书只字未提反暴力芯片，但是普遍认为反

① 转引自赵月枝：《公众利益、民主与欧美广播电视的市场化》，载《新闻与传播研究》1998年第2期，第25—44页。

暴力芯片条文也被否决。①

五、互联网

早在20世纪60年代,在美国国防部的支持和投资下,最早的互联网被设计出来,几所大学的计算机被连接起来,当时只限于在研究部门和政府部门中使用。进入90年代,独立的商业互联网开始发展,互联网走入普通人的生活。很快地,人类社会对于互联网的使用就走上了商业化道路,根本没有像广播和电视那样经历过公共互联网还是商业互联网的争论。出现这一现象的原因,首先在于互联网生逢新自由主义大行其道的私有化和商业化时期,公共电视面临的困境和指责远远多于得到的关心和帮助,公共电视步履维艰,"公共互联网"缺乏现实可行的模仿对象。其次,互联网的盈利能力受到了资本家的青睐,他们不愿意放弃这个会下金蛋的母鸡。再次,技术特性使得一个国家或利益集团不可能通过技术手段来控制互联网,互联网上不存在绝对的中心,每个节点与其他节点成网状联系,试图通过控制某个中心以控制其他部分的企图是无用的,因此国家的监管看起来将会是无效的。最后,互联网不同于传统大众媒体,互动性、开放性、海量信息,这些特征使得国家不能再沿用传统媒体的监管思路来监管互联网,很多国家宁肯让互联网放任自流、等出现问题后再治理,也不愿意划地自限,遏制互联网的发展潜力。

就技术特性而言,互联网是最有资格被称为"全球媒体"的,它不可能被封闭在一个国家之内——除非那不是互联网。根据Comscore公司2006年的报告,国际一流网站四分之三的网络流量来自国际用户,美国点击率列前5位的网站——雅虎、时代华纳、微软、谷歌、ebay——吸引的国际用户多过国内用户。然而,本书第六章里提到的关于互联网域名管理的斗争说明,互联网并非是一片远离控制、主导和权力的净土,真实世界里的权力结构同样会影响虚拟世界。2005年7月,美国政府宣布,基于日益增长的互联网安全威胁,美国商务部将无限期保留对域名服务的监控权。一个开放的去中心化的互联网跟一个集中监管的机构之间,将不可避免地发生冲突。发展中国家指责ICANN将74%的域名地址分配给了美国,仅一所斯坦福大学分配的地址就达1700万,超过很多国家。

根据世界银行的统计数据,2003年,全世界每1000个人中就有18.44人使用了宽带接入互联网,其中高收入国家平均每1000人中有88.75人是宽带用户,中等收入国家平均每1000人中有6.33人是宽带用户,低收入国家里每1000

① 参见卜卫:《V-chip与美国的言论自由》,载《读书》1999年第5期,第29—36页。

人中只有0.08人使用了宽带。2003年，全球互联网每秒流通的信息达到310.0兆比特，在高收入国家、中等收入国家和低收入国家里，这个数字分别是10562.8、395.0和20.7兆比特。2004年，全球每1000人中就有139.97人使用过互联网，其中高收入国家是低收入国家的22倍之多，每1000人中互联网用户达到544.90人。① 走上商业化道路的互联网是一个高度不平等不均衡的虚拟世界，不仅穷国与富国的差距加大，就是在一个国家内部，乡村与城市、贫民窟与商务区、不同种族、不同性别、不同年龄的人群，在互联网接入和使用方面也存在着很大差距。互联网促进自由言论和理性讨论的潜力还未充分实现，就已经把数字鸿沟这一令人难堪的问题摆在了我们面前。

我们关注数字鸿沟，也许可以多问几句：是技术造成了互联网上巨大的数字鸿沟，还是国家政策和经济势力造就了数字鸿沟？技术进步，是自近代社会以来人类追求的目标，然而技术也会造成伤害。悲观论者认为，互联网的去中心性特征使得对它的控制不大可能，同样也使得利用互联网实现特定目的的活动不大可能，那么，利用互联网消除社会不平等、促进全体人群的利益，似乎也会碰到同样的技术难题。乐观论者认为，去中心化可能取消了成功的控制，却没有取消控制活动本身，掌握真实世界权力的人总是试图掌握虚拟世界，因此互联网里永远都会有主导和抗争，社会活动家应该在虚拟世界的斗争中寻找活动空间，运用国家和市场的力量制衡技术的负面后果，国家、市场和技术，不可能被隔离开来单独分析，历史当然没有终结，现实生活带给我们的选择余地越来越丰富而不是狭窄。

第二节　跨国传媒集团的成长

如果认为在两个以上国家从事媒体信息的采集和经营活动的公司就是跨国传媒集团，那么早在19世纪，通讯社就已经跨越国家之间的界线，具有全球媒体的影子。1835年法国人哈瓦斯创办了世界上第一家成功的通讯社，10年之后，就在罗马、布鲁塞尔、维也纳、马德里及美国等地开设分社。然而，出现大规模的跨国传媒集团是第二次世界大战之后的事情。进入20世纪80年代，传媒之间的兼并和整合活动频繁发生，超大规模的媒体集团一次又一次创纪录地出现。直到今天，跨国传媒集团已经成为我们日常生活的一部分，它们旗下的传媒所拥

① 参见 http://www.stats.gov.cn/tjsj/qtsj/gjsj/2006/t20071106_402442705.htm，http://www.stats.gov.cn/tjsj/qtsj/gjsj/2006/t20071106_402442665.htm。

有的受众比以往任何历史记录还要多，而且一直处在增长的趋势之中。在很大程度上，它们控制和垄断了信息的生产、发行、交换和分配，世界上大部分人每天都处在跨国传媒集团所传播的信息的包围之中，无论我们是否认识到这一点。

还有一点值得我们注意，当我们提到跨国传媒集团，一般指的是以美国、西欧、日本等发达国家为母国的跨国传媒集团，围绕这些公司，我们经常争论有关自由、竞争、垄断、兼并、国家主权、监管、全球治理等问题。媒体的跨国活动跟它的影响力之间不能画等号，俄罗斯的国家通讯社塔斯社在苏联的全盛时期，最多拥有 5000 名工作人员，200 多名驻外记者，80 多个国内分社，120 个国外分社，向 4000 多家媒体供稿。以记者人数、分社数量和发稿量来衡量，塔斯社无疑是当时世界上最大的通讯社之一，然而，它的订户主要集中在社会主义国家，在资本主义国家的影响微乎其微，随着苏联解体、冷战结束，塔斯社规模大幅缩减，它的影响力也随之下降。因此，本章我们对跨国传媒集团的讨论仅限于以发达资本主义国家为母国的传媒集团，而且主要是美国公司。

一、二战后的跨国传媒集团

二战结束后，美国凭借强大的经济实力迅速成长为国际霸主，在美国政府的扶持下，美国公司大规模地走出国门开发海外市场。对于传媒集团来说，有两个便利条件。第一，经过英国几个世纪的殖民统治，英语已经成为世界语言，十几个国家以英语为母语，七十多个国家以英语为官方语言，一百多个国家将英语列为外语教学中的第一外语，因此，美国文化产品在出口方面，碰到了较小的语言障碍。第二，利用自己的影响力，美国推动于 1946 年成立的联合国教科文组织（UNESCO）制定对己有利的公约，UNESCO《组织法》第一条特别规定“本组织将通过各种群众性交流工具，为增进各国人民间之相互认识与了解而协力工作，并为达此目的，建议订立必要之国际协定，以便于运用文字与形象促进思想之自由交流”。1948 年《世界人权宣言》第 19 条进一步确认了“不受干涉”、“不论国界”的信息传递自由，从此，“信息的自由流动”成为国际社会处理文化事务纷争时的基本原则之一。在这个口号下，作为世界上最大的文化产品出口国，美国文化产品可以长驱直入其他国家，跨国传媒集团也可以像卖汽车一样把文化产品卖到其他国家去。可以说，在实践中，这条原则保护了文化产品出口国和出口公司的利益，换来的代价就是文化产品输入国牺牲了文化多样性。

在二战前，好莱坞电影就已经垄断了全球电影市场。20 世纪 30 年代，美国电影产业三分之一的收入来自海外，据美国商务部估计，1939 年美国的电影产量占了全球约三分之二的份额。二战后，这一垄断趋势有增无减，好莱坞电影不仅在发达国家扩大了市场份额，就是在战后新独立的广大第三世界国家中，好莱坞电影也逐渐打开了市场。趁着欧洲电影工业元气大伤，好莱坞电影确立了在欧洲的垄断地位。这一举动得到了美国政府的支持，美国成立了美国电影输出协会，专门负责处理好莱坞电影的对外交易，好莱坞电影发行人员伴随着美军解放被德国占领的欧洲国家，在欧洲战后的废墟上，建立简易电影院，吸引观众。1945—1949 年，意大利每年进口 400—500 部美国影片，同时好莱坞还与欧洲公司合作建立合资发行公司，建立拍摄基地以降低生产成本，建设电影院线，通过控制终端进而控制电影市场。好莱坞网罗欧洲电影人才，20 世纪 40 年代许多著名的电影人都来自欧洲，包括著名影星葛丽泰·嘉宝、费雯·丽、英格里·褒曼等经过好莱坞的商业改造，这些电影人才一方面为好莱坞电影增添了异国情调，另一方面也为好莱坞电影进入外国市场制造了亲近感，大批国外影迷对偶像的忠诚反过来又支撑了好莱坞获得高额利润。

对西方国家来说，70 年代是动荡的年代，社会运动、两次石油危机、高通货膨胀，国内电影市场萎缩，于是好莱坞将注意力转向开发包括动作片在内的新类型电影和包括黑人在内的新受众市场。刚独立不久的非洲国家不仅在社会制度上大多实行自由资本主义制度，而且在文化产品进口方面奉行自由贸易原则，因其国力薄弱，在经济建设方面依赖美国援助，美国不仅进行技术援助，也出口好莱坞电影到非洲国家，逐渐占领了非洲电影市场。目前非洲电影市场 95% 以上的电影都是美国影片，在很多国家，国产影片的放映时间甚至不足 1%。整个非洲大陆每年生产的影片只有几十部，其中很多成本之低令人咋舌，一部影片的总投资往往不过几万美元，粗制滥造的国产影片根本无法跟制作精良的美国影片同场较量。

1985 年，美国电影输出协会要求韩国改变自 1966 年以来的电影政策，允许美国公司在韩国建立电影发行公司，改变每年韩国国产影片必须占据 146 天以上放映时间的规定，保护产权打击盗版，这些要求得到了美国政府的支持。1997 年亚洲金融危机重创韩国经济，为了得到美国主导的国际货币基金组织和世界银行的援助恢复经济，韩国政府打算与美国签订自由贸易协定，将电影业包括进去，将 146 天降低为 92 天，此举引起国内电影人的强烈反对，在他们的静坐和游行压力下，美韩自由贸易协定被搁置。2006 年，美国提出，要么签订自由贸易协定，要么维持现有电影配额制。在被迫二选一的形势面前，韩国政府看到了自由贸易协定会带来 135 亿美元的收入和 10.4 万个就业机会，于是决定自 7 月 1 日起，将原来的 146 天削减为 73 天。在配额制保护下，2005 年国产影片占据了韩国电影 59% 的市场份额，而到了 2007 年，全年共上映了 112 部国产影片，只有

13 部盈利,其余 99 部全部亏本,国产影片市场份额下跌到 50% 左右[①]。

90 年代,俄罗斯和东欧各国也对好莱坞电影打开了大门。1991 年,苏联全国共生产电影 350 部,其中绝大部分来自俄罗斯,1996 年,整个俄罗斯只生产了 26 部电影;1991 年,苏联进口 43 部美国影片,1994 年就增加到 214 部。整个俄罗斯电影市场很快就沦为好莱坞的新市场。

然而,好莱坞电影在全球并不是横行无阻,印度就是一个例外。对于进口好莱坞影片,印度目前没有任何限制,然而在 90 年代,好莱坞影片仅占整个印度电影票房 10% 左右,即使是电影史上最卖座的影片《泰坦尼克号》当年在印度的票房收入也仅名列第八位,落后于印度国产影片。[②] 2001 年印度发行了 1013 部电影,而美国发行了 482 部电影,印度每年发行的电影数量在 650 部至 1000 部之间波动,从产量上来说早在 1976 年印度就已经是世界第一了。目前印度拥有 100 多家电影制片厂,电影从业人员 30 多万人,2007 年票房收入达到 18 亿美元,跟英国和日本差不多,而印度的人均 GDP 差不多只是后两者的 2%。孟买(Bombay)是印度的电影中心,从 80 年代起,英文里出现了"宝莱坞"(Bollywood)一词用于指称孟买电影业。好莱坞电影在印度的失败,有很多原因。首先,语言是一个重要因素,虽然印度曾经是英国殖民地,英语是印度的官方语言,但是印度有 22 种官方语言,400 多种主要语言,全国共有超过 1600 种方言,最通用的印地语只在不到 20% 的人口中使用,英语熟练的人口大多集中在 2000 万中产阶级中间,语言的多样化使得好莱坞电影进入印度时首先碰到了语言障碍,即使用印地语配音,也难以征服印度观众。

其次,普通印度人将看电影当成是主要的娱乐方式,每天大约有 2000 万至 2500 万印度人走进电影院,很多人把一部电影反复看上十几次都是常事。印度国产影片非常类型化,爱情至上是影片的主题,男主人公是一个穷小子,女主人公是富家小姐,其他主要角色还包括从中作梗的恶棍、支持孩子追求爱情的母亲、搞笑的丑角、为吸引青少年观众而设置的少年角色等。音乐和舞蹈是印度影片不可或缺的元素,几乎每部影片都会出现载歌载舞的镜头。主要演员每五分

---

① 参见顾鑫:《梦工厂的韩国投资者》,《21 世纪经济报道》2008 年 9 月 27 日。

② 参见骆思典:《好莱坞、全球化与亚洲电影市场:给中国的启示》,收入孟建、李亦中、Stefan Friedrich 编:《冲突 · 和谐:全球化与亚洲影视》,复旦大学出版社 2003 年版,第 115—143 页。在亚洲其他国家,《泰坦尼克号》获得了空前的成功,比如中国内地和台湾地区的票房收入分别高达 3.5 亿元人民币和 7 亿元新台币,是最卖座的影片;1998 年,时任中国国家主席的江泽民在参加第九届全国人大第一次会议香港团和广东团的讨论时,对该片给予正面评价;1997 年 12 月 20 日印尼空难次日,追悼会现场演奏的哀乐是该片的主题曲,影片所赞扬的强烈生存意志被认为符合空难追悼会现场的气氛。参见李天铎:《想象可见与认同并裂:媒介全球化的后果?》,同上书,第 63—74 页。

钟换一次衣服，大段对白非常少见，而且印度影片很长，几乎不少于三小时，一部影片一天一般放映三次。长期以来，印度本国影片努力塑造这种模式，即使吸收了国外影片的某些元素，比如武打镜头和海外取景，但是，这些基本模式依然被保留下来，这使得印度电影从内容到再现手段上，都体现出了跟好莱坞电影截然不同的面貌。可以说，印度观众走进电影院之前，怀抱着一定的期望，电影是帮助他们逃离残酷现实的白日梦。他们不做美国梦，做的是印度梦，进入印度的好莱坞影片如果不遵循这些规则，等于无法满足观众期望，自然无法吸引印度观众。

最后，成本也是一个重要因素。根据一项对于1998—2002年亚洲18个国家和地区电影观众的调查，走入电影院的印度观众在亚洲总观众里占到了77.4%，然而票房收入只占到12.3%。与此对比，日本观众的人数在总观众人数里只有4%，而票房收入占到亚洲总体年收入的42%；中国电影放映时间占总放映时间的72%，却只占据了观众总人数的12.7%。很明显，印度电影票价不仅比日本这样的发达国家便宜，就是比起条件相仿的中国，也便宜很多。印度国产电影制作费用低廉，2002年，一部影片的最高成本不超过500万美元，平均只有50万美元。[①] 低成本意味着拍摄周期加快、成本容易回收。印度电影票价便宜，一般在10卢比至50卢比（大约0.25美元至1.25美元）之间，令大投入、高成本的好莱坞影片在印度市场上难以获得期望的收入。

二战后兴起的电视媒体也迅速走向国际化。欧洲、战败的法西斯国家和许多第三世界国家都选择了公共电视体制，虽然美国没有能够成功地在这些最有利可图的市场上推行商业电视体制，但是，公共电视需要节目，经费捉襟见肘的第三世界电视台尤其需要廉价电视节目，美国很快就成为全球最大的电视节目出口国。1958年至1973年，短短15年间，美国出口电视节目的收入就从1500万美元增加到1.3亿美元，出口电视节目的时间长度占了全球出口电视节目总时长的三分之二。二战后，美国联邦通讯委员会（FCC）出台法案限制一家电视网在美国拥有的电视台上限为12个，三大电视网在国内市场上的发展受到限制，转向海外市场。到1965年，ABC已经在24个国家的54家电视台拥有投资。1971年，为了限制国内三大电视网对无线电视市场的垄断，美国联邦通信委员会通过法案，规定在晚间7点至11点的黄金时段，电视台播出的自制节目不得超过3小时，此举目的在于刺激三大电视网之外的独立节目制作公司的发展，鼓

① 参见骆思典：《好莱坞、全球化与亚洲电影市场：给中国的启示》，收入孟建、李亦中、Stefan Friedrich编：《冲突·和谐：全球化与亚洲影视》，复旦大学出版社2003年版，第115—143页。

励制作高质量节目。在实际操作中,三大电视网基本上不播放外国电视节目,好莱坞又成为了美国电视节目的主要生产基地。1971 年,为了遵守 FCC 法案,CBS 将节目辛迪加分离出去成立了维亚康姆公司,1986 年它被雷石东买下,将派拉蒙影业、Blockbuster(全球最大的录像制品租赁店)相继收入旗下,1999 年,维亚康姆转而收购了当年的母公司 CBS,目前已经是全球五大跨国媒体集团之一。它的经历生动地说明了美国电视产业的发展。虽然 1995 年 FCC 废止了这项法案,但是制播分离已经在美国电视界确立起来。这一制度打破了电视网对优秀节目资源的垄断,促进了节目创新,制作公司专心生产,辛迪加专门负责电视节目的销售,制作公司从辛迪加获得的收入远远高于之前电视网付给它们的报酬。辛迪加的营销手段五花八门,如以节目交换广告时间、制作发行录像带和 DVD、多轮次销售节目等等,降低了创新电视节目亏本的风险,比如著名的制作人马克·古德森一生制作了 39 312 期电视游戏节目,总时长达 21 831 小时,一个人 24 小时不停地看,也要花掉两年半时间。

二、新自由主义与全球媒体的集中趋势

20 世纪 80 年代以来,电信业异军突起。1980 年全球电信产业的总产值是 3500 亿美元,到了 1986 年,就增长到 16 000 亿美元,以技术革新为基础的高速增长的电信业和传媒业结合在一起,推动了传媒业的发展。1981 年至 1991 年,好莱坞向全球的出口增加了一倍,达到 22 亿美元,整个 90 年代,好莱坞电影高速增长势头不减,1998 年,出口收入达 68.7 亿美元,2000 年竟然达到 120 多亿美元。自 1993 年起,海外市场收入在好莱坞电影总收入中所占的比重已经超过 50%。

全球最大的传媒集团主要集中在美国,《1996 年电信法》放松管制,允许电信和媒体产业相互进入,提高了垄断的标准,导致传媒集团出现了新一轮并购高潮。从 1986 年到 1990 年,美国有超过 400 个电视台和电台被出售,涉及全美 75% 的广播电视频道。仅在 1998 年上半年,美国电信业和传媒业分别发生了 136 宗和 133 宗并购案,涉及金额高达 1205 亿美元和 789 亿美元。传媒业并购不仅仅发生在美国,1993 年,世界大影视公司有 36% 在美国,36% 在欧盟,26% 在日本,1997 年,就有超过 50% 的大公司集中到了美国。并购的后果之一是传媒集团的数量减少、规模越来越大,1995 年,全美国共有 75 家经营广播电台业务的公司,到了 2000 年,整个行业只剩下三家超大型公司。十年前,法国维旺迪公司是法国国内最大的水务公司,没有人把它跟传媒联系在一起。自从 1998 年它以 304 亿美元收购拥有环球电影公司和环球音乐公司的加拿大西格瑞姆公司

开始，维旺迪开始了在传媒领域内的疯狂扩张，目前旗下拥有世界上最大的游戏发行公司、最大的音乐公司、世界第二大的影视公司、欧洲最大的付费有线电视台等，年收入250亿美元，已经成为全球六大传媒集团之一。1983年，本·巴格迪坎(Ben Bagdikian)出版《传播媒介的垄断》一书时，副标题是“五十家大公司怎样控制美国的所见所闻”，等到2000年出第六版时，这个数字就缩减为五家了。①

表7-2　20世纪80年代以来主要媒体并购案

年份	事件	涉及金额
1984	大都会广播公司收购美国广播公司	35亿美元
1986	通用电气收购全国广播公司及其母公司美国无线电公司	64亿美元
1989	日本索尼公司收购哥伦比亚电影娱乐公司	34亿美元
1990	时代公司与华纳公司合并	141美元
1995	西屋电气公司购买哥伦比亚广播公司	54亿美元
1996	迪士尼收购美国广播公司	188亿美元
1997	福克斯公司收购新世纪通信集团公司	30亿美元
1997	哥伦比亚广播公司购买King World(世界上最大的电视节目制作辛迪加)	25亿美元
1998	维旺迪收购西格瑞姆(环球电影公司和环球音乐公司的母公司)	304亿美元
1999	维亚康姆收购哥伦比亚广播公司	460亿美元
2000	美国在线与时代华纳合并，成立美国在线时代华纳公司	1640亿美元
2001	Comcast公司购买了AT&T的有线电视及宽带部门	445亿美元
2003	新闻集团收购Direct TV(美国最大的卫星电视公司)	68亿美元
2006	迪士尼收购皮克斯动画工作室	74亿美元

表7-3　美国与欧洲传媒集团并购案年度统计表②

年份	1990	1991	1992	1993	1994	1995	1996	1997	1998	1999
美国	46	51	53	105	144	194	210	187	156	148
欧洲	34	62	44	40	62	87	95	93	103	103

受到传媒公司并购的直接影响，电影电视产业的利润越来越集中到少数超大型传媒集团手中。1993年，全球最大的50家影视公司的总营业额是1180亿美元，仅仅4年后，最大的7家综合性媒体公司的营业额就达到了这个数字。

① 参见本·巴格迪坎：《传播媒介的垄断》，新华出版社1986年版；Ben H. Bagdikian, *Media Monopoly*, 6th ed., Boston: Beacon, 2000。

② 转引自谢耘耕：《兼并和收购——媒体扩张与发展之道》，载《新闻界》2004年第4期，第20—23页。

2007 年,六家电影公司贡献了好莱坞电影票房总收入(国内和海外收入之和)的三分之二。20 世纪 90 年代中期,六家最大的唱片公司——宝丽金、时代华纳、索尼、百代、贝塔斯曼、MCA——瓜分了全球 80% 以上的音乐市场。到了 2007 年,MCA 被贝塔斯曼收购,又与索尼合并,成立新的 SONY-BMG 公司;宝丽金与环球音乐合并,被维旺迪公司收购,成立维旺迪—环球公司,又试图买下华纳音乐公司和 SONY-BMG;2000 年、2003 年、2007 年,时代华纳三次提出收购百代,目前仍无定论。

图书出版业是最不具有全球媒体潜力的媒体,然而,1995 年,10 家最大的出版公司占了全球图书市场总销量的 25%,1999 年 20 家公司垄断了全美图书 95% 的销售总额,全球最大的图书出版公司或者成为跨国传媒集团的子公司,如贝塔斯曼 1998 年收购全球最大的出版公司兰登书屋,或者本身发展成为跨国传媒集团,如加拿大汤姆森公司在全球拥有 200 多家报纸,2007 年收购路透社,凭借数字出版业务的跳跃式发展而成为 2007 年全球净利润最高的出版集团。

表 7-4　全球最大的媒体和娱乐公司(2008)

全球 500 强排名(2008)	全球 500 强排名(2007)	媒体公司	国家	市值(百万美元)	年收入(百万美元)	净利润(百万美元)
121	102	迪士尼	美国	59 088.7	35 510.0	4687.0
122	94	新闻集团	美国	58 922.0	28 655.0	3426.0
125	84	Comcast	美国	57 700.0	30 895.0	2587.0
158	93	时代华纳	美国	50 140.0	46 482.0	4387.0
174	167	维旺迪	法国	45 678.0	34 229.0	4148.9
318	313	Direct TV	美国	28 488.6	17 246.0	1451.0
340	314	Reed Elsevier	荷兰/英国	26 613.0	9199.0	1252.2
361	310	维亚康姆	美国	25 391.2	13 423.1	1838.1
395	293	Liberty Media	美国	23 348.4	7802.0	441.0
410	254	Time Warner Cable	美国	22 530.4	15 955.0	1123.0
428	333	汤姆森—路透	加拿大	21 542.9	7296.0	4004.0
496	484	英国天空电视	英国	19 387.2	9132.9	1001.4

说明:1. 本表根据英国《金融时报》“FT Global 500(2008)”排名整理(2008 年 6 月 4 日发布,数据截至 2007 年 12 月 31 日)。

2. 这份排名只计算上市公司,因此德国贝塔斯曼集团 2007 年的净利润为 4.05 亿欧元,却没有计入 Global 500 之列。由于中国股市 2007 年强劲上涨,中国石油没有进入 2007 年 FT Global 500,却一跃成为 2008 年全球第二大市值公司。

3. 这份排名将公司按照行业划分,索尼公司排名第 210 位,然而被归入“零售业”之列,不被归入“媒体产业”之列,因为索尼公司的主要收入来自电器生产和销售而非媒体产业。

4. 这份排名没有计算交叉持股情况,比如新闻集团 2004 年买下 Direct TV 34% 的股份,拥有英国天空电视 30% 的股份,又如时代华纳是 Time Warner Cable 最大的股东。

资料来源:http://www.ft.com/cms/s/0/d61a3e3e-413b-11dd-9661-0000779fd2ac,dwp_uuid=4ca4e366-413b-11dd-9661-0000779fd2ac.html。

自从90年代中期以来，全球媒体业出现的趋势之一是媒介融合和行业融合，即电信业和媒体业的融合。在规模上，电信业早就超越了传统的跨国传媒集团，根据金融时报 Global 500(2008)的统计，以股票市值计算，全球六大固话电信运营商和四大移动通信运营商都远远超过媒体集团，其中最大固话运营商AT&T和最大移动运营商中国电信的市值分别比迪士尼、新闻集团、Comcast和时代华纳四家的总市值还要高，至少有九家固话运营商和三家移动运营商的年收入超过媒体行业里的老大迪士尼集团。除了电信业之外，信息业和游戏产业的发展，也令跨国传媒集团阵营里出现新变化。通用集团拥有 NBC Universal 80%的股份，微软在数字媒体和游戏业内也有一席之地。当技术的发展穿越了传统行业边界时，跨国传媒集团阵营里出现了新面孔。然而，目前有影响力的排名在计算时，仍旧沿用旧的规定，比如传媒业和娱乐业被单列为跟"信息传输服务业"相平行的产业，电信业跟计算机服务和软件业一起，被放到信息传输服务业下面，更有甚者，比如联合国贸易和发展会议(UNCTAD)的世界投资报告里，将"交通、储藏和传播业"列为第三产业下面的一个子产业[①]。这些排名因而并不能反映全球媒体的全貌，我们需要通过更多的途径来评估媒体全球化的现状及其影响。

三、跨国传媒集团的本土化策略：以新闻集团为例

有人曾经说过："只有一个真正的全球性的传媒集团，就是新闻集团。"[②]其他大的跨国传媒集团都是美国、欧洲和日本公司，并且母国活动和收入在整个集团中占据相当大的比重，有人戏称它们顶多是"国际传媒集团"。新闻集团创始人鲁珀特·默多克(1931—)生于澳大利亚，早年在澳大利亚发展，1973年开始进入美国报业市场，80年代开始进入英国媒体市场，1985年为了收购和建立美国福克斯(FOX)电视网而加入美国国籍，2004年新闻集团总部从澳大利亚迁到美国，默多克的一生就是移民和资本在全球流动的缩影。

1952年默多克在距离墨尔本以南30公里的阿德莱德开始了自己的办报生涯，从父亲手里继承了当地的两份主要报纸。当时没人能够料到，三十年后，他从澳洲内陆小城市走出来，跻身于全球一流传媒集团行列。目前，新闻集团旗下的媒体遍布五大洲，世界上每天至少超过70个国家的5亿人口都会接触新闻集团的媒体，涉及报纸、杂志、有线电视和卫星电视、电影、电影院线、广播、音乐、出

① 参见 http://www.unctad.org/Templates/Page.asp?intItemID=1485&lang=1。

② 转引自 Terry Flew, *Understanding Global Media*, New York: Palgrave Macmillan, 2007, p.82。

版业、体育、新媒体等领域，其中仅报纸就有近2000家，每周发行量4000万份，发行量居全球传媒集团之首。新闻集团已经成为全球化程度最高的传媒集团。

默多克的扩张生涯“像一系列马不停蹄的征战，一个战役接一个战役”①。他传奇经历里的大手笔主要包括：

——1968—1969年，收购英国《世界新闻周刊》和《太阳报》，使后者成为英国发行量最高的报纸，高达400万份，也成为全球范围内“小报”（tabloid）的典型代表。

——1981年，收购英国久负盛名的《泰晤士报》和《星期日泰晤士报》。从另一个角度来看，《泰晤士报》是“质报”（qualified newspaper）的代表，利用旗下报纸的舆论平台，默多克表示了对当时执政的撒切尔政权和后来的工党政权完全的忠诚和支持，换来了英国政府在多次针对新闻集团的冲突中偏向后者。这些收购也直接为新闻集团目前控股英国四成报纸发行量奠定了基础。

——1985年，买下美国20世纪福克斯电影公司50%的股份，将它旗下的福克斯电视台改造成电视网，1987年正式开播。跟美国三大电视网不同，福克斯瞄准的是30岁左右的年轻受众，播放《结婚……带着孩子》、《辛普森家族》、《X档案》之类的电视剧。这类电视剧在成功吸引年轻受众的同时，也因为过多的色情裸露镜头、乱伦、暴力而引起了社会非议。尽管争议不断，但是今天的福克斯已经是仅次于三大电视网的全美第四大电视网了，从最初的12家电视台发展到近200家电视台。

——1990年，新闻集团旗下的卫星电视台BskyB在英国正式播出，随后凭借着对英格兰超级足球联赛的独家转播权和免费安装天线等手段，BskyB迅速成为英国利润率最高的电视台，2003年时已经有三分之一的家庭是天空卫视（BskyB）的订户。

——在亚洲，1993年，购买已经开播两年的以香港为基地的卫星电视Star TV。目前，Star TV在亚洲拥有超过40个频道，以7种语言向53个亚洲国家和地区播出，每周观众超过一亿七千万。

——2003年，美国联邦通信委员会批准了新闻集团收购Direct TV（美国最大的卫星电视传输网）34%的股份。从此，每五个美国家庭就有一个要么收看新闻集团制作的节目，要么接收它传输的节目。

——2006年，收购在线社交网站MySpace，目前已经成为美国点击率最高的网站之一。

① 参见威廉·肖克罗斯：《默多克传》，世界知识出版社2001年版。

——2007 年,收购道琼斯公司,包括旗下的《华尔街日报》、《远东经济评论》等媒体,从此,新闻集团在美国也拥有了一份“质报”。

默多克的商业成功存在着诸多因素。首先,他搭上了传媒业技术革新的顺风车。他在英国、美国、亚洲开拓新的市场,凭借的不是跟当地既有优势传媒公司“硬碰硬”,而是寻找市场空白点和利润增长点。默多克旗下的著名电视台无一例外都是卫星电视台和有线电视台。有别于无线电视台,卫星和有线电视台一方面每年向用户收取订户费,英国天空卫视不到五年就收回了全部投资,另一方面向广告商收取广告费,它们能够面向更加细分的受众群制作节目,更容易受到广告商青睐。2006 年收购 MySpace 也是如此,在默多克手里,MySpace 的日点击率从 2000 多万增长到 7500 万,在美国超过了此前排在第一的 Yahoo 和 Google。

其次,成功的本土化策略帮助新闻集团赢得新市场。跨国传媒集团面临的严峻挑战之一就是如何实现有效的本土化。1993 年新闻集团从李泽楷手里买下 Star TV 后,对其进行了改造,向亚洲北部发送的节目用中文播出,瞄准大中华地区,向亚洲南部发送的节目覆盖南亚和中东,以英语、印地语和阿拉伯语播出,跟新闻集团旗下的 20 世纪福克斯公司、迪士尼、梦工厂等媒体娱乐巨头签订独家垄断供片合同,禁止 Star TV 在印度的竞争对手获得这些公司的影片资源。新闻集团在印度的 CEO 是前印度国家广播电台台长和新闻部官员,覆盖亚洲南部的 Star TV 主要由印度人经营,从主持人到节目编导几乎全是印度本地人,已经成为印度最成功的外国卫星电视台。为了能在印度市场上获得更多利润,1992 年新闻集团买下了印度第一家本国人经营的私营卫星电视台 Zee TV 的 49.9% 的股份,1999 年将所持股份全悉转给 Zee TV,股价较之 7 年前上涨了 150 倍,新闻集团狠赚了一大笔。维亚康姆集团旗下的 MTV 早在 1991 年就已经在亚洲开播,然而讲英语的主持人和全部都是西方流行音乐节目令它一直没有打开市场。新闻集团旗下的音乐频道 Channel V 进入印度的时间虽然较对手晚,但是它甫一开播就大量播放印度本土流行音乐,很快成为印度最成功的音乐频道。Star TV 以受过良好教育的 2000 万年轻中产阶级为目标受众,经常播出欧美流行电视剧和电视节目。2000 年,Star TV 买下英国游戏节目《谁想成为百万富翁》的印度版权,聘请印度最著名的电影明星主持,重新包装之后,该节目很快成为印度收视率最高的游戏节目,连电影院为了避免与该节目的时间冲突都会改变电影放映时间。节目播出时,热线电话响个不停,印度政府为了保证通信系统正常运转,要求节目组将热线电话号码从屏幕上抹去。这个节目成为 Star TV 在印度发展的分水岭,从此之后,Star TV 最贵的广告价码甚至发展到了每 15 秒 20 000

美元的天价，每周收视率排名最高的 50 个节目中，通常有 40 个来自 Star TV 所拥有的 11 家电视频道。《谁想成为百万富翁》的成功，使得 Star TV 看到了娱乐节目在印度的盈利潜力，相比之下，新闻频道收益不多，于是当 2003 年印度政府通过新法案规定外国公司拥有新闻频道的上限为 26% 时，Star TV 毫不犹豫地卖出了新闻频道 74% 的股份给予本地公司。默多克深知，跟地方政府做对，只会减少商业利润，顺从合作，才能生财。①

再次，商人唯利是图的本性，在默多克这里发挥到极致。默多克与政府和政治家的关系一向为人所诟病，他也似乎不掩饰自己从政治人物那里获得的好处。在英国，2001 年布莱尔谋求连任时，默多克旗下媒体毫不掩饰自己的立场，公开力挺布莱尔。布莱尔再次当选后，对新闻集团大开绿灯，新闻集团可以无视国会禁令，随意调低报纸广告价格。② 默多克买下 Star TV 之后，做的第一件事就是把通过卫视在亚洲落地的 BBC World 频道"踢"出去，因为之前该频道播出了一个关于中国第一代领导人的纪录片而受到中国政府批评。③ 考虑到当时中英两国因为香港回归问题而多有争执，虽然默多克完全支持英国政府，但是新闻集团旗下的哈珀·柯林斯出版公司仍旧解除了跟末代港督彭定康已经签订好的回忆录出版合同。受惠于里根时代的解除管制政策，默多克在美国发展了自己的传媒帝国，因此他一向对共和党政府态度友好，福克斯电视网被看成是"共和党的官方电视台"。然而，2008 年总统大选又一次来临之时，他却转投民主党阵营，为民主党候选人希拉里举办筹款晚会，向克林顿基金会捐款 50 万美元。难怪有人这样评价："福克斯新闻完全没有遵循新闻真实的原则，它不再寻求真理，而是沦为一个彻头彻尾的党派工具。"④

最后，默多克是资本运营的高手。新闻集团在全球 50 多个国家里有 800 家子公司，很少有人能够搞清楚诸多子公司之间的关联程度。英国《经济学家》杂志 1999 年第 3 期发表分析文章认为，新闻集团为了避税而故意设计出超级复杂的财务结构。新闻集团的主要收入来自美国、英国和澳大利亚这些高税收国家，将利润转移到开设在开曼群岛、百慕大群岛、英属维尔京群岛等避税天堂的子公司，灵活合理的避税手段为新闻集团贡献了大量利润。1987 年，新闻集团全资子公司百慕大新闻出版公司（公司一）以 2.3 亿美元价格收购了香港《南华早

① 参见张讴：《印度文化产业》，外语教学与研究出版社 2007 年版，第 117—127 页。

② 参见陈君：《默多克的完美"圈套"》，载《中国新闻周刊》2007 年第 8 期，第 40—42 页。

③ 参见张西明：《传媒帝国的诱惑》，载《读书》2002 年第 2 期，第 121—126 页。

④ 转引自袁爱中：《谈默多克传媒消费主义运作手法》，载《国际新闻界》2005 年第 4 期，第 34—37 页。

报》。过了几个月，百慕大公司以 18.2 亿港币将《南华早报》所有权卖给了一家在香港注册的新公司——南华早报出版公司（公司二），南华早报出版公司为此向南华早报信贷公司（公司三）借了 18.2 亿港币，而后者正是百慕大新闻出版公司的子公司，南华早报信贷公司向银行借款 18.2 亿港币，担保人正是南华早报出版公司。看似眼花缭乱的股权转移，最后的结果是百慕大公司获得了 18.2 亿港币，因为公司注册地是百慕大群岛，所以这部分收入无需缴税；同时，南华早报出版公司借款买入《南华早报》，公司账面上等于出现了 18.2 亿港币的亏损，可以向香港政府提出免税申请，而且要向南华早报信贷公司支付利息，利息也是可以免税的。一进一出之间，新闻集团实现了合理避税。

默多克是一个存在很大争议的人物。2007 年他收购《华尔街日报》时就招来了美国 200 多名记者罢工，因为以往的默多克总是为了政治利益而牺牲媒体的独立性和公正性，已经使得《泰晤士报》成为英国政府的传声筒，甚至当新闻集团打算收购意大利传媒公司时，英国首相竟然为他充当说客。①

《太阳报》是英国发行量最大的报纸，也被认为是“狗仔队新闻”的发扬光大者。2004 年 8 月，BskyB 数字频道每晚播出“裸体新闻”，12 位美女主播轮番上阵，一边播报新闻一边脱衣服，等到播完新闻，她们也脱得一丝不挂了。这种混淆新闻与娱乐界线的“infotainment”很快被其他电视台仿效，成为吸引观众眼球的有效手段。公允地看，狗仔队为了“挖”新闻而表现出来的耐心和敬业精神不无可取之处，狗仔队新闻的文字和图片也并非全是垃圾作品，然而，在全球任何一个国家，在大众和媒体的眼中，狗仔队都被看成是媒体领域内的另类而受到批评，没有任何一所有名望的新闻院校敢于公开宣扬自己培养狗仔队。固然，当一个社会的道德水准在下降时，让狗仔队来背负骂名，有违公允，但是，狗仔队所表现出来的对隐私的漠视、煽情化标题和报道、故意激怒对方以追求刺激性材料的采访风格、对采访对象的不尊重、夸张人性的窥视欲、宣泄色情和丑闻等特征，更值得我们警惕。作为特殊的文化产品，媒体的道德教化功能不需要也不能被取消，如果让狗仔队取代严肃新闻，任由“infotainment”泛滥，带来媒体品格的下降，不仅是媒体之祸，也是整个社会的灾难。

四、跨国性和文化例外

在过去二十年里，跨国传媒集团在全球获得了长足发展。然而，一路高歌猛进背后，对它的质疑从来就没有停过。大量经验证据表明，全球顶级传媒集团的

---

① 参见威廉·肖克罗斯：《默多克传》，世界知识出版社 2001 年版。

大部分资产来自母国,其中主要是美国。表7-5里没有提到贝塔斯曼集团,根据它的公司主页显示,截至2007年12月31日,18.1%的收入来自美国,32.2%的收入来自德国,44.3%的收入来自(除德国之外的)欧洲,只有5.4%来自其他国家和地区。[①] 可以说,顶级跨国传媒集团主要的业务活动基本上都围绕着大西洋两岸在进行。

表7-5 最大的全球传媒集团的跨国性(2003)

传媒集团	总资产(十亿美元)	外国资产占总资产的%	跨国性指标(TNI)%	北美收入占总收入的%	北美外地区收入占总收入的%
时代华纳	122	*	*	79	21
迪士尼	53	14	18.5	77.5	22.5
新闻集团	56	19	32	56	44
维亚康姆	19	5	10	78	22

说明:1. 跨国性指标(Transnationality Index)是联合国贸易发展会议编制的指标,等于下列三个百分比的算术平均值:外国资产占总资产的比例、外国收入占总收入的比例和外国雇员占总雇员的比例。很明显,TNI值越大,则一家公司的跨国程度越高。

2. 时代华纳在年度报告里不计算外国资产占总资产的比例,因为它的主要外国收入来自国内文化产品的海外销售收入。

资料来源:http://www.ft.com/cms/s/0/d61a3e3e-413b-11dd-9661-0000779fd2ac,dwp_uuid=4ca4e366-413b-11dd-9661-0000779fd2ac.html。

前面第二章里曾经提过的"全球化还是国际化"的争论又一次摆在了面前。反对跨国传媒集团扩张的观点提出文化帝国主义、文化侵略、文化主权、文化安全等一系列概念,来表明跨国集团对(主要是美国之外的)其他国家的文化生态所造成的负面后果,因此,对本国文化的保护非常必要。1947年50多个国家签署的《关税与贸易总协定》第20条提到,"为了维护公共道德"以及"保护本国具有艺术、历史或考古价值的文物",必须采取相应措施[②]。在1985—1993年乌拉圭回合谈判中,法国依据这一条款,提出"文化例外"原则,要求将文化产品作为特殊商品从自由贸易谈判中去掉,并且不惜以退出关贸总协定为代价,迫使美国最终妥协让步。1989年,欧共体12国颁布了"无国界电视指令"(The Television Without Frontiers Directive),明确规定各成员国必须确保50%的电视时间播放欧洲制作的节目,给独立制片人制作的欧洲节目至少留下10%的播放时间或给他

① 参见http://www.bertelsmann.com./bertelsmann_corp/wms41/bm/index.php? ci=7&language=2。

② 参见王晓德:《全球自由贸易框架下的"文化例外"——以法国和加拿大等国抵制美国文化产品为例》,载《世界经济与政治》2007年第12期,第71—77页。

们10%以上的电视节目预算经费。2003年,“文化例外”被加入欧盟宪章里,当存在影响欧盟语言和文化多样性的风险时,欧美对文化和视听服务国际贸易谈判将行使否决权。

然而,在现实中,欧洲国家在利用文化例外原则抵御美国文化产品入侵方面虽然起过积极作用,总体看来却是收效甚微。尽管欧洲各国用配额制限制好莱坞电影的进口,但是美国电影仍旧是欧洲电影市场上最卖座的影片。二十年来文化例外原则在欧洲的实践并不乐观,造成这一后果的原因主要包括[①]:政府和电影创作人员支持文化例外,本国电影发行商和放映商却出于商业利益考虑而反对这一原则,当文化输入国的内部出现观点分歧时,美国更容易一一突破,凭借国内的支持力量而占领他国市场,更何况本国观众就是喜欢看好莱坞电影,限制他们接触自己喜欢的文化产品,同时迫使他们接触也许自己并不喜欢却是政府乐意推销的文化产品,似乎不能逃脱限制公民个人自由的干系,而且当受众需求从合法渠道得不到满足时,将不可避免地转向盗版,这又对知识产权保护发出挑战,显然,法国仅仅主张文化例外,不会支持盗版猖獗。2000年法国维旺迪公司进军媒体业的时候,维旺迪董事长梅斯耶公开说:“文化例外已死!”文化例外不仅受到美国反对,更引人关注的是,它也遭到法国人的反对。

“文化例外已死”的说法未免有点耸人听闻,对这一原则一棒打死的做法也不合实际情况。然而,文化例外原则的确碰到了一些困难。为了限制美国文化产品的大量入侵,坚持文化例外主张的国家基本上采取了两种措施:文化产品进口配额制和补贴本国文化产业。先不论这种做法在现实中并没有能够有效抵挡美国文化产品的进入,就是它们的假设,看起来也有可疑之处。这些做法的前提假设是:本国文化产业薄弱,根本不是强大的美国文化产业的对手,因此需要保护,等到本国文化产业发展到足够强大的地步时,再开放国内文化市场,让本国和外国媒体同台竞争。究其实质,就是通过暂时的垄断来限制竞争,由此带来的问题之一是文化例外并没有提高本国媒体产品的原创性程度,相反,在配额制和补贴制的保护之下,本国媒体产品的原创性在降低。2001年法国电影《天使爱美丽》不仅在法国本土大获丰收,连续四周成为票房冠军,打破了自1986年以来好莱坞电影雄踞法国电影票房冠军榜的历史,而且打入美国市场,成为在美国历史上最卖座的法国影片。然而,这部影片并没有得到政府补贴,主创人员常年在好莱坞学习和打拼,熟谙好莱坞电影的制作模式。评论家认为这部电影只不过是一部法国人拍的好莱坞电影,它的成功,并没有预示着法国电影的崛起,而是

① 参见单万里:《法国“文化例外”主张的衰亡》,载《读书》2004年第7期,第99—106页。

好莱坞电影的又一次胜利。如果以原创性作为衡量指标,那么美国影视产品无疑位居全球第一。美国文化产品一方面是类型化严重和模式化生产;另一方面,它的确比世界上其他地区的文化产品更具创新动力和创新能力。文化产品持久的生命力在于原创性,如果文化保护主义带来的是更多的模仿和更少的创新,那么它究竟是保护了文化产品,还是保护了少数人(比如某些跟政府关系更密切的电影导演和电视台)的利益?

印度曾经是全球范围内本国电视市场开放度最低的国家之一,从1959年第一家电视台运行到1990年《印度广播电视公司法》通过,三十多年里,印度电视市场并没有什么大的发展。从1990年开放国内电视市场到现在,100%由本国人控股的民营Zee TV在收视率和收入上已经超过国有电视台,也超过了Star TV这样的跨国传媒集团。Zee TV的例子生动说明,引入外国竞争者,削弱的是国家拨款和控制的媒体,而非在自由竞争中成长起来的商业媒体。在互联网高度普及的今天,无论是非法的网络视频和网络下载,还是合法地购买DVD,普通受众获取美国影视节目的成本在降低,而防范他们获取自己需要的文化产品的成本在增高。此外,配额制和补贴制会造成某些公司迎合政府意志而生产文化产品,生产出的也许不是“美式快餐食品”,但可能是“配额快餐”。

美国当然反对文化例外。美国没有文化部,缺乏统一的文化政策,看上去美国人天生就把文化当成跟其他商品无异的普通商品。美国电影协会主席讽刺欧共体《无国界电视指令》说,如果欧洲担心一部电视剧会瓦解自己的文化,那么这种文化根本不值得保护。细想之下,他的话不是全无道理。文化的定义本来就处于不停的变动之中,在全球化的世界里,不存在所谓“纯粹的”本国文化这种东西,文化例外会不会保护而不是扼杀文化的生命力,仍需要更多时间来检验。

在对待“文化是否特殊商品”这一问题上,美国的态度也曾经有过反复,这种反复也为美国的反对者们留下了可利用的谈判空间。1986年,美国和加拿大签署自由贸易协定,在加拿大的坚持下,其中第2005条款明确规定,除了特殊情况外,文化产品不受两国签署的自由贸易协定条款的限制,即所谓“文化豁免”(cultural exemption)。这被看成是美国第一次承认文化是特殊商品。1993年,美国、加拿大和墨西哥签署的北美自由贸易协定也重复了这一规定。在世界贸易组织通过了法国倡导的文化例外原则之后,1996年,加拿大为了保护国内报刊市场而做出决定,对在境内发行的外国期刊及其子刊每期征收相当于80%广告收入的消费税。美国认为这一政策违背了自由贸易精神,将加拿大告到了世界贸易组织,最终的裁决有利于美国,要求加拿大取消这项政策,迫于压力,加拿大接受了世贸组织的裁决。[1] 这场官司对美国的启示是,如果早知道今日这么麻烦,当初就应该不同意文化豁免条款。

在全球化背景下,一个国家能否顺利坚持文化例外或文化豁免原则,还要考察它和国际组织之间的力量关系,如果国家力量相对虚弱、部分主权被让渡给国际组织,那么国家的立场将更多地由国际组织来决定。欧洲国家关于本国广告内容都有着自己的特殊规定和传统习惯,比如挪威不允许出现针对儿童的电视广告,法国电视广告里几乎不会出现酒类商品广告等等。当跨国传媒集团所拥有的卫星电视在欧洲普通家庭落地时,文化冲突表现得更加激烈。1996 年,欧盟做出裁定,针对挪威禁止卫星电视中出现针对儿童的广告的做法,欧盟判定无效,且裁定法国也不得禁止卫星电视节目里的酒类产品广告。[2] 这等于是宣布了国家监管的无效性。

国际领域内的斗争仍在继续,加拿大、挪威和法国的败诉并不意味着反对文化贸易自由化的声音就此消失。2005 年,联合国教科文组织大会通过了《保护和促进文化表现形式多样化公约》,2007 年开始生效。虽然美国和以色列投了反对票,澳大利亚等四个国家弃权,但毕竟有 148 个国家投票赞成。该公约第一条第(八)条规定:"重申各国拥有在其领土上维持、采取和实施他们认为合适的保护和促进文化表现形式多样性的政策和措施的主权。"然而,第二条第(一)条里又说到"只有确保人权,以及表达、信息和交流等基本自由,并确保个人可以选择文化表现形式,才能保护和促进文化多样性",第(八)条重申"开放和平衡原则:在采取措施维护文化表现形式多样性时,各国应寻求以适当的方式促进向世界其他文化开放,并确保这些措施符合本公约的目标"[3]。《公约》其实回避了,也就是没有真正解决文化保护主义和自由流动之间的矛盾关系,占据了世界大多数的文化产品出口量的美国反对这项公约,这些都为以后的国家间斗争埋下了伏笔。

五、跨国传媒集团在华本土化策略的比较

跨国传媒集团的能力,有时候并不像我们设想的那样强大,事实上,跨国传媒集团在全球市场上的失败例子比比皆是。2008 年,关于贝塔斯曼集团和新闻

---

① 参见王晓德:《全球自由贸易框架下的"文化例外"——以法国和加拿大等国抵制美国文化产品为例》,载《世界经济与政治》2007 年第 12 期,第 75 页。

② 参见爱德华·赫尔曼和罗伯特·麦克切斯尼:《全球媒体:全球资本主义的新传教士》,天津人民出版社 2001 年版,第 53 页。

③ 参见 http://unesdoc.unesco.org/images/0014/001429/142919c.pdf。

集团将撤出中国市场的传言一直没有平息,主要理由在于进入中国十几年后,它们并未如预期那样,在世界上人口最多的国家里获得利润,而是一直在赔钱。外国公司在本国水土不服,一直是跨国集团难以绕过的障碍。

贝塔斯曼在欧洲的成功主要归功于它的"书友会+书店"营销模式,然而在中国,书友会耗费了大量资金也难以培养起中国人通过书友会买书的习惯,当当网和卓越网这样的本地公司以卖书为主,省掉了书友会开支,从而在跟贝塔斯曼的竞争中处于优势地位。2003 年,获得新闻出版署和商务部批准,贝塔斯曼成立了首家中外合资全国性连锁书店,在中国开设直营书店,跟新华书店这样的国有垄断企业竞争,后者还拥有国内图书行业利润率最高的教材的独家发行权,所得税标准也比贝塔斯曼低。2008 年 6 月,贝塔斯曼不得不宣布关闭在中国的 38 家连锁书店,解散书友会,它在欧洲市场的经营模式被彻底证明完全不适合中国市场。①

新闻集团敲开了印度市场的大门,却没有敲开中国市场的大门,它失败的原因,主要在于跟中国现行政策的冲突。2005 年,新闻集团买断了青海卫视晚上 7 点半之后的黄金时段,所有节目和广告都由其在中国的全资子公司星空传媒来操作。这明显违反了中国不允许外资染指国有电视频道的政策规定,曲线救国策略只持续了三个月就被广电总局叫停,这件事情成为新闻集团在华业务发展的转折点。1985 年默多克首次访华,给中央电视台赠送了 50 部 20 世纪福克斯电影公司的影片,此举成为默多克向中国示好的起点。此后,在中国向外资媒体开放国内电视市场的政策里,新闻集团总是能够领先其他对手而占尽先机,然而与青海卫视的合作却让过去 20 年里建立的友好关系付之流水。

即使在政策允许落地的广东省,星空卫视的节目收视率也不高,究其原因,在于星空卫视的目标是全国市场,没有考虑广东市场的特殊性(粤语节目较普通话节目更流行)。看到湖南卫视"超级女声"节目红遍全国,2006 年星空卫视播出了这一节目的原型"美国偶像",该节目风靡欧美多年,所到之处雄踞收视榜第一名,然而在中国却因为播出时间太晚和更新太慢遭到观众抱怨。通过国外的流行电视节目带动收视率,看来这一措施并没有得到中国观众的肯定。究其原因,1993 年新闻集团进入印度时,印度观众只能通过卫星电视收看国外流行电视节目,而 2002 年,当星空卫视在中国落地时,对国外电视节目感兴趣的观众已经能够通过网络下载自己想要的内容,对国外电视节目兴趣不高的观众更

---

① 参见昝慧昉、龚鸿燕、杭晓琳、何为、杨樱:《贝塔斯曼退出中国:一场事先张扬的衰败》,载《第一财经周刊》2008 年 6 月 25 日。

加没有动机收看星空卫视引进的节目,何况英语是印度的官方语言,而星空卫视进入中国就面临着语言方面的障碍。默多克曾经搭上了卫星电视新技术的顺风车建立起了自己的全球媒体帝国,如今却败在了互联网新技术的手下;在 Channel V 频道里加入印地语节目曾经令新闻集团在印度打败对手 MTV,在广东坚持用普通话播出节目,却令新闻集团受众群萎缩。

其他跨国传媒集团在中国市场上的发展,也多有起落。早于默多克星空卫视的失败之前,2003 年,全球最大的传媒集团时代华纳就把麾下的华娱电视的 64% 股份卖给李嘉诚。分析家认为,这次交易要求李嘉诚承担未来 30 个月里华娱电视的运行费用,允许但不强迫时代华纳在 2010 年之前行使一次认购权。看上去时代华纳放弃了中国电视市场,但还不如说,凭借李嘉诚在华人世界的人脉,如果七年之后华娱电视盈利的话,时代华纳能够以合理的价格重新掌握它。2003 年,时代华纳宣布中止与联想集团关于 fm365 网站的合作关系,同时卖完自己手里中华网的所有股票,此举被看成是时代华纳退出了中国互联网市场。中国互联网市场接入服务的垄断程度远远高于电视频道的垄断程度,时代华纳不能碰渠道,做内容又拼不过本土公司,及时撤退中止亏损也不失为明智之举。由于中国对媒体的严格监管政策,时代华纳难以大展拳脚,然而严格遵守国内政策,使它避免了像新闻集团那样触红线的政治风险,保守的经营策略肯定不能交出最高分的试卷,却也不会考出最低分。

从进入时间来看,维亚康姆远远落后于它的竞争对手,1995 年才在北京成立办事处,然而,目前它在中国媒体市场上的日子远远比对手好过。稳健的推进策略和成功的本土化手段是它成功的法宝。维亚康姆选择了跟中国伙伴合作,利益均沾,从不单干,吸收国内优秀人才和资源加入,使得它更少面临常见的对跨国公司的指责。成熟的音乐和儿童节目,都是中国国内电视市场所缺乏的,也是维亚康姆的长项,以此为突破口,它建立起了品牌特色。它旗下的 MTV 音乐频道已经在部分涉外酒店和广东省落地,同时该频道的部分节目也在多家地方性电视台播出,跟中央电视台合办每年一次的 CCTV—MTV 音乐盛典,把音乐盛典这种形式带给中国观众,也是宣传 MTV 这一品牌的绝好时机。维亚康姆在中国市场上的另一个成功之举是把 Nickelodeon 儿童电视频道的节目引入中国 200 多个频道,跟中央电视台签订长期稳定播出合同,跟上海文广新闻集团组建合资电视节目制作公司制作儿童电视节目。维亚康姆的思路是占领最有利润潜力的市场,不着急铺设全国性电视节目播出渠道,北京、上海和广东这些经济发达地区的高收视率保证了维亚康姆不会太赔钱,在其他地区的播出塑造了观众对品牌的高度认知,MTV 品牌在中国市场的收入以每年 30%—50% 的速度增长,使其成为最有可能盈利的外资电视媒体品牌。近年来，维亚康姆积极与中国公司合作，开拓数字电视、户外广告、互联网视频、手机视频等业务领域。2008年，它更换了公关出身的中国区CEO，改以熟谙传统电视频道和专业数字媒体的新CEO，被分析家认为是试图发展互动式新媒体平台，凭借新技术的力量而获得更大的中国市场。这一策略借鉴了新闻集团当年飞跃式发展的思路，然而，维亚康姆做得更加稳健和扎实。

通过对以上几家跨国传媒集团在中国发展的简要分析，我们可以看出以下几点：首先，中国强有力的媒体监管政策和国家政权将对跨国传媒集团在中国的发展进行最严格的审查和控制，这也是外国媒体在中国发展所碰到的现实政策环境，中国个案很明确地体现了全球化时代国家主权与跨国公司之间的碰撞和交锋。其次，新技术的变革，对国家监管提出新的挑战，对跨国传媒集团来说，这也意味着前所未有的新机会，谁能够搭上新媒体的快车，谁就会跑在前面。最后，跨国媒体集团以商业利润为主要目标，花钱又不讨好的新闻不是它们的兴趣所在，它们更倾向于消费性的娱乐节目，目标受众是购买力更高的城市年轻人群，中国媒体里的商业化和消费主义并非由这些跨国传媒集团带来，然而跨国集团的进入，的确刺激了这两者的发展，但是它对于中国媒体和中国社会的影响，仍待更多经验证据和实际案例的证明。

第八章　全球化时代的媒体内容

全球媒体最终需要仰仗内容来发挥影响力，因此，媒体内容成为激辩的场所。跨国传媒集团总是试图证明自己能够带来更高质量、更符合受众需求的媒体产品，因而赢得市场是合情合理的结果，然而很多经验证据表明，在持续开发新市场和新利润增长点的过程里，跨国传媒集团的媒体内容也宣扬了消费主义、个人主义、自由主义等等源自西方的理念，这样带有西方背景的媒体内容偶尔也会水土不服，除了不符合本土文化的既定惯例之外，媒体内容本身的正当性和合理性也经常受到本土文化的排斥。民族国家往往站在保卫本国传统文化的立场上，对外来文化报以怀疑或不信任的态度。毫无疑问，在所有制衡跨国传媒集团的力量之中，民族国家是最具有合法性的一支力量，因此它对文化全球化的质疑值得关注。落实到具体行动上，民族国家能够限制合法进口国外文化产品和引进版权，却不能杜绝盗版泛滥，也不能阻止本国媒体模仿甚至克隆跨国传媒集团的产品。无论我们对媒体产品的相似和同质持何种观点，都必须承认，在文化全球化的发展进程里，文化产品间的相互模仿、学习和复制正在使得文化现实更加复杂多变、难以琢磨、歧义重重，文化混杂（hybridity）正在取代文化差异和文化同质，更准确地描绘当下的文化现实。

第一节　文 化 混 杂

一、文化全球化的三种理论视角

关于对文化全球化的看法，如第五章的论述，大致可以分成三种理论视角：文化差异论、文化同质论（homogenization）和文化混合论。后两种观点跟媒体研究的关系更加密切，其中，当我们讨论新闻信息的全球流动时，文化同质论更容易占据上风，当讨论非新闻性的娱乐和休闲文化产品时，文化混合论也很有说服力。

文化差异论以亨廷顿《文明的冲突与世界秩序的重建》（2000 年）为代表，他反对普世文明的现实存在，强调在未来将会发生基督教文明、伊斯兰教文明和儒家文明之间的冲突,然而他无法解释各个文明圈内部的局部战争、巴厘岛和马德里的恐怖主义袭击等等社会现实。而且在理论层面上,过分强调文化差异,很容易导致对本国文化的推崇和对他国文化的误解歧视,在不同文化之间区分高下这一做法,严重缺乏正当性。

文化同质论的另一幅面孔就是麦当劳化、迪士尼化和文化帝国主义。乔治·里茨尔(1993)概括了作为一种文化的麦当劳化的几个特点:效率(用最快的速度完成某些工作,比如就餐)、可计算性(即使味道这样非常个人化的体验也必须能够被量化计算)、可预测性(标准化的服务)和可控制性(同质化的员工)。[①] 麦当劳化并非指麦当劳餐厅在全球的发展,而是指经由麦当劳餐厅所体现出来的核心价值理念在全球的扩散,主宰社会生活的多个方面,最终形成一个"麦克世界"(McWorld),带来非理性、模式化、无创造性的社会生活。事实上,麦当劳餐厅并非仅仅作为全球最大的连锁快餐厅而被关注,英语世界里,跟麦当劳相关的新词层出不穷,1993 年权威的《韦氏大学字典》增加了新词"麦克豪宅"(McMansion),指面积很大、建造速度很快、造价低廉、千篇一律的房子,2003 年又收入新词"麦克工作"(McJob),被解释为"低收入和没有发展前途的(dead-end)工作",并且放在"麦当劳"这一条目下面。"麦克工作"一词是社会学者阿米泰·埃奇奥尼(Amitai Etzioni)在发表于 1986 年 8 月 24 日《华盛顿邮报》上的一篇文章里首次创造出来的新词,文章的标题为"麦克工作对孩子们不好"(McJobs are Bad for Kids)。小说家道格拉斯·卡普兰(Douglas Coupland)在小说《X世代》(1991 年)里将服务行业里低收入、无尊严、低利润和无前途的工作称为麦克工作。一方面,从语言词汇的变迁,我们能够看到对麦当劳化的批评,另一方面,语言的含义在不断变动。麦克豪宅最初暗指大而无当、面积巨大却失掉了传统亲密社区关系的住宅,然而由于它的目标消费者是社会的中产阶级及高收入人群,因此也逐渐地成为身份和地位的象征,并且用于描绘加拿大多伦多市、澳大利亚悉尼市、新西兰奥克兰市等地区新出现的建筑物风格。英国《卫报》2007 年 6 月 4 日的评论里就说道,麦克豪宅在某些地区已经成为标新立异和个性化建筑的代名词,谁能保证过十几年,麦克工作不会成为人人都期望的好工作?

文化差异论和文化同质化看似立场水火不容,各执一端,然而,它们在一些前提假设上,却有着惊人的相似。首先,这两种理论视角都对文化全球化的后果持不乐观态度:文化差异论预见几个文明圈之间的冲突即将到来,没有一致的目

---

① 参见乔治·里茨尔:《社会的麦当劳化》,上海译文出版社 1999 年版;乔治·里茨:《麦当劳梦魇:社会的麦当劳化》,中信出版社 2006 年版。

标和行动，整个地球将陷入对立和战争；文化同质论则对同质化的后果提出了批评，无论是麦当劳化，还是迪士尼化，都并非人类世界的乐土，反而暗示着加剧了社会生活的非理性和被控制感。其次，这两种理论都承认现实中的各种文化间存在着不平等。在文化差异论来看，这种不平等造成了文化间的优越和落后，文化间的界线被明确和加强；站在文化同质化的立场上，文化间的不平等导致了弱势文化更容易接受强势文化的影响，弱势文化被吸纳和收编进强势文化之中，二者差距的消失，是以弱势文化的消失为代价。

表 8-1 简单总结了关于文化全球化的三种理论视角的差异，从中可以看出，文化差异论和文化同质论也有不同的地方，它们的差别，最关键之处在于对待民族国家的态度不同。首先，文化差异论肯定甚至主张强大的民族国家能够保护本国文化，从而在冲突和战争中站稳脚跟，文化同质论对全球化时代国家权力是否依然有效产生了怀疑，麦当劳餐厅这样的跨国公司也许不费一兵一卒，就能改变其他国家人民的思想和观念，国家——尤其是弱势国家——如果依然有强大的权力，就无需担心文化同质化的后果。其次，文化差异论主要着眼于国家层面的文化，对一国内部和个人层面的文化现象论述不多，而文化同质论（除了文化帝国主义之外，单指麦当劳化）更多关注个人层面的社会生活，既然它担忧国家权力的有效性，那么必然转向个人层面寻求解决之道。

表 8-1　文化全球化的三种理论视角

理论	文化差异论	文化同质论	文化混合论
关注的文化现象	国家层面的“纯洁的”文化	国家层面与个人层面的文化	个人（尤其是海外散居者）层面的文化
对当下全球文化的看法	现实中的文化不平等	抹平文化差异，承认文化间的等级结构	非整合的、碎片式的文化混杂，回避文化/权力的等级结构
对民族国家在全球化时代的看法	必须而且能够维持 赞同国家权力的强大	无论是否必须，已经不能够维持 认为国家权力正在被削弱	非必要，而且不能够维持 质疑国家权力的整合性
全球文化的本土化策略	强化现有文化之间的边界	全然吸收、不加抵抗或抵抗无效	混合了全球性和地方性要素的文化
代表性观点	文明的冲突，种族清洗，文化种族主义	文化帝国主义，麦当劳化，迪士尼化	后现代剪贴文化
未来前景	文化的对立和差异	全球文化的同一性（西方化或朝向另一个融合性的全球文化）	文化多样性和混杂性

跟文化差异论和文化同质论的立场截然不同,文化混合论对文化全球化持基本乐观的态度,认为文化间的界线没有被强化反而被模糊和取消了,即文化混杂。混杂(hybridity)来自拉丁文"hybrida",原指家养母猪和野生公猪的后代,后来进入生物学,指生物杂交现象。自从18世纪以来,来自全球不同地方的人群之间的通婚增多,他们的后代被称为"混血儿"(hybrid)。虽然从生物学角度来看,混血儿往往能够继承双亲优势,但是,在殖民主义者的话语体系里,混血儿是比非洲人和亚洲人这些"低等"人种还要更加低等的人种,因为后者至少在血统方面是纯粹的。20世纪晚期,当后殖民理论家将"混杂"引入对文化的研究之中,纯洁与混合的争论,又一次出现在了对文化混杂现象的讨论之中。

美籍印度裔学者、后殖民主义文学理论家霍米·巴巴在1994年出版的《文化的定位》这本自选论文集里,针对全球化导致的文化同质提出了自己的独特见解。他以英语文学文本为个案,认为当殖民者主导文化和被殖民者边缘性文化接触时,不同文化被重新阐释,创造出新的文化,这种新文化既不完全等同于殖民者的文化,也不同于被殖民者的文化,是一种混杂文化。由于殖民者的强势地位,看起来更现实的后果是,殖民者的文化本身就是布满裂痕、模棱两可、意义含混的,丧失了完整性和连续性。混杂性的文化意味着被殖民者能够颠覆性地解释,甚至是逆转和瓦解殖民者的文化,避免了被同化或者合谋的命运。巴巴以印度人对《圣经》的挪用、误用和歪曲为例,说明殖民者文化不再具有高高在上的优越感,它本身就是混杂的后果,具备了差异、去中心、多元、不确定、矛盾、断裂等等特征。

皮特斯(Jan N. Piertse)概况了混杂概念所包含的三个层面。[①] 第一,在经验层面上,随着人口、观念和商品的全球交流越来越频繁,文化混合现象越来越普遍。虽然人口移民和商品交换并非新鲜事,然而20世纪以来这些现象具备了跟以往不同的特征。第二,在理论层面上,混杂意味着对同质的文化、纯洁的种族、统一的国家等等这些概念的质疑,无论是殖民地,还是被殖民地,都失掉了整体性和同质性,现代性宏大叙述被彻底解构。第三,在规范层面上,民族国家能力下降,已经不能将文化限制在固定的边界之内,去领土化(deterritorial-

① 转引自 Terry Flew, *Understanding Global Media*, New York: Palgrave MacMillan, 2007, pp. 164—165。

ization)[①]、世界主义(cosmopolitanism)、离散族群(diaspora)等概念反对二元对立和稳定边界,更适合描述资本主义晚期或曰后现代社会的特征。

巴巴从混杂中看到了殖民地文化的能动性和抵抗意识,也看到了强势文化的不稳定和不平衡之处,因而对文化混杂基本上保持着一种乐观态度,他提出,"各种固定身份之间的裂缝开启了文化混杂的可能性,不带有任何假设或被强加的等级结构而包容差异"[②]。然而,巴巴为人所批评最多的,是他实际上并不关心现实世界里的权力不平等。第一,他的混杂理论里假设了一个非历史性的、非地域化的主体形象。[③] 混杂意味着不存在"纯洁的"、"本真的"文化,一切文化都是混杂的结果。无论是处于强势地位的殖民者文化,还是处于弱势地位的被殖民者文化,它们各自的历史传统并不重要,当两种文化碰撞和接触时,弱势文化能够挪用和模仿,对强势文化的优越性发出挑战,强势文化也必须吸收和认可弱势文化,才能获得被统治者(被殖民者)的支持。所以,巴巴拒绝区分殖民混杂主体和被殖民混杂主体。但是,现实情况是,当强势文化和弱势文化接触时,更有可能出现的是弱势文化被强势文化改造,而不是反过来;无论被殖民者如何抵抗,强势文化(西方文化)始终是主流。巴巴曾以拉美人比殖民者更早发展出了世界主义意识为例,证明弱势文化群体的抵抗意识,然而,拉美人的世界主义意识的内涵,不正是西方殖民主义者主导的那一套文化意识形态吗?

第二,巴巴虽然是从对殖民文学的分析入手来发展混杂概念,但是,他避而不谈现实中的资本主义全球发展和阶级不平等现象,认为通过辩论就能够削弱和消解西方文化霸权,这是理论的天真。现实世界远远不是文化混杂能够简单概括的一个乌托邦,文化间交流并非只有和平共处的碰撞、认可和接纳,赤裸裸的抢劫和流血冲突也时有发生。有人评价巴巴说:"他的后殖民批评策略是以一种介于游戏性和模拟性之间的独特方式来削弱西方帝国的文化霸权,也即表面上在模仿西方主流话语,实则通过这种戏仿削弱并破坏了西方的思维和写作方式的整体性和一贯性。"[④]也许应该进一步追问:戏仿就可以代替对抗和更激

---

① 法国哲学家德勒兹(Gilles Deleuze)和精神分析家伽塔里(Félix Guattari)在《反俄狄浦斯:资本主义和精神分裂症》(1972 年)一书里创造了"deterritorialization"一词,指将已经确立的控制和统治秩序从某地(即社会的、心理的、环境的空间)移走,后被人类学者使用,指文化和身处的地方之间的联系被切断。跟去领土化概念直接相关的是再领土化(reterritorialization),即某地吸收其他文化而重构和生产出本地文化。在文化全球化过程里,去领土化和再领土化同时发生。

② 参见 Homi K. Bhabha, *The Location of Culture*, New York: Routledge, 1994, p.4。

③ 参见阿里夫·德里克:《后殖民性与历史透视》,载《跨国资本主义时代的后殖民批评》,北京大学出版社 2004 年版,第 57—81 页。

④ 参见王宁:《叙述、文化定位和身份认同——霍米·巴巴的后殖民批评理论》,载《外国文学》2002 年第 6 期,第 48—55 页。

进的革命吗？除了理论层面令人耳目一新，戏仿策略在实际生活里能造成什么样的影响？

二、混杂的媒体内容与电视形式

即使有一些缺陷，霍米·巴巴的混杂概念依然具有相当强的解释力，伴随着文化全球化进程，越来越多的文化领域内出现了他笔下的“混杂”现象，以至于有人宣称“混杂是全球化的文化逻辑”[①]。在当今时代，每一个文化里都包含着多个其他文化的元素，本土活动和日常生活受到外国文化的影响，而且这种影响未必是单向的、被动的和负面的，因此，比起文化融合和文化同质，文化混杂更加灵活地解释了当下世界。

在过去几十年里，电视超过印刷媒体，成为对世界上大部分人群影响力最大的媒体。跟全球化相联系，混杂的电视节目指对国外电视节目做适当调整和收编，保留电视节目形式，加入本土演员、背景、主题等，其目的是为了适应本土市场获得本土受众认可。[②] 混杂的电视节目意味着全球与地方、主导与从属、中心与边缘、传统与现代在电视节目中的相互混合，它的兴起跟 80 年代以来全球媒体政策的新自由主义转向密切相关。新自由主义媒体政策要求自由化、私有化和市场化，改变了之前的公有制和国有制，转向私有制和商业电视。国家放松了对电视媒体的监管，使得电视台拥有更大的自由度来安排自己的电视播出表；电视台不必跟以前一样，在安排播出节目时，主要考虑民族国家的宣传任务而不顾及受众的需求；电视频道的增长导致了对内容的需求；卫星电视和有线电视技术降低了跨国交易成本。这些因素综合在一起，带来了电视节目跨国流动的激增。

进入 21 世纪，混杂的电视节目成为引人注目的一道风景。电视节目的跨国交流很早就已经出现，20 世纪 80 年代美国电视剧《达拉斯》风靡多个国家就是最好的例证。然而，跟《达拉斯》这样的跨国电视节目不同，新世纪里混杂的电视节目最重要的特征就是电视节目形式(television program format，简称为电视形式，也译为电视形态、电视节目模板或电视模式)的跨国流动。1999 年，蒙特卡罗电视节上设立了第一个电视形式市场，2004 年全球电视形式交易额高达 24 亿欧元，美国最受欢迎的电视节目中有五分之三是电视形式类节目，欧洲这一

---

① 参见 M. M. Kraidy, *Hybridity, or the Cultural Logic of Globalization*, Philadelphia: Temple University Press, 2005。

② 参见 Divya C. McMillin, *International Media Studies*, Malden, MA: Blackwell Publishing, 2007, p. 113。

比例达五分之二,一些有影响力的电视形式,如《流行偶像》系列在 22 个国家和地区制作并播出,其在澳大利亚、新加坡、美国等 12 个国家都位列收视前 10 名。①

电视节目形式指某个系列电视节目的制作框架,它包含若干核心要素和细节(如演播室布置、布景、灯光、台词脚本、制作安排等),对目标受众特征和期望收视率这样的效果指标也有详细的规划。有人认为电视形式是某个系列节目中所包含的一系列不可变更的因素,而每一集节目将按照这些要素被制作出来,每一集节目虽然有所变化,但是这些变化都是电视形式可以控制和预测的。生产商拥有电视形式的版权,其他国家的媒体可以购买版权,根据本地市场的需求进行改动,使用同一个名字或相似名字在本地制作和播出,常见的电视形式主要有游戏节目、综艺节目、情景喜剧、真人秀、偶像剧等。电视形式使得电视节目的制作可以兼顾全球和地方两端。一方面,被引进的电视形式往往已经在其他国家不断制造最高收视率和高额广告收入,对引进方来说,引进成熟的电视形式能够降低原创节目的风险和成本,而且,支付高昂的版权费之后,能够阻止其他竞争者出现在本国电视市场上;另一方面,引进方获得版权许可后,可以按照本地受众口味对节目进行本土化改造,本土受众会觉得这是"自己的节目"而不是外国的节目,跨国电视节目因而不再具有一致性,看同一个电视形式的多个国家的版本,只会让人觉得似曾相识。

最早引起人们关注电视形式的是真人秀节目《老大哥》(*Big Brother*)。它由荷兰电视制作公司 Endemol(该公司创造了"reality television"这一英语词汇)于 1999 年推出,节目名称源自半个世纪以前英国作家乔治·奥威尔的小说《1984》里的一句话"老大哥在看着呢"。在小说里,"老大哥"是最高级别的专制统治者,他的爪牙们无时无刻地盯着每个人的一举一动,并向主子汇报,老大哥虽然从不露面,但他能够掌握每个人的动向和情况。在《老大哥》真人秀节目里,12 名青年男女被集中起来居住在一间大房子里,基本生活设施齐全,一切生活需求都能够得到满足,多台摄像机和麦克风分布在房子的各个角落里,一周 7 天、一天 24 小时地记录着他们的活动,每天在电视台播出经过剪辑的一小时节目,更多的每个摄像头所拍下的内容则放在互联网上 24 小时不间断地向观众直播。在节目进行期间,选手们不能离开房子,也不能与外界有任何的交流,每周"老大哥"会给他们布置一项任务,结合任务完成情况和在完成任务过程里所表现

① 参见殷乐:《电视模式的全球流通:麦当劳化的商业逻辑与文化策略》,载《现代传播》2005 年第 4 期,第 84—87 页。

出来的个人特质,每周末选手们和观众们一起推选出最不受欢迎的一名选手出局,最后留下的将是胜利者,能够获得丰厚的奖品。《老大哥》在荷兰首播一个月,就有三分之二的荷兰人看了这个节目,它在英国 Channel 4 频道播出,广告收入占了该频道的三分之一以上,至今它已经在全球 70 多个国家播出,仅 Endemol 公司收入就超过 20 亿美元。《老大哥》系列节目包括多个版本:有些版本请来名人当选手,有些版本请名人当从不露面的神秘"老大哥";有些版本全部招募女性选手,有些版本招募夫妻选手,最后的胜利者是一对夫妻;有些版本将选手分成富人和穷人两个组进行对决,有些版本甚至将两个国家的选手临时调换住处,让他们组合起来共同完成任务,将本来两个国家分别制作和播出的节目发生碰撞和交叉,仅英国一个国家就同时播出过五个不同版本。无论不同国家、不同年份的《老大哥》如何变化,数名选手、封闭的环境、无处不在的摄像头和麦克风、每周淘汰选手,这些基本要素都没有改变,《老大哥》的商业成功充分体现了电视形式的魅力。

这种由普通人在电视镜头前扮演自己,通过参与特定规则的游戏而竞争,并且由摄像机全程跟踪记录的节目被称为真人秀节目(也称为真实电视),它在全球引起了热播。在英国 4 岁至 65 岁以上的人口中,2000 年就有超过 70% 经常或有时收看真人秀节目。《老大哥》于 2000 年在英国播出,全英国 67% 的人口至少看过一集,官方主页一天点击率超过 300 万,超过 700 万人打电话投票淘汰自己不喜欢的选手。在美国,真人秀节目占据了电视台晚间黄金时间段二分之一的节目时间。2003 年《美国偶像》(*American Idol*)在美国福克斯电视台播出,共吸引了 2500 万电视观众,成为美国电视史上最有吸引力的非体育类节目。同一年,福克斯电视台的真人秀电视约会节目(dating show)《百万富翁乔》(*Joe Millionnaire*)最后一集拥有 4000 万观众,远远超过了同一时段播出的其他节目,只有 1500 万观众收看 CBS 的《犯罪鉴证科》(*Crime Scene Investigation*)和 NBC 的《老友记》(*Friends*),两者分别是各自电视台收视率最高的电视剧,前者更是当年全美国收视率最高的电视剧。[①]

① 参见 Annette Hill, *Reality TV: Audiences and Popular Factual Television*, New York: Sage, 2005, pp. 50—52。

表 8-2 亚洲地区部分电视形式(2000—2005)

电视形式	首播国家	类别	概况
谁想成为百万富翁	英国 ITV	游戏节目	谁想成为百万富翁(日本、印度) I Love Quiz Show(韩国) 百万富翁、开心百万为公益(中国香港) 开心辞典(中国内地) 谁想成为新加坡百万富翁(新加坡) 准备好游戏了吗(菲律宾)
The Weakest Link	英国 BBC	游戏节目	The Weakest Link(日本、菲律宾、中东) 一笔 OUT 消(中国香港) 智者生存(中国台湾、新加坡) 智者为王(中国内地) Kamzor Kadii Kaun(印度)
Miljoenenjacht	荷兰 SBS	游戏节目	Deal or No Deal(菲律宾、沙特、新加坡) 动感秀场、千金之王(中国内地) 一掷千金(香港、马来西亚) 交易大赢家(中国台湾)
60 分钟	美国 CBS	新闻杂志	60 分钟(中国台湾、中国香港)
Larry King Live	美国 CNN	脱口秀	2100 全民开讲(中国台湾)
Various	日本 TBS	综艺节目	超级星期天(中国台湾) 幸运 3721(中国内地)
幸福家庭计划	日本 TBS	综艺节目	梦想成真(中国内地)
Friends	美国 NBC	情景喜剧	Hello Friends(印度)
Pop Idol	英国 ITV	真人秀	超级女声、莱卡我型我秀、梦想中国(中国内地)
Big Brother	英国 Channel 4	真人秀	Bigg Boss(印度) Big Brother(中东*、菲律宾、泰国) 完美假期(中国内地)
Fashion Guys	日本 TBS	偶像剧	流星花园(中国台湾) 花样男子(韩国) 乡村花园(中国内地)
Sex and the City	美国 HBO	偶像剧	好想好想谈恋爱(中国内地)
X Files	美国 FOX	警匪剧	X-Zone(印度)

* 第一季于 2004 年播出,但是由于宗教抗议而中途停播。

电视形式的跨国流动近年来兴起,引起了人们对其知识产权保护的重视。2000 年,一些电视节目制作公司和发行商在法国戛纳成立了非营利组织——形式承认和保护联合会(the Format Recognition and Protection Association, FRA-

PA),他们的目的很明确,打击盗版和剽窃,支持知识产权法对电视形式的保护。然而,目前世界上还没有哪个国家的法律文件明确规定了电视形式属于知识产权,世界知识产权组织有关版权的条约也没有包括电视形式,法律的空白构成了对电视形式保护的障碍。

这里有两点需要更多的法律解释。第一,现行版权法奉行思想/表达二分法,版权法不保护思想(否则就是遏制和伤害思想自由),只保护思想的独创性表达方式,虽然创意独特的电视形式才会被模仿和剽窃,但是创意无法获得版权。版权法只能保护电视形式实现创意的表达方式,然而这种表达方式是否以某种形式固定下来并为人们所感知,大多数国家的法庭都给出了否定的回答。就像第一个发明"诗歌"这种文学体裁的人不能据此申请版权保护一样,制作公司也很难证明电视形式能够受版权保护。1989 年新西兰一位主持人为自己的电视节目申请版权,法庭认为,该节目的形式——如根据掌声测量仪测量选手们在节目过程中获得的观众支持多寡而选出优胜者、主持人的一些口号等等——更多的是创意,还没有形成固定表达。[①] 对电视制作公司来说,电视形式之所以能够成功,在于它结合了全球和地方特征的灵活性,固定表达可能会失去市场,因此,获得版权保护跟获得更多受众市场,看上去并不兼容。2001 年,北京电视台推出综艺节目《梦想成真》,每年向日本 TBS(东京放送)支付的版权费高达数十万美元。因为忍受不了其他电视台的克隆,电视台向国家知识产权局申请节目形式专利权保护和向国家版权部门申请版权保护,均被拒绝受理,这是我国第一次就电视节目形式申请知识产权保护。有关部门表示,只可以保护有形实体,如文字、图案、名称等,不能保护游戏规则、主持人形象等属于创意和思维的范畴。[②]

第二,电视形式总是会吸收其他电视节目元素,很难证明其完全的原创性,"所有电视节目都是派生出来的"[③]。2003 年,美国 CBS 电视台起诉 ABC 电视台将要播放的从英国引进的真人秀节目《我是名人……让我出去!》克隆了自己的《幸存者》。法庭的判决认为,虽然两个节目创作有诸多相似之处,比如都是考察选手在恶劣环境下的生存技能,甚至出现吃虫子这种相同的挑战,然而,版权法只保护原创性,电视节目"是一个连续的变化过程,从已经存在的现实里经

---

① 参见罗莉:《浅析电视节目模板的法律保护》,载《法律科学(西北政法学院院报)》2006 年第 4 期,第 31—36 页。

② 参见吴勇:《电视业界谁当王海　〈梦想成真〉申请版权保护再碰壁》,载《北京晚报》2001 年 8 月 19 日。

③ 参见詹姆斯·沃克:《美国广播电视产业》,清华大学出版社 2005 年版,第 27 页。

常借取素材”,《我是名人》跟《幸存者》是两个不同的节目,因此判决《我是名人》不构成侵权。[①] 2006 年,北京世熙传媒公司发表律师声明,指责上海文广新闻传媒集团的《舞林大会》抄袭《Dancing with the Stars》,声称自己已经向英国BBC 购买了《Dancing with the Stars》的版权,《舞林大会》的热播让“正版”《与星共舞》处于尴尬境地。世熙传媒将《Dancing with the Stars》的剧本脚本送往国家版权局,请求版权支持。然而,《舞林大会》在很多方面做出了改动,比如《与星共舞》每一季 8 位明星,每期都跳同一种舞蹈,淘汰一名,而《舞林大会》每期有 8 名明星参加,每个人可以选择不同的舞蹈,淘汰 3 位明星;《舞林大会》里每位明星和搭档可以选择民族舞,这在《与星共舞》里是见不到的。最后的结果是,《舞林大会》从 2005 年到 2008 年一直在播出,而《与星共舞》中国版始终没有能够跟观众见面。

目前,主要的电视形式跨国流动可以分成下列几种[②]:

1. 进口:购买国外电视节目,直接在本国播放,不对内容做任何改动,顶多加上字幕方便收看。

2. 获得许可,合法引进电视形式:本国媒体机构同外国公司签订合同,制作外国电视节目的本国版本。

3. 克隆:未获得许可的、对外国电视形式的完全模仿。

4. 改编:为了适合本国受众的口味,外国电视形式的关键要素被改编,根据改编程度的不同还可以再细分为开放式改编(只选择部分关键要素)和封闭式改编(高度复制)。

5. 再生产(re-production):本国媒体购买外国电视形式的脚本,仅仅将主持人更换为本国人。跟改编不同,再生产几乎没有任何本国的创造,主持人的台词可能跟母国版本一字不差。

6. 原创:本国生产商独立创作出新的电视形式,并且享受版权保护,然而,由于文化混杂的存在,很难做到纯粹的原创,新电视形式多少带有其他电视形式的影子。

7. 电视发行辛迪加:在首轮放映之后,生产商将节目卖给其他的本土电

---

① 参见 Wade Paulsen, CBS Loses Lawsuit: ABC's “I'm A Celecrity, Get Me Out of Here!” to Air in February, http://www. realitytvworld. com/news/cbs-loses-lawsuit% 3B-abc-im-celebrity-get-me-out-of-here! -air-in-february-872. php。

② 参见 Yu-Li Liu and Yi-Huang Chen, “Cloning, Adaptation, Import and Originality: Taiwan in the Global Television Format Business,” in Albert Moran and Michael Keane, eds. , *Television Across Asia: Television Industries, Programme Formats and Globazliation*, London: Routledge Curzon, 2004, pp. 56—57。

视台。

8. 自由复制:某些电视形式(如宗教节目)被免费提供给电视台播出。

在这八种方式里,克隆和改编经常会跟知识产权保护发生冲突。克隆和改编指的是未获得原始制作公司的许可授权而使用外国电视形式的全部或某些要素,当本国制作公司模仿外国电视形式时,常见的说法是“借鉴”、“启发”和“参考”。如果获得许可,那么关于在多大程度上采用和改动电视形式,合同里将会有明确和具体的规定(比如偶像剧合同里关于采用台词的比例和人物形象),这直接关系到引进电视形式的价格。克隆和改编的区别在于,克隆往往是完全的、全面的复制,而改编会更多地加入本土元素。克隆和改编只是一个本国制作公司对外国电视形式的改造是多还是少的程度问题,它们之间的界线并不那么清晰,封闭式改编(高度复制电视形式几乎所有的关键要素)跟克隆更是难以区分,完全的克隆严格说来应该是进口电视节目。事实上,在当今社会里,无论一个电视形式在国外多么成功,本国完全克隆这一电视形式,都会面临水土不服的可能。

三、作为本土化策略的文化混杂:克隆、改编、发展

文化混杂可以看成是国外电视形式为了争取本国受众而采取的一种策略,按照电视形式里本土化内容的多少,不考虑是否获得原始制作公司的授权,可以将文化混杂大致分成克隆、改编和发展。与克隆和改编相比,发展的另一区别在于它不会引起版权纠纷,经过发展之后的电视形式被看成是新的电视形式。2007 年夏天,美国 NBC 电视台播出游戏节目《唱歌小蜜蜂》(*The Singing Bee*),国庆期间,浙江卫视推出了本土版的《我爱记歌词》。两档节目在舞台设计和基本情节(能够记忆最多歌词的参赛者就获得最高奖品)方面非常相似,然而不同的是,《唱歌小蜜蜂》里面,选手一边唱歌一边玩拼字游戏,歌词隐含在拼字游戏里,《我爱记歌词》去掉了拼字游戏环节,变成了一个平民卡拉 OK 歌会,只要记歌词无需唱准调,现场气氛欢乐热闹。节目组选出在中国流行度很高的经典老歌,找来流行多年的歌星制作特别节目,抚慰了在快速转型社会里无所安置的现代人的心灵。《唱歌小蜜蜂》在 2008 年夏天由于收视率不高告别了屏幕,然而《我爱记歌词》拿下同时段国内收视率第一,出口到马来西亚、印尼、文莱等东南亚国家,引得《唱歌小蜜蜂》制作公司找上门来,有意合作,开发升级版,然后卖给世界其他地方,可见对方并不认为这是侵权。

1. 克隆

克隆指的是对原始电视形式的完全复制,本国制作公司只是更换了外国电

视形式里的主持人、参与者、观众、语言，照搬了情节、舞台设计、主持人风格、创意、叙事风格等核心要素，简言之，除了镜头里是一群本国人在演出之外，克隆的电视形式跟国外电视形式没有任何区别。最常见的被克隆的电视形式是游戏节目，因为相对而言，其他电视形式对本土化元素的依赖性更强一些（比如偶像剧里的爱情情节要参照本国传统而修改）。比如英国竞猜节目“The Weakest Link”（《最弱一环》）里，现场灯光暗淡，中年女主持人每一期节目总是身着黑衣，从来不笑，对参赛选手极尽挖苦嘲讽之事，没有常见的亲和力，这个节目的主持人让人觉得面目可憎。虽然尖酸刻薄的中年女性主持人和故意制造敌意的主持方式在游戏节目里并不常见，但是其他国家克隆《最弱一环》时，也选择了这一做法，比如香港 TVB 版本的主持人是郑裕玲，台湾版本第一季主持人是于美人，新加坡主持人是崔丽心。成功的游戏节目能够抓取受众心理的“最大公分母”，高额奖金令人眼热，游戏环节新奇而刺激，选手被淘汰总是令人惋惜，对于克隆者来说，物质性和淘汰性并没有增加制作难度，他们反而从中能够看到高收视率的希望。

2. 改编

电视形式能够全球销售和制作，靠的是一套独特的专业化的规则设计，比如主持人的开场白只有两三分钟间，然后镜头焦点就要转向其他人群，因为主持人暴露时间过长会造成观众审美疲劳。加拿大娱乐形式公司提供的形式服务包括八项内容：顾问、详细的节目制作指南、推广盒带、原创节目、节目脚本、音乐和场景图示、软件、该节目的国际历史及收视率。通过量化的、可控的流程将整个节目的制作流程标准化，电视形式像麦当劳餐厅一样在全球推行标准化和可预测性。[①] 然而，最常见的电视形式的跨国交流形式是改编，即本国制作公司对国外电视形式的改造。

有一些改编是迫于市场和舆论压力不得已而为之。2001 年 4 月香港 ATV 买下《谁想成为百万富翁》版权，制作并播出《百万富翁》，创下 39% 的历史性收视率纪录。同城另一家电视台 TVB 一向独霸香港本地电视市场，为了把流失的观众夺回来，引进《最弱一环》与之抗衡，于同年 8 月开播。节目前 6 期播出时有英国制作公司人员现场监察，因此香港版严格克隆了英国版，然而主持人对待选手的冷酷无情和刻薄挖苦，并不适合香港本地文化尊重他人和“和为贵”的传统，香港观众向广播局投诉，指责节目鼓吹人与人之间的仇视和歧视，选手之间

① 参见殷乐：《电视模式的全球流通：麦当劳化的商业逻辑与文化策略》，载《现代传播》2005 年第 4 期，第 84—87 页。

经常相互指责甚至到了落选者当众作粗口手势的地步，节目里每个选手被淘汰时主持人都要用嘲讽的语气说："你系众望所归，有得留低。你要一笔 OUT 消，Goodbye！（你是众望所归，不能留下，你要一笔勾销，再见！）"有观众投诉电视台用错了成语"众望所归"。英国版里刻意营造的紧张气氛和阴暗森冷的灯光令香港观众感觉不舒服，因此 TVB 不得不改变节目风格，主持人改用微笑和肯定态度鼓励选手，收视率才持续上升，跟 ATV 的《百万富翁》持平。该节目的台湾版《智者生存》也经历了差不多同样的命运。

用新的本土方式和表现手段取代国外电视形式里的某些元素，某种程度上体现出了本国制作公司的创新能力。1998 年，中央电视台以 400 多万人民币的价钱购买了英国博彩娱乐节目《GoBingo》的版权，按照最初的合同约定，即使中方对《幸运 52》进行了本土化改造，版权依然属于英国公司所有，中方无权出售与《幸运 52》有关的一切产品。照搬英国电视形式，在中国的实际中行不通，比如发往全国各地参与节目的幸运观众的卡片，英方要求在英国制作好后再运到中国，仅此一项每年的花费就是 5000 万元，考虑到中国电视市场的广告规模，这样的节目非亏本不可。经过艰苦的谈判，一年以后，中方买断了《幸运 52》的版权，加入了很多创新单元。为了扩大节目在全国各地的影响力，节目组与全国 10 个省份的 10 家晚报（每家晚报都是本省发行量最大的晚报）合作，每期节目里播出每家晚报的 5 秒形象广告，作为交换，10 家晚报每周用一个八分之一通栏登《幸运 52》的商标竞猜信息，而商标竞猜的基本内容是让受众从 32 个商标中进行有奖竞猜，这样一来，节目组同时获得了 10 家晚报和 32 家企业的广告费，据称仅此一项创举，节目组每年就多获得 3000 万广告收入。

中央电视台的《开心辞典》也是一个成功将国外电视形式本土化改造的例子。这档节目改编自英国《百万富翁》节目，它保留了英国版本里选手的三种求助方式：去掉一半错误答案，求助现场观众，向场外朋友电话求助，也保留了舞台设计和节目基本流程，每位选手拿到最高大奖需要回答的题目数量也是 12 道。跟香港 ATV 克隆英国版本不同，内地版本引入"家庭梦想"这一理念，选手答对三道题目就能实现一个家庭梦想，为家人赢得奖品，改变了英国版本里选手为自己赢奖品这一游戏设置，后来又发展为举办捐助希望工程、环保、支持申奥等公益内容，此举不仅是出于对中国人重视家庭和集体的考虑，而且也避免了英国版本高达 100 万元现金奖金对制作公司的压力。中国《反不正当竞争法》（1993 年）第 13 条规定："抽奖式的有奖销售，最高单项奖的金额不超过 5000 元。"制作公司以实物代替现金，规避了法律约束，也降低了经济压力。2007 年，《开心辞典》改变了以往选手单打独斗只要顾及自己的实力就能够赢得大奖的游戏规则，也不再强调“家庭”元素，新规则借鉴了《最弱一环》，选手们共同努力答题争取尽量多的奖品，而大奖最后只能由一位选手获得，选手们之间既有竞争也有合作。

但是，并非所有改编都能够成功，如果改编不能满足电视形式的核心要求，有时会导致失败，这体现的是本土制作公司的创新能力不足。《最弱一环》在中国由南京电视台制作，改名《智者为王》。第一季主持人是陈鲁豫，陈鲁豫以“说新闻”而成名，一向以亲切轻松的形象出镜，在《智者为王》里要换上尖酸刻薄、冷言冷语的形象。她不是郑裕玲那样的演员，不善于在镜头前控制自己的表情和情绪，陈鲁豫是电视明星，有哪个明星敢于靠讥笑观众而出名？《最弱一环》的独特创意不在于强调主持人的作用，而在于它暴露和夸张了人性里自私、冷漠、不信任的阴暗面。陈鲁豫很快就退出了这档节目，而《智者为王》在播出三季之后也中止了，尽管在英国这档节目从 2000 年一直播到 2008 年。

比起游戏节目，偶像剧和真人秀拥有更多时间来展示本土内容，为更多的改编和创新提供了空间。从台湾偶像剧的发展历史可以看出，国外电视形式的本土化策略，有时反而会激发本土电视人的创新性。自从 1992 年开放本土电视市场之后，台湾的偶像剧一直模仿日本。日本偶像剧有一些特征：邀请最流行的偶像明星出演电视剧（这是最关键的成功因素），一个幸运物——一个戒指、一只鸟或一把小提琴——将产生爱情关系的男女主角联系在一起，一个跟主角职业相关的独特地点——如办公室一角、一所教堂、一个花店——反复出现，主题曲用多种方式配音、配合不同情节在剧中反复播放，剧中人物衣着打扮时尚、工作体面高雅，一般长度为 10—12 集，目标受众是 14 至 24 岁的都市年轻女性和学生。这些特征跟重视道德说教和再现历史的台湾本土电视剧非常不一样，吸引了大批年轻观众。台湾模仿日本偶像剧最成功的非《流星花园》（2001 年）莫属，这部剧翻拍自日本漫画《花样男子》，情节结构跟日本原著基本一致，剧中人物都使用日本名字，主要场景在日式建筑物内拍摄，这对于一部针对台湾市场的本土制作的电视剧来说是很不寻常的事情。剧中的背景音乐采用了西方流行音乐而非本地音乐，抛弃了本土电视剧常见的缓慢叙事风格，情节进展节奏加快，这些都使它展现出跟台湾传统电视剧非常不同的一面。同时，考虑到台湾本地观众的习惯口味，这部剧也做出了某些调整，在角色里增加了带着浓烈乡土气息的老年人（跟偶像剧强调城市化的背景有出入），强化了主要演员的人物性格（比如主演道明寺在漫画里是个跋扈蛮横的人物，而电视剧挑选的演员则多了一种柔美气质），在情节设置上再现家庭关系、代际冲突和本地人对佛教的信仰（根据 2002 年调查数据显示，台湾有 24% 的人口为佛教徒）。整部剧共 20 集，比冗长的传统电视剧短了很多,却还不能跟更短的日本偶像剧相比。这部剧融合了日本偶像剧与台湾电视剧的诸多要素,取得了很大的商业成功,剧中四位男主演组成"F4",一度成为整个华人世界里最红的团体组合,连《商业周刊》也在2002年7月把这部剧的制作人柴智屏评为"亚洲创新者",并且认为《流星花园》奠定了台湾偶像剧的形式。[①] 甚至2005年,日本制作公司也再次翻拍这部漫画。2008年,韩国、中国内地等地区多次传出翻拍《流星花园》的消息。

2002年,台湾购买了当年风靡一时的日本偶像剧《爱情白皮书》(1993年)的版权,斥重金翻拍了这部电视剧。两部电视剧在情节和人物方面几乎完全雷同:日本版五位主演分别叫挂居保、田园奈美、取手治、东山星香和松岗纯一郎,台湾版则叫欧阳挂居、袁成美、瞿守治、季星华、赵松岗;日本版里几个朋友成立了明日会,台湾版里也叫这个名字;日本版里几位年轻人的多角恋爱关系、一夜情、同性恋、未婚妈妈等剧情,在台湾版里也一一重现。两部剧最大的差别可能在于:日本版12集,台湾版20集。台湾版《爱情白皮书》没有能够重现日本版《爱情白皮书》或《流星花园》当年的魅力,收视率和收入都未能达到预期。不成功的原因,跟它过多复制日本版本的情节和人物有关。《流星花园》巧妙的制作,令观众体验到本土台湾和异域日本之间的张力,从而更容易产生"我们自己的偶像剧"这种认同感,而且,《流星花园》将剧中四位男主演组成男子组合,涉足广告、流行音乐和电影,很难说是对F4的喜爱和崇拜导致了收看《流星花园》,还是后者导致了对F4的崇拜。台湾版《爱情白皮书》怎么看都是一部"他们日本的偶像剧",如果仅仅简单克隆日本版,观众们直接看日本版跟看台湾版有什么分别呢?剧中主演的生活背景不同,拍戏时候经常普通话、粤语、英语、客家话混杂着交谈,刻意营造一种国际化的气氛,在实际生活中台湾观众并没有产生对异域的向往和期望。《爱情白皮书》台湾版的失败和《流星花园》台湾版的成功,一正一反,恰好说明,成功的本土化改编是实现电视剧成功跨国交流的重要原因。

当然,引进偶像剧、在本国获得成功,需要诸多条件的配合,引进时机也是一个重要原因。一般来说,第一个吃螃蟹的人,成功的可能性更大,因为模仿和改编的对象是已经在其他国家获得成功的电视剧,等于节省了前期市场调研和论证的费用,市场风险已经被大大降低。1999年中国的《将爱情进行到底》的剧情

---

① 参见 Yu-Li Liu and Yi-Huang Chen, "Cloning, Adaptation, Import and Originality: Taiwan in the Global Television Format Business," in Albert Moran and Michael Keane, eds., *Television Across Asia: Television Industries, Programme Formats and Globazliation*, London: Routledge Curzon, 2004, pp.56—57。

大量借鉴了日本偶像剧《爱情白皮书》，不仅捧红了一批明星，而且也获得了很好的口碑和很高的收入，被认为是还算成功的模仿之作。在互联网已经在中国城市高度普及的今天，网络下载和网络视频越来越流行，作为偶像剧目标受众的城市年轻人的外语水平越来越高，他们经常通过互联网收看热门国外偶像剧，如果本国引进版一味地克隆外国版，会不可避免地招到嘲笑和批判。2008 年国庆节假期期间，湖南卫视向墨西哥公司购买了《丑女贝蒂》的中国版权，打造成《丑女无敌》，连续 11 天位居全国电视剧收视率第一，成为 2008 年中国最赚钱的电视剧。《丑女贝蒂》已经在全球 38 个国家播出，它的成功跟故事情节有很大关系，一个丑女孩要在美女如云的时尚界大展拳脚，违背了观众期望，从而吸引他们收看。《丑女无敌》引入美剧季播概念，打算总共拍摄 10 季 400 集，边拍边播，拍完 40 集就播 40 集，它采用了中国电视剧目前还不多见的多线条叙事结构，几条叙事线索齐头并进，如果观众不喜欢哪个角色，编剧可以立刻让他消失，观众喜欢哪个角色，编剧就立刻增加他的戏份。《丑女无敌》的成功，不单单依赖电视广告收入，剧中第一次在中国大张旗鼓地推行植入式广告，获得了不菲的广告收入，包括产品在镜头中出现（立顿红茶广告画一直挂在办公室墙上）、产品被剧中人物使用（剧中人物拿着清扬洗发水向好友推介）、产品推动剧情发展（剧中人物为多芬洗发水策划发布会）等等。过多的植入式广告究竟会对受众造成什么样的效果，还有待观察，然而现实里，受众对此的反弹和批评不绝于耳，制作方答应第二季将减少植入式广告。《丑女无敌》的美国版《丑女贝蒂》曾经于 2007 年在中央电视台数字频道播出，2008 年国庆节期间，南京一家电视台也播出了美国版，可是两次播放的收视率都无法跟《丑女无敌》相比。在全世界 39 个版本里，美国版的制作水准算是比较高的，然而它在中国却不敌经过改编的本土版，这其中的差异，又一次证明了克隆和复制很难获得全球成功，适当的本土化改编和创新才是电视形式成功的原因。

3. 发展

在全球电视形式市场里，英国、美国、荷兰等西方国家是最主要的电视形式出口国，然而这并不意味着其他国家的制作公司无所作为，或者他们的创新性被取消，一些国家的电视制作公司吸收了成功电视形式的要素，发展出自己的电视形式，台湾的电视约会节目就是一例。

电视约会节目并非台湾首创，早在 1965 年，美国 ABC 就播放过电视约会节目《约会游戏》(*The Dating Game*)，总共播了 15 年。节目内容是三位单身人士追求一位异性，双方被一面屏风隔开，观众能够同时看到屏风两边的人，观察他们的动作和反应。一位主持人（往往是男性）推动节目进展，参与者通过提问和回答了解对方,不能看见对方,问题通常是刺激性的和不友好的,有时也会涉及隐私,最后,屏风后面的异性会从三个人里面选出一位跟自己约会,在新的一集播出时,会播放上周约会的双方的一些情况,询问他们各自的感受。在 80 年代,英国也播放了类似的节目《盲目约会》(*Blind Date*)。

1982 年,台湾播出了本土制作的第一个电视约会节目《我爱红娘》(1993 年停播)。它照顾了中国人的习惯和传统,去掉横在男女参与者之间的屏风,通过一些趣味游戏增强男女参与者的熟悉和了解,也增添了节目的趣味性。后起之秀《非常男女》(1996 年开播)曾经是台湾地区同时段收视率冠军节目。它改造了《我爱红娘》的趣味游戏环节,参与者参加趣味游戏时,可能会造成尴尬,比如衣服脏了、头发乱了、自己失败了等等,对于抱着征婚目的的参与者来说,这不是令他们高兴的事情。同样的道理,因为砍掉了游戏环节,它的参与者从《我爱红娘》的三男三女增加到八男八女,在一档电视节目里,这么多人也不可能同时做一个游戏。《非常男女》代之以主题性谈话,让男女参与者通过交谈来熟悉对方,比如第一期的谈话主题是“怎样看待婚前性行为”。比起可能会场面乱糟糟的游戏,谈话营造了温馨浪漫的气氛,这也是日常生活里相亲的男女最常见的状态。

经过彻底的本土改造,《非常男女》除了属于电视约会节目之外,较美英等国的电视约会节目发生了很大转变,它的成功引起内地电视台纷纷效仿,高潮时期几乎每个省的电视台都有一档类似的节目。内地节目模仿了《非常男女》的基本要素:众多男女参与者分列而坐、带着征婚目的而来、就若干谈话主题表达看法赢得对方好感、男女两位主持人幽默风趣。从模仿美英等国到出口内地,《非常男女》体现了台湾电视制作人的创新能力和成功的本土化策略。

模仿《非常男女》最成功的内地节目可能是湖南卫视的《玫瑰之约》(1998—2003 年播出)。随着中国社会婚恋观的变迁,电视约会节目怎样才能改造并留住观众,是制作单位迫在眉睫的问题。2003 年,《非常男女》由于收视率走低而停播,同一年,湖南卫视《玫瑰之约》也出现了收视率疲软现象。为了挽救电视约会节目的不景气,湖南卫视引入真人秀节目形式,推出一个特别栏目,女嘉宾要在 20 天时间内,和 9 位男士一对一地单独约会,自行决定约会地点,男嘉宾的职业和收入等因素被暂时隐去,摄像机拍下约会全过程,并在节目中播放,观众能够看到男嘉宾怎么一个一个被淘汰,最后的胜利者赢得芳心。这种节目内容借鉴了美国《谁想嫁给百万富翁》和《百万富翁乔》这种电视约会节目,重点展现参与者之间的竞争和矛盾,《非常男女》所刻意营造的温馨气氛被放在了第二位。但是,这样的改造在中国现实中并不受欢迎,很快节目还是被停播了,很多观众写信给电视台，认为男嘉宾要使尽浑身解数争取女嘉宾的欢心，不可避免地会做出很多搞笑和庸俗化的举动，选手之间的竞争也令观众感觉不舒服，似乎婚姻从一开始就是一场战斗。[①]《非常男女》和《玫瑰之约》的收视率走低和停播当然有很多原因，比如网络时代青年人可以上交友网站，选择余地从电视约会节目的数位增加到成千上万位，万一失败了也不会因为公开露面让身边人知道而产生尴尬情绪。在台湾，代替《非常男女》的电视约会节目是《恋爱急军团》和《电子情人》等节目，参与嘉宾年龄层面转向20岁左右甚至更低的青少年，内容转向搞笑刺激、大胆表白和亲密接触的方向，现场观众发出的更多是起哄声而不是由衷的赞美声。比如《恋爱急军团》有一期节目是让男女嘉宾合作制作陶器，男嘉宾被蒙上眼睛，从女嘉宾背后环住女生，去捏放在前面的陶土，女生负责踩马达让陶器盘转动，两人身体亲密接触，陶土乱飞，现场起哄声响成一片。《电子情书》则借鉴了美英等国盲目约会的形式，一位男嘉宾（也可能是男艺人）和四个女嘉宾网络聊天，最终选择一个伴侣达成一个心愿，男嘉宾并不知道网络那头的女嘉宾的模样，而观众事先已经知道，于是观众抱着看热闹的心态等着看男嘉宾怎么出洋相。[②] 当然，这样的内容在内地不可能播出。可见，恰当的原创性改造是合适的，原样复制可能会失败。

改编与发展的区别在于本土化的程度，改编后的电视节目多少还能看出电视形式原始节目的影子，而经过发展后的电视节目则更像是一档本土节目，除了依旧属于同一类电视形式之外，从台词脚本和灯光，到演播室布置和制作安排，无不体现着本土制作人的创意和设计。2004年《学徒》（*Apprentice*）在美国NBC电视台播出，很快就成为18岁至49岁收视人群中最热捧的电视节目，收视率高达20.7%。中央电视台节目制作人王利芬在美国访问期间，看到了这个节目，受到启发，2006年中央电视台播出了由她制作和主持的同一类型真人秀节目《赢在中国》，获得了很好的市场反应，最后一集收视率达到0.3%，意味着有400万观众收看了它。

在节目内容设计上，《赢在中国》对《学徒》做出了很大改变，使之更适合中国现状。首先，《学徒》的基本内容是选手们竞相争夺百万富翁唐纳德·特伦普（Donald Trump）旗下公司里一份年薪25万美元的工作，而《赢在中国》则是选手们带着各自的创业方案等待评委们从中选出最具潜力和投资价值的方案，争夺最高达1000万元人民币的创业资金，第二名至第五名也能获得700万元至500

① 参见孟静：《速配节目的黄昏》，载《三联生活周刊》2003年9月22日，总第258期。
② 参见郭爽：《爱情，连速配都懒得配？》，载《新周刊》2004年10月18日。

元不等的创业资金，获奖者个人能够拥有该企业20%—50%不等的股份并出任CEO。美国社会推重个人成功，《学徒》带有特伦普的个人色彩，由他和他的两名助手决定每一期哪位选手出局。2007年一度传出他要退出节目，NBC不得不以“还有一年合约才到期”为理由将他留在了《学徒》。特伦普在全球富豪榜上位列300名之内，凭借这个节目成为美国最具知名度的富豪。《赢在中国》缺乏像特伦普这样个性鲜明的富豪，它邀请成功的知名企业家当评委，和观众一起决定选手的去留，评委里只有个别人是创业资金的提供者，更多评委则是以自己的成功经验而受到邀请，第一季的评委很有可能不参加第二季的节目，上一集的评委也有可能不会出现在下一集里面。《赢在中国》不给评委任何劳务费或报酬，企业家之所以愿意当评委，看重的是通过这个节目塑造自己提携后进、热心为公益的形象。通过降低评委个人的影响力，《赢在中国》为电视台和制作公司争取了更大操作空间，避免了受制于人。

其次，《学徒》每一季有16名选手，每周给他们一项商业任务，通过他们的表现而由特伦普来决定淘汰一名。《赢在中国》采取了“海选”策略，第一季有108名选手登上电视荧幕，第二季和第三季则有1080名选手登上荧幕，最具吸引力的是36强之后的比赛，通过36进12、12进5、5进2和总决赛，选出最后的优胜者，其中5进2和总决赛是现场直播，其余节目都是录播。选手的去留由评委和观众短信投票共同决定，设置了“复活”环节，能够让被评委淘汰却受观众欣赏的选手回到节目中来。从12强才开始增加了《学徒》那样的商业实战环节，将选手每周分成两个组，布置一项商业任务，根据他们的表现来决定淘汰哪位选手。决定权在评委手里，商业实战里落败的组未必会有选手被淘汰，比如第二季里某一场商业实战的要求是让两组选手在公园里推销矿泉水，销量高的组反而因为库存量过大被评委判定为失败。

再次，在理念上，《学徒》重视选手之间的竞争的冲突，在每一集末尾，选手们要跟特伦普集体会面，由他对选手本周的表现做出评价。此时，选手们必须提前收拾好行李，当失败者名字被公布，他就必须回到自己房间，带着行李离开，大门会迅速关上，设置在不同地方的摄像机真实记录下失败者黯然离场的整个过程，包括走进电梯和上出租车，淘汰选手时特伦普说的那句话“You're fired”成为整个节目的标志性口号。早在2005年底，中央电视台筹划《赢在中国》这个栏目时，经过论证，认为在当前中国不能照搬《学徒》的模式，考虑到中国国家提倡的自主创新国策，应该学习《学徒》通过电视选拔商业人才的理念，但是选的是创业者和决策者，而不是《学徒》那样的高级助手和管理者，这被称为“惊险的一跃"[①]。于是《赢在中国》的口号是"励志照亮人生,创业改变命运",把创业者和投资家联系在一起,为双方搭建舞台,连评委柳传志都在节目里说,《赢在中国》展示了"一种新的企业诞生方式"。

甚至在主持人、演播场地选择、舞台设计、台词脚本方面,《赢在中国》和《学徒》都是不同的电视形式。因此,它的成功,是本土制作人对国外电视形式的再创新和发展,而不是克隆和改编。在全球传播里,全球与地方因素的联系和合适的本土化策略,即所谓"全球化思考,本土化行动",是电视形式流行和成功的重要原因。

四、文化混杂的潜力及其批判

在某种意义上,文化混杂概念描述了当下全球传播现实的某些方面。全球文化产品的流动,不一定是文化帝国主义所假设的那样从发达国家(主要是美国)向发展中国家的单向流动,发展中国家流向发达国家、发达国家之间的流动和发展中国家之间的流动,也可能会出现,而这些都是文化差异论和文化同质论所无法解释的现象。比如美国很受欢迎的综艺节目《狗咬狗》(*Dog Eats Dog*)、真人秀《你的房子有多干净?》(*How Clean Is Your House?*)和《美国偶像》、电视剧《冤家成双对》(*Coupling*)和《办公室》(*The Office*)都是在英国首播然后才出口到美国,荷兰、英国等欧洲国家的制作公司把很多真人秀节目卖给美国电视台从中赚取了大量利润,日本偶像剧曾经在东亚多个地区创下高收视率引来模仿风潮,日本 TBS《加藤茶和志村欢乐电视》(*Fun TV with Ken-chan and Kato-chan*)综艺节目曾经卖给美国 ABC 电视台,被改造成《美国最滑稽家庭录像》(*America's Funniest Home Videos*),播出长达 18 年。基于地理、语言和文化相近而出现的媒体内容的地区化交流趋势,正在逐步加强,除了美国之外,欧盟、拉美、非洲的法语文化区、阿拉伯世界、大中华文化圈、日本、印度等地都在致力于营造地区性文化市场。

即使发展中国家从发达国家进口文化产品,其后果也不一定总是"纯洁的"本国文化被冲得七零八散,造成差异的关键在于本国制作公司的创新能力,而这一点又在国家、市场、技术和传统等诸多因素的动态平衡中受到制约。即使在同样的社会背景和历史氛围下,同一国家的不同制作公司也会生产出反响不一的产品,创新能力并非固定不变,昨日的成功并不等于今天的受欢迎,除了成功导致的模仿和竞争加剧之外,对市场判断失误和制作水准下降也会导致创新失败。

① 参见刘建辉、赵瑾:《赢在中国的商业眼》,载《经济》2007 年第 4 期,第 70—71 页。

台湾地理空间狭窄，受众市场规模有限，新电视节目如果不能在本土市场上获得极高收入的话，就必须依赖岛外市场收入来弥补生产费用。内地和台湾语言相通、文化相似，人口众多市场规模庞大，因此很多台湾文化产品在制作阶段就已经考虑过内地市场的需求，比如谈话主题要符合内地惯例，《非常男女》可以谈论婚前性行为，却不能谈论嫖妓，虽然2003年底台湾才结束了合法的公娼业，而且为公娼争取合法权益的社会运动至今都没有停止。

肥皂剧起源于法国和英国杂志的连载小说，20世纪20年代美国最早将它改造成一种电视剧节目形式，在娱乐受众的同时，也推销商品（宝洁公司是早期肥皂剧的重要赞助商，电视剧中间插播产品广告，其产品为日用化工产品，"肥皂剧"因此而得名）。当这种节目形式被出口到拉美地区以后，拉美国家的电视制作人员对其进行了成功的改造，播出时间从白天转到晚上黄金时间段，目标受众从家庭妇女转向男性和女性，改变叙事方式，加入本地人喜爱的主题、演员和幽默，增加长度和集数，甚至长达数百集。这种改造在拉美本地的电视市场上获得了巨大成功，1972—1982年期间，拉美进口的电视节目小时数在减少，取而代之的是本地制作的电视剧。拉美电视剧不仅在本地创下收视率高峰，而且出口到美国（主要是西班牙语文化地区）、欧洲、东南亚、法语文化区等地区。苏联解体之前，墨西哥肥皂剧《富人也哭泣》（*The Rich Also Cry*）在当地非常受欢迎，70%的全国人口——一亿受众——每天定期收看，在移民到以色列的俄裔犹太人的呼吁之下，以色列电视台不得不进口另一套墨西哥电视剧以满足观众需要。墨西哥肥皂剧《玛丽玛》（*Marimar*）在非洲象牙海岸播出时，当地清真寺特别将晚课提前，以免信徒错过电视剧。主演访问菲律宾期间，夹道欢迎的人数之多，可以跟教宗（菲律宾是亚洲唯一的基督教国家）到访相提并论。该剧在菲律宾收视率超过50%。2007年，菲律宾翻拍了这部电视剧，第一集收视率就达到36.6%，最高达到52.6%。

文化混杂概念最受到肯定的地方，在于它发现了受众解读和抵抗的潜力。混合了各种立场和观念的信息，注定会导致受众理解的多样化，对个人能动性的否定和忽视，已经不能解释全球化时代的文化现实。受众并非对所有外国媒体产品在本国的改编和发展都无条件接受或拒绝，全球—本土连接中不伦不类的产品，会引起受众的反感。2008年，改编自同名网络人气小说《会有天使替我爱你》的偶像剧虽然请来中韩明星客串，可是仍旧因为制作不精良而被讽刺为"大陆偶像剧穷成这样"。小说里的法拉利跑车和钻石鼻钉换成了电视剧里的自行车和廉价项链，电视剧里人物衣着打扮不够时尚和高档被讽刺为"暴发户"和

“土气”。[①]

当然,文化混杂概念也有被批评和质疑的地方。文化产品不同于普通商品,优胜劣汰原则有时并不符合自由和民主理念,最畅销的不一定就是最合适的,就原创性而言,发展中国家的制作公司由于经验和资金不足,肯定无法跟以美国为基地的跨国传媒集团平等竞争,在产业发展的初期,对弱小民族产业进行保护,已经是世界贸易组织的通常惯例,如果允许文化产品跨国界自由流动,很有可能伤害本土制作公司的原创能力,阻碍持续创新,比如很多国家实行电影进口配额制和设立电影拍摄基金,目的并不在于保护本国电影公司的利益,而是保护本国电影公司拍出跟好莱坞商业大片模式不同的电影。

文化混杂概念也没有考虑到,在混合本土和全球因素的时候,全球性有时会压倒本土因素,从而妨碍文化多样性。像《丑女贝蒂》这样源于拉美、行销全球的电视剧少之又少,更大规模的电视剧流动方向是从发达国家流向发展中国家。1993 年拉美和加勒比海地区的进口电视节目总长为 2427 小时,其中美国电视节目占 1506 小时,远远高于拉美和加勒比国家的 721 小时。[②] 更进一步的问题是,即使弱势国家向强势国家出口文化产品,数量上的反转就一定意味着质量上的扭转吗?拉美电视剧在美国主要面对西班牙语市场,很少针对盎格鲁血统的美国白人市场,2004 年,仅墨西哥卫视(Televisa)就在美国市场上获得了 1.05 亿美元的收入。然而,拉美电视剧的常见内容是灰姑娘的浪漫爱情故事,这些故事是对传统性别角色男强女弱、男才女貌、男外女内的重复再现,即使电视剧里体现了贫富差距(这一点在美国电视剧里相对表现较少)和穷人渴望正义的愿望,但是它提供的解决办法是:一个在贫民窟长大的女孩若在富人家里找到一份工作,就能变成举足轻重的时装设计师;一个穷人家的女孩如果被富家公子相中,就能通过婚姻提高自己的社会地位,换来富裕生活。[③] 很明显,这样的文化产品如果在数量和收视率上取胜,所带来的后果很可能是强化既定主导价值观念和文化理念而不是推翻和挑战它。

所有跨国传媒公司进入其他国家,首要目的都是赚钱而不是促进文化多样性,因此,对文化多样性的保护有时需要依赖更有资源的国家和国际组织。文化混杂意味着既定民族国家边界被取消,然而理论上概念并不能涵盖现实的所有层面,国家也许是保护文化多样性的有力机构。在某种程度上,强大的国家拒绝

① 参见匿名:《大陆偶像剧穷成这样》,载《南方都市报》2008 年 9 月 20 日,第 12 版。

② 参见刘悦笛:《美国文化产业何以雄霸全球?》,载《粤海风》2006 年第 2 期,第 14—26 页。

③ 参见 Leslie Sklair, “The Culture-Ideology of Consumerism in the Third World,” *Sociology of the Global System*, Second Edition, Baltimore, Maryland: The Johns Hopkins University Press, 1995, pp. 147—190。

部分国外文化产品的进口，究竟是伤害文化自由流动还是保护文化多样性？答案不是那么简单。归根结底，跟霍米·巴巴面临的指责一样，文化混杂没有为不平等和不均衡的文化跨国流动留下理论空间，全球传播是喜乐交加的过程，只看到阴暗面和只看到光明面都不符合现实。

第二节　消费主义与大众媒体

全球传播的发展，引起的另一个争论是以消费主义为导向的消费文化的扩散。全球化是资本主义高度发展的产物，资本主义的另一个产物就是消费主义，消费代替积累，是推动资本主义经济发展的关键因素之一。半个世纪以前的法兰克福学派就曾经批评过消费文化对人的异化，造就庸俗化的生活和单向度的人。随着跨国传媒集团开拓全球市场，消费主义成为它们开拓全球市场的有效策略之一，也成为它们灌输给文化输入国的最显著的价值观念之一。

一、跨国广告公司与媒体内容跨国流动

跨国公司是全球化的重要推动力量之一，它们在全球化世界里的地位日益重要，在文化领域内，它们也是重要的形塑力量，制造文化观念，推销生活方式。充当跨国公司市场开拓先锋的，往往是跨国广告公司。广告公司的活动不仅仅局限于推销商品，有时候，他们也借助推广媒体内容而为跨国公司服务，充当媒体内容跨国流动的先行军。

电通公司是日本最大的广告公司，也是全球五大广告公司之一。20 世纪 90 年代以来，随着日本企业开拓亚洲市场的需求，电通公司需要为其制定合适的市场战略，通过提供电视节目而吸引目标客户群体、塑造良好企业形象，成为其中的一个环节。TBS 的《激情动物大地》(*Waku Waku Animal Land*)在是日本国内收视率比较高的一档综艺节目，电通公司买下版权，把这个节目免费或低价提供给其他亚洲国家播放[①]。在中国，这档节目就是北京电视台的《东芝动物乐园》(1994—2007)，每周播放一次，每次大约 50 分钟。《东芝动物乐园》是内地第一次进口电视节目形式，同时在北京、上海、广州、成都、南京、沈阳、大连七个城市播出。双方合作相当愉快，节目主题事关保护环境和爱护野生动物，主题高雅，

① 参见 Koichi Iwabuchi, "Feeling Glocal: Japan in the Global Television Format Business," in Albert Moran and Michael Keane, eds., *Television Across Asia: Television Industries, Programme Formats and Globazliation*, London: Routledge Curzon, 2004, pp. 21—35。

老少皆宜，电视行业内的专业人士赞不绝口，甚至日本驻华大使在向国内汇报的文件里，也提到这个节目是成功的中日文化合作范例。观众更是用持续高涨的高收视率回报，最高收视率曾经达到29%，在北京地区仅次于中央电视台《新闻联播》和北京电视台《北京新闻》位居第三位。①

电通公司免费提供节目，向日本购买版权的费用和制作费用都由电通承担，电视台提供播出时间，换来每次播出时收入两条30秒日本公司广告的广告费。电通公司也渗透到了节目制作环节，比如反对中方提出的年轻漂亮的女主持人，坚持要求在全国范围内有一定名气的幽默型男性主持人。事实证明，正是在王刚主持的年代，该节目收视率达到了顶峰，随着王刚离开，当然也有其他原因，这个节目开始走下坡路。在一些问题上，中日双方制作人员争执不下，有一些问题是各自看法不同所致。收视率数据显示，在播放动物素材时，节目收视率比较高，播放主持人与现场观众互动时收视率较低，于是日方坚持增加动物素材的播出时间和提高素材的可视性，而中方认为，动物素材播出时间增多，必然造成互动环节播出时间减少，那么这个节目将变成纯动物纪录片欣赏的节目，而中央电视台《动物世界》和《人与自然》等栏目珠玉在前，《东芝动物乐园》将很难突破。

另一些矛盾暴露的并非是外来节目水土不服，而是广告商和本土受众之间的矛盾。东芝公司在中国销售的重点产品逐渐从电视机等家用电器转向笔记本电脑等高科技产品，于是要求演播室布置放弃动物形象和大自然景观，改用太空感觉的现代化景观。这违背了中国受众收看节目时的心理期待，中国观众期待收看“动物乐园”而非“东芝产品”，搞不懂“动物乐园”跟银色调高科技的现代化景观有什么联系。与此同时，东芝公司在中国的目标消费群体从早期的老人和孩子转向收入高喜欢追逐时尚潮流的年轻人。然而，根据收视率的调查结果，这个节目在中国的老人和孩子中最受欢迎，在二三十岁的年轻人群中并不被看好。日方坚持换上更年轻靓丽的主持人，但是中方认为，既然老人和孩子更喜欢看这个节目，那么这个节目的目的就不应该是直接面向观众推销产品，而是通过节目塑造东芝公司热心公益事业的良好形象，提高节目影响力来达到对产品的间接推广。②

由于收视率低迷，东芝公司不愿意再投资，《东芝动物乐园》于2007年初停播。它的意义并不仅仅在于这曾经是中国最流行的以动物为主题的综艺节目。

---

① 参见钟艺兵：《东芝动物乐园的优势》，载《当代电视》1999年第6期，第37—38页。

② 参见陈虎：《东芝动物乐园完美谢幕12年的成功购买》，载《新电视》2007年第3期，第66—68页。

中日合作制作的媒体内容在80年代就已经出现，比如两国合拍电影《敦煌》，然而，《东芝动物乐园》是跨国广告公司操作的媒体内容，从制作、播出到谢幕，都隐藏着跨国公司的影子。早在节目开播之前，电通公司就已经确定了北京、南京、广州、成都和武汉五个城市为候选首播城市，没有包括上海这个老牌商业城市。电通的目的很明确，上述五个城市是东芝产品在中国的主要市场，考虑到北京是演艺明星荟萃的地方，节目需要稳定的明星嘉宾，于是电通主动选择了北京电视台为合作对象。当时，北京台根本连"电视形式"这样的词都没有听过，当时国内的电视娱乐节目只有《正大综艺》（泰国正大集团与中央电视台合作）这一类型的节目，外方免费提供节目素材和所有制作费用这种合作方式也是第一次，本土电视人表现出了迷茫和兴奋。既然日方承担了所有制作费用，那么对节目内容的生产和规划，自然拥有绝对的话语权，中方很少能够干预节目内容，即使提出建议，是否采纳的主动权仍旧在日方手里。东芝公司不仅获得了冠名权，也是唯一的投资方，它的意见经常超过电视台意见而主导节目的内容，这在当时中国国内电视市场上是很少见的。然而，对赞助商和广告公司的过度依赖，导致当节目无法满足商业利润需求而得不到赞助时，本土制作单位和电视台并没有话语权进行干预。以环境保护和动物保护为主题的电视节目在当下中国并不多见，中国也需要保护自然环境和野生动物，但是这一类格调高雅、老少皆宜的节目，并不因为中国受众的需求而存在，而是依赖于跨国公司和广告公司的运作而存在。

二、跨国公司、广告与大众媒体

跨国公司对本国媒体的影响，更直接的方式是广告。80年代以来，新自由主义媒体政策在全球大行其道，加上冷战结束，以前实行公有制或国有制的媒体纷纷转型成私有制或引入商业竞争，新媒体——卫星电视、有线电视、互联网、手机——几乎都是私有制当道。私有制媒体最主要的收入来源是广告，对媒体业和市场经济尚不发达的广大发展中国家来说，跨国公司财大气粗，能够出得起比本国公司更高的价钱，也就能购买最好的时间段和版面，播放自己的广告。

当然，跨国公司与本国广告界的关系并非是赢者通吃的富人逻辑，其他因素——如国家和技术革新——也会影响这一关系。改革开放之后，中国广告市场份额以年均两位数的速度飞速发展，但是它的发展过程并不均衡。早在90年代之前，中国本土广告市场发育不完善，基本处于"弱公司，强媒体"的格局。媒体的数量和内容受到国家严格监管，没有生存压力的担忧，对广告的依赖性较弱，少数媒体占有了大多数受众，广告主无需优质广告策划就可以获得强大的传播效果。相比之下,广告主和广告公司在媒体面前的讨价还价能力较弱,1983年至1992年期间,传统媒体下属的广告公司的营业额占据了全国的一多半,专业广告公司的营业额只有20%左右,如此小的市场,给跨国公司和跨国广告公司留下了更小的市场份额。90年代之后,中国媒体市场格局发生了重大变化,首先是大多数媒体不再享受各级财政拨款,必须自负盈亏,媒体的经济压力加重,对广告的依赖也随之加剧。其次,媒体数量和内容急剧增加,从90年代中期起,卫星电视和有线电视在中国兴起,普通观众能够收看的电视频道从数个增加到几十个。观众的选择余地大了,电视台和频道之间的竞争日益激烈,媒体自然要想办法提高(包括广告在内的)内容水准。跨国公司实力雄厚,能够支付更高的广告费用,能够策划更优良的广告,逐渐成为中国媒体最重要的广告客户之一。在电视领域,这一现象更明显。如表8-2所示,2007年1—5月,中国排名前10位的广告主的电视广告投放额(按刊例价计算)占电视广告总量的15%,其中7个为跨国公司。此时,媒体与广告之间的关系已经悄然变成"强广告,弱媒体"。

表8-2　2007年1—5月中国电视广告投放额排名(刊例价)

排名	广告主	电视广告投放额(刊例价,元)
1	宝洁(中国)有限公司	3 273 870 497
2	联合利华(中国)有限公司	2 159 312 198
3	欧莱雅集团	720 043 576
4	强生(中国)有限公司	648 506 245
5	百胜集团	634 666 649
6	内蒙古蒙牛乳业(集团)股份有限公司	563 802 336
7	内蒙古伊利实业集团股份有限公司	490 397 796
8	高露洁——棕榄公司	486 128 683
9	纳爱斯集团	480 748 070
10	可口可乐公司	462 276 219

资料来源:参见郑维东、左翰颖:《全球化与媒体利益:跨国公司对本土电视传媒的影响》,载《新闻大学》2008年第1期,第129—136页。

跨国公司更倾向于选择跟自己有过长期合作经验的跨国广告公司(外资广告公司或合资广告公司),如宝洁公司过去40年里一直选择精信环球(Grey Global)为自己服务,即使中国宝洁也不例外。在中国,2004年,外资广告公司企业数量仅占全国广告公司总数的0.32%,从业人员数量仅占全国广告行业从业人员总数的1%，然而它们的营业额占到了全国的10.56%。[①] 据称合资和外资广告公司的营业额已经占了中国电视广告总量的三分之一，在北京、上海和广州这三所城市，这个比例还会更高。

1993年国家工商总局在部分城市试点推行广告代理制，1996年我国又进一步颁布《广告服务收费管理暂行办法》规定广告代理费为15%，力推媒体业和广告业各自独立发展，限制媒体所属广告公司和企业所属广告公司的发展，广告公司作为媒体和企业之间的专业服务机构实行第三方独家代理。在广告公司专业化程度不高和没有充分市场竞争的前提下，国家行政力量强行推行代理制，有可能揠苗助长使其超前发展，导致本国广告业发展缓慢、水平低下、高度分散，不能与跨国广告公司同场竞争，而跨国公司凭借专业化的服务水平和强大的资本实力，成为中国本土广告市场上的强势力量[②]，中央电视台之外的地方电视媒体在跟跨国广告公司的谈判中几乎丧失了讨价还价能力。广告代理制推行的另一个弊端是广告行业的混乱无序、零代理——广告公司恶性竞争竞相压价——这种自杀式行为的出现。[③] 媒体享有体制内的政策保护，生存压力虽然越来越大，却远不如广告行业内部竞争激烈。广告公司对客户的争夺超过了对专业化服务水平的关注，代理制带来了低水平竞争。事实上1995年《广告法》里对代理制只字未提，相应的对违规行为的惩罚措施几乎没有，这使得代理制只停留在国家政策层面。2004年底代理制被废除，取而代之的是2005年底发布的《广告服务明码标价规定》，要求广告公司必须明示广告服务价格及收费等相关内容。

广告代理制的间接后果，是为媒介购买公司的发展留下了空间。媒介购买公司最早出现在60年代的美国和欧洲，1996年我国出现了第一家媒介购买公司实力媒体。事实上，实力薄弱和资金匮乏的本土广告公司很难跟外国公司在媒介购买市场上进行竞争，这是跨国广告公司的竞技场。2006年，全球80%以上的媒介购买量被四家欧美广告公司所垄断。2005年，中国媒体投放总额的13%被博睿传播所占据，达110亿人民币。媒介购买公司可以看成是广告行业内的又一次并购整合。以台湾地区为例，1995年出现了第一家媒介购买公司，到2005年，19家媒介购买公司就已经承揽了台湾广告总量的44%，广告公司的

---

① 参见宋号盛：《外资广告公司独资与中国广告业》，载《大市场（广告导报）》2006年第2期，第168页。

② 参见张金海、廖炳宜：《广告代理制的历史检视与重新解读》，载《广告大观（理论版）》2007年第2期，第25—31页。

③ 参见陈刚、单丽晶、阮珂、周冰、王力：《对中国广告代理制目前存在问题及其原因的思考》，载《广告大观（理论版）》2006年第1期，第5—14页。

媒体代理费基本上被媒介购买公司所占有，广告公司沦落为创意和制作公司，日益被边缘化。[①]

对于本土媒体来说，一方面，媒介购买公司能够运用市场策略，以量压价，突破权力对媒介资源的控制[②]，减少了媒体寻找广告客户的成本，为广告主提供更有效的广告投放策略，也为媒体提供更多利润，甚至可以为媒体解决普通广告时段和垃圾广告时段的经营问题。另一方面，一旦它们垄断了绝大多数广告主资源，就会挤压本土和中小广告公司的生存空间，同时对仍处于市场化进程初期的媒体不利。通过大宗媒介投放，媒介购买公司会在跟媒体的谈判中占据更有优势的地位，从而压榨媒体的利润。最保守地估计，目前媒介购买公司的份额已经占到中国媒体投放的30%—35%。越是在经济发达地区，外资媒介购买公司的影响力越大。2006年上海文广集团的年度广告投放中，超过30%的广告由大规模的4A跨国广告公司代理，在2007年上半年武汉和沈阳当地的电视广告里，仅宝洁和联合利华两个品牌的投放就占了接近30%的份额。面对强势的媒介购买公司，电视台不得不一再降低折扣，给媒介购买公司的折扣经常突破刊例价的5折，低至2—3折，有些媒介购买公司提出电视台节目的收视率必须达到一定水准，否则就要再压价，甚至不到1折。[③] 除了中央电视台和部分表现优异的卫星频道之外，中国大部分电视台（无线、有线和卫星）在跟跨国广告公司的议价中，都处于弱势地位，“上星”的优势并没有充分体现。跨国广告公司及其所代理的跨国公司占据了主要城市电视台的黄金时间段。从长远来看，媒体利润受损，发展受到局限，对广告公司、广告主和整个社会都未必是好事。背负收视率的沉重压力，近年来电视台（尤其是省级卫视）投入严肃新闻的成本减少，转而大力发展真人秀节目和低成本的本地化节目（如民生新闻），社会责任感减弱，由此引起的媒体低俗化问题并不鲜见。

三、消费主义与全球传播

“消费总是而且无处不是一种文化过程，但是‘消费文化’这个概念，则是独一无二、专有所指的：它是在西方现代性发展过程中形成的文化再生产主导模

---

① 参见陈刚、崔彤彦：《媒介购买公司的发展、影响及对策研究》，载《广告大观（理论版）》2006年第5期，第4—11页。

② 参见吴予敏：《广告发展两面观：国际化与本土化——兼论中国广告在全球经济时代的发展症结》，载《国际新闻界》2000年第1期，第71—76页。

③ 参见郑维东、左翰颖：《全球化与媒体利益：跨国公司对本土电视传媒的影响》，载《新闻大学》2008年第1期，第129—136页。

式。消费文化在许多重要方面,都是现代西方的文化,它对于现代世界中的日常生活实践,当然是处在意义的中心。它普遍联系着界定西方现代性的那些核心价值、实践和制度,诸如选择、个人主义和市场关系。"[①]正因为如此,伴随着信息的全球流动,消费主义为全球资本主义服务,它的扩散被看成源自西欧的资本主义意识形态在其他市场上正在节节胜利。

威尔斯把国家分成四类:高生产高消费型(过度发达的享乐主义社会)、高生产低消费型(禁欲式的发展主义社会)、高消费低生产型(衰退中的寄生性社会)和低生产低消费型(不发达的传统社会)。[②] 发达国家(主要是美国)的文化产品在发展中国家的扩散,被批评为推广不切实际的超前的消费活动,营造"虚假的需求",发展中国家受众的消费并非出于自身需要,而是被跨国媒体诱导所产生的,消费的首要后果不是满足了受众的利益,而是帮助跨国公司获得高额利润。而且,第三世界的媒体制作公司在发达国家所驱动的全球传播的压力之下,被迫遵守所谓"世界标准"或"世界惯例",而这些正是发达国家制定的,可能跟第三世界的本土文化相冲突,本土化的后果反而是生产出符合发达资本主义国家和跨国公司利益的文化产品。

不仅是直接推销商品的广告,就是提供信息的新闻(比如关于汽车业、房地产业和日用化工产品的新闻)和电视剧也会传播消费主义。一个经常被提到的例子是,在70年代后期,巴西本国制作的一部肥皂剧的高潮镜头是:一个男人问他的妻子,要不要买一台电冰箱,他的妻子激动得热泪盈眶。[③] 在当时的巴西,电冰箱这种家用电器还是紧俏货,普通家庭很少能够拥有,在这个镜头里,"电冰箱"这个符号很典型地体现了消费主义意识形态:消费意味着更美好、更舒适、更高级的生活,令人向往和激动,尽管它的价钱可能超过了自己的能力。电视剧里人物的生活普遍好于现实生活,比如住更大的房子、穿更好的衣服、吃更昂贵的食物、花在工作上的时间更少。在批判知识分子看来,普通受众可能很难解读出电视剧里隐藏的消费主义意识形态,只把这当成是"好看"的电视剧。人们顶多考虑自己能否买得起这些高级的商品,却忘记了自己正在受到跨国资本和本国大资本家的剥削。人们沉浸在想象式的消费里,暂时忘记了现实生活的

① 参见 Don Slater, *Consumer Culture and Modernity*, Cambridge: Polity Press, 1997, p. 8。转引自陆扬、王毅:《文化研究导论》,复旦大学出版社 2005 年版,第 225 页。

② 参见 Alan Wells, *Picture-Tube Imperialism? The Impact of US Television on Latin America*, Maryknoll, New York: Orbis, 1972。

③ 参见 Joseph D. Straubhaar, "Distinguishing the Global, Regional and National Levels of World Television," in Annabelle Sreberny-Mohammadi, Dwayne Winseck, Jim McKenna and Oliver Boyd-Barrett, eds., *Media in Global Context: A Reader*, London: Arnold, 1997, pp. 284—298。

艰难和贫困。

对于当代中国来说，消费主义并不符合主张禁欲和节俭的传统儒家文化的要求。《人民日报》1979年至2007年所有标题里带有“广告”的文章共1060篇。通过内容分析，研究者发现，只有23篇文章提到了“广告有助于促进经济发展”，另有21篇和18篇文章各自提到了广告在“服务消费者”和“帮助企业发展”方面发挥了作用。此外，共有556篇文章对广告做出了态度评价，仅有61篇文章(11%)对广告持肯定态度，而且还主要集中在公益广告和扶贫广告等领域，发表时间大多集中在80年代初和90年代初，而63%的文章对广告持批评否定态度，发表时间并无特别集中的趋势。从关键词语出现的频率来看，关于广告的评价词汇出现最多的前九个都是负面词汇：虚假、违法、欺骗、泛滥、过于夸张、误导、低俗、失实和违规。[①] 这份研究表明了国家对于广告的态度。即使传统文化和国家都不喜欢消费主义，但是，经济的发展，商品的极大丰富，人均收入和财富的快速增长，为消费主义在中国的出现提供了物质条件，外国文化产品的进口和本国媒体数量的增长，进一步刺激了消费主义观念的确立，无论是家庭装修、抚养孩子、婚礼与民俗礼仪，还是食品衣物的选择和休闲时间的安排，都能够看出当代中国人正在追求更高质量和更新奇的消费品，它们大部分源自西方。羡慕西方的消费品进而导致羡慕西方的价值观念，与消费主义如影随形的个人主义和自由主义观念在当代中国被进一步强化，因此消费主义并非仅仅影响普通个人的日常生活，也极有可能影响未来中国的改革方向，学者们看到了消费主义的政治含义，以至于有人声称，当代中国(尤其是城市)正在经历着一场消费革命。[②]

比起态度，观念的变迁是一个更长期的过程，对当代中国的大量经验研究发现，媒体——尤其是广告——在中国的转型已经促进了消费主义观念的发展。一份于2000年对北京、上海和广州三地16岁至60岁居民的抽样调查发现，更多接触消费导向的媒体内容、外国媒体内容和广告会直接导致受众对广告的态度更加正面，而这又进一步导致受众更加接受消费主义价值观，在各种类型的媒体中，消费型杂志最容易激发消费主义价值观。[③] 然而，大众媒体与消费主义之

---

① 参见丁俊杰、黄河：《为广告重新正名——从主流媒体的广告观开始》，载《国际新闻界》2007年第9期，第5—10页。

② 参见戴慧思主编：《中国都市消费革命》，社会科学文献出版社2006年版。本书是1997年美国耶鲁大学社会学系主办的“当代中国都市的消费者与消费革命”学术研讨会论文集，英文版于2000年出版。

③ 参见 Hye-Jin Paek and Zhongdang Pan, “Spreading Global Consumerism: Effects of Mass Media and Advertising on Consumerist Values in China,” *Mass Communication and Society*, 2004, 7(4), pp. 491—515。

间的关系是复杂的。这份研究报告同时发现,更多接触消费导向的媒体内容和外国媒体内容并不会直接导致受众更加接受消费主义价值观。可见,媒体只是促使受众产生消费主义观念的诸多来源中的一个,教育背景和年龄也能够解释受众的消费主义观念,受过教育和更年轻的人群更加重视品牌和潮流所赋予的社会地位,这暗示着当代中国的消费主义正在经历一个不均衡的发展。

源自西方的消费主义在发展中国家所引起的反应是复杂的。中东研究者认为,在中东人看来,消费主义是"现代的"、"西方的"。中东贫富分化悬殊,只有富人才能享受奢侈品,穷人把"西方的"消费主义等同于本国富人的利益,因而必须通过其他途径寻求针对消费主义的抵抗形式。大多数情况下,这激起了自70年代以来穆斯林世界里伊斯兰教原教旨主义思潮的强化,它针对的不仅是消费主义,同时也包括美国化和本国富人。这个结果颇具戏剧化色彩,消费主义造就了自己的敌人。虽然伊斯兰教原教旨主义带给中东穷人和整个世界的并非总是公平和正义,然而,这是他们所能做出的"最合理的"选择,这就好比农民不得不把粮食种子喂给孩子吃一样,他们别无选择。[①]

讨论全球传播与消费主义的关系,隐含着文化同质化的前提,对消费主义的批判正是建立在这一前提的基础之上。比起文化帝国主义和麦当劳化这样的理论概念,消费主义概念具有特别的优势。消费首先是个人日常生活里不可或缺的一部分,这个地球上每个人每天都必须消费,而地球上并不是每个人都可以看到美国文化产品和吃到麦当劳食品;其次,消费是一个能够获得快感的行为,令消费者痛苦的消费行为注定会被抛弃,快感的获得有可能为受众的能动性开启理论空间;再次,消费是多面向、多层次的行为,主导与从属贯穿其中,各层面的权力因素进行互动和协商,造成复杂的后果,如果说文化帝国主义和麦当劳化这样的概念假设了美国文化中心论的话,那么消费主义更有可能跳出国家中心主义的分析框架,建立一个基于当代资本主义的全球化理论。在全球化、晚期资本主义和后现代理论盛行的年代,对消费主义(包括全球传播与它的关系)的关注不断增加,从另一个角度反映了这个世界的某种特征:我们不仅依靠自己的生产活动而在社会立足,也依靠消费活动获得社会地位。

---

① 参见 Leslie Sklair, "The Culture-Ideology of Consumerism in the Third World," *Sociology of the Global System*, Second Edition, Baltimore, Maryland: The Johns Hopkins University Press, 1995, pp.147—190。

第九章　全球化时代的受众

全球化后果的另一个重要领域是受众。随着20世纪80年代以来"积极的受众"研究传统的发展,以及对它诸如"民粹主义"和"文化修正主义"的批评,全球化研究框架之下的受众研究注定要在社会结构和能动性的张力之间寻求平衡:对受众个人而言,展现异域风貌和另一种生活可能的全球媒体究竟是赋权个人,还是将个人收编进全球资本主义体系之中?如何既不会过分浪漫化受众个人的能动性,同时也为个人自主性和社会变迁留下解释空间?发达国家和发展中国家在全球化进程里地位不等、受益不等,对它们的观察注定会产生差异化的结论,因此,研究者需要选择自己的立场,这将影响研究的前提假设和结果。然而,即使是针对发展中国家的观察也会发现,受众的能动性从来没有被取消过,在全球化时代,它反而有可能被强化。收编与强化,主导与从属,顺从与反抗,合作与冲突,这就是全球化框架之下受众研究的风貌。

第一节　受众解读的多样性

一、受众研究的发展

大众媒体研究的重中之重是受众研究。如果发现媒体对受众没有影响或者影响有限,那么媒体研究存在的必要性将会受到严重挑战。正因为如此,以美国为主的传播研究关于传播效果的研究在数量上和质量上都很高。美国传播研究对世界其他地方的影响是显而易见的,施拉姆晚年来到夏威夷大学东西方文化中心,看重的是这里的国际化程度和文化交流优势,可不单单是夏威夷的沙滩美景。

即使在国际传播研究领域,也存在着哈特所概括的"向美国学习的(研究)世界"(the world according to America)①这一现象,即世界其他地方的传播研究

---

① 参见 Hanno Hardt, "Comparative Media Research: The World According to America," *Critical Studies in Mass Communication*, 1988, 5(2), pp. 129—146。

基本上在仿效美国:美国学者重视什么研究问题,坚持什么样的研究假设,其他地方的学者也重视同样的研究问题,坚持同样的研究假设。有人讽刺说,美国学者把关于美国之外的其他地方的传播研究都称为“国际传播研究”,研究美国本土的才是“传播研究”。1950 年,美国本土最大的传播学术组织之一——国际传播学会(International Communication Association)——成立时,并无外国学者参与,却仍然取了个“国际传播”的名字,足显美国的老大心态。美国的国际传播研究实际上体现了美国的国家利益,其他国家(尤其是第三世界)仿效美国,这样的研究反过来又强化了美国在全球学术界的地位。毋宁说,这是美国学术霸权的表现。哈特对文化研究寄予厚望,认为它能够发展另一种理论解释,这种研究将是整体式的、重视情境和历史条件的研究。

施拉姆所列举的传播学四大奠基人除了卢因之外,其余三位都是以效果研究而被施拉姆选中,无论是霍夫兰的受众心理研究,还是拉斯维尔的宣传研究,抑或是拉扎斯费尔德的受众研究,其核心概念都是大众媒体的说服效果究竟如何,信息的扩散(diffusion,也译成普及)和受众的选择性成为其关键词。五六十年代的有限效果论和使用与满足研究延续了这一传统。使用与满足研究突破了当时甚嚣尘上的魔弹论对直接的、强大媒介效果的假设,加入了对受众个人心理和社会特征的考察。然而,60 年代之后的使用与满足研究,过分醉心于能够被精确测量的可以量化的变量,失掉了 40 年代早期学者对受众个人主动性的关注,忽视了受众的真正需求和多样化满足,反而落入了 5W 模式所代表的那种视传播为单向信息流和单向因果关系的传递观,成为客观经验主义研究范式的典型理论之一。

以伯明翰学派为代表的文化研究自 60 年代在英国兴起,逐渐扩散到世界其他地方,以其批判性、尖锐性和深刻性而赢得一席之地。文化研究里的受众研究跟功能主义研究的最大不同,在于对受众能动性的重视。在客观经验主义研究里,受众是不加区分的大众和文化商品的消费者,在西方马克思主义眼中,他们是原子式的同质化的乌合之众。虽然两种研究范式在价值论上水火不容,然而它们对受众的看法却是惊人的一致,即受众的整体性、同质性和被动性。文化研究引入接收情境(context),看到了受众的差异和多元,提供更为灵活和有力的解释。在使用与满足研究里,男女观众看电视时间和行为模式的差异被解释为个人的需求差异;而在文化研究里,晚上是一家人团聚的时刻,外出工作的丈夫从单位回家,孩子放学,此时电视遥控器的主导权不可能掌握在妻子/母亲手里,只有等白天,丈夫和孩子都离家,家庭主妇才能支配电视频道,因此,丈夫大多在晚上看电视,妻子倾向于在白天看电视,重要新闻节目大多安排在晚间播出,营造浪漫气氛的肥皂剧多在白天播出。男女受众看电视行为模式的差异应该被看成是他们所掌握的权力的差异，使用与满足研究看不到男女扮演着不同社会角色，满足不同社会期望，因此他们的使用差异表面上看来是个人差异，实质上是社会建构而成的差异。

伯明翰大学当代文化研究中心第二任主任霍尔 1973 年在一篇文章里，提出了对后世影响甚大的受众解读模式。他将受众对文本的解读简洁地分成三种：主导式（或优先式）、协商式和对抗式解读。[①] 文本的编码，或曰文本的生产，是意识形态斗争的场域，主导意识形态被编码进文本里，形成主导意义（或优先意义）。然而受众的理解五花八门，并非按照文本生产者和统治者的意图而形成单一理解。受众有时候会接受文本里的优先意义，认同主导意识形态，这是主导式解读；有时候受众会推翻优先意义，发展出自己的独立解释，这是对抗式解读；介于两者之间的是协商式解读，受众混合了文本的主导意义和自己的对抗意义。后两种解读方式体现了受众的能动性，将受众、情境与文本联系在一起，将文化研究取向的受众研究引向民族志，研究者通过长期细致地实地考察受众的接触媒介方式而寻找抵抗式和协商式解读。在全球传播的现实背景下，理解受众解读的多样性和丰富性需要参考霍尔的解读模式。

二、对文化研究的质疑

文化研究对受众的解释令人耳目一新，然而也不是没有批评的声音。霍尔的解读模式仅仅是预见和概括了整体式受众形象的崩溃，继续他的研究道路前进的费斯克提出“多义性”（polysemy）概念，则完全把后现代主义对宏大叙事的解构发挥得淋漓尽致。费斯克认为，为了争取最大规模的受众，文本的意义必须是开放多元的，允许各种身份的受众生产出满足自身亚文化身份的意义，封闭的文本没有出路。不同社会地位的读者积极地生产各不相同的属于自己的特定意义，多义性就是以此来运作。文本优先意义可以是不稳定的，因而被受众拒绝，比如不合时宜的讽刺；文本也可以是布满裂痕的，在分歧之处，受众的解读能够逃脱优先意义的控制，比如专制统治下的人民知道怎么解读官方报告里的言外之意。因此费斯克宣称我们无需对优先意义寄予过分忧虑，因为受众完全掌握了对文本的解读，抵抗式解读现实存在着。

---

① 原文是 dominant or preferred reading，negotiated reading 和 oppositional reading，这里依据中文习惯译成“解读”。这篇文章后来于 1980 年被收录进当代文化研究中心编辑的《文化、媒介与语言》一书里正式面世。

费斯克对受众能动性的过分乐观被批评为“新修正主义”,不关心文本生产过程里的权力关系,放弃了对社会变革的整体式诉求,寄希望于受众个人的抵抗式解读,看似激进实则保守。对他更客气的批评,是认为他把个人的能动性浪漫化了。费斯克没有看到,个人的解读能力受到社会生活里各种因素的制约,那些更有机会接近抵抗式意义的受众更有可能生产出抵抗式解读。他搞错了文本与受众反应之间的关系,不是文本本身是多义的,而是说,受众的反应和解释是多义的,这种多义正是由历史和文化的因素所建构的。费斯克也不能回答,即使文本是多义的,那么接纳其中的优先意义更容易,还是抵抗优先意义更容易?大量受众研究发现,产生抵抗式阅读的受众从人数规模上通常只占少数,是因为抵抗的成本比接受更大吗?这说明抵抗式阅读并非如理论家所假设的那样普遍,主导式解读才是更普遍的现实。究竟是接受还是抵抗,能够令受众接收文本时产生更多的愉悦(pleasure)?大众固然不是文化傻瓜,但也不是训练有素的专家学者。

在全球传播领域内,非西方的研究经验对以美国西欧为主体的研究经验提出了质疑。由于学术霸权的存在,西方学术经验被普遍学习和复制,关于非西方的研究在数量上和质量上都很难跟西方匹敌。由于国家实力差异,全球传播里非西方受众被假设成当然的正义的弱者,研究者从他们身上捕捉的解读方式,呈现出跟西方国家截然不同的面貌。比如,很多发展中国家为了发展经济和壮大国家力量,提倡集体主义精神,放弃对个人自由的诉求。在那些集体主义氛围浓厚的国家(比如新加坡),个体公民往往会发展出跟政府一致的立场,对西方文化产品表现出不欢迎的态度。造成这种现象的原因在于,对个人来说,跟政府保持一致能够实现个人利益最大化(国家经济实力壮大才有可能提高个人生活水平),宣扬自由和民主的西方文化产品破坏了个人利益,因而被抛弃。当发展中国家的受众抵抗了西方文化产品却接受了本国威权主义的时候,究竟应该怎么评价受众的抵抗式解读,是研究者难以判断的结论。非西方研究者批评将西方研究经验普遍化的做法,强调本地本国的独特性,而西方研究者却难以回应“弱者”的批评,造成这种尴尬局面的原因在于学术研究本身就没有统一的判断标准,研究范式的变迁带有相对主义的色彩,也缺乏一致的准则。也许,当文化研究符合了后现代主义兴起的要求时,它就不得不面临自身也被解构和质疑的局面。

第二节　受众能动性与全球传播

一、文化接近性与受众的接受

在全球传播里，那些跟本地受众的文化和心理距离越接近的媒介产品，越容易受到欢迎，这说明了受众选择的主动性。美剧《达拉斯》在80年代风靡拉美和欧洲，但是在日本和以色列却遭遇收视滑铁卢。研究者认为，这种现象要从民族间的文化差异来入手解释，日本有皇室，对皇室的神圣性的维护和尊重使得日本观众不接受《达拉斯》对豪门和强权的冷嘲热讽。

外来文化与本土文化的距离有时可以经由制作者的安排设计而扩大或缩小，当外来文化加入本土文化元素，就有可能吸引新的受众。一个关于2500名香港中学生的研究发现，其中超过半数学生从未看过哈利·波特系列小说或电影，但是当第四集加入一名叫做张秋的中国女生之后，接近90%的学生认为她是中国人，其中多数学生认为她是香港人。香港中学生们最喜欢第一集，在张秋加入之后，也很喜欢第四集，相比之下，对第二集和第三集没有那么感兴趣。[①]

“西方”（一般指美国和西欧）是全球传播的输出国，“东方”是输入国。在全球传播里的地位差异，必然导致两地受众对相同媒介内容的不同态度。从接收情境来看，在西方国家里，看电视是一种个人化的家庭活动，看电视的场所往往就是家里的客厅；而在非西方国家里，电视作为一种“先进的”、“优越的”生活方式从西方引进，电视机是奢侈品，高昂的付费频道令穷人望而却步，因此看电视更有可能是一种集体行为。在中国80年代的乡村里，一个村庄集体购买一台电视机，每晚在村委会公开放映，村民们都可以自由观看，但是很显然，这些人只能同时收看一个频道。某些先富起来的村民自行购买了电视机。每个晚上，邻居都会聚集在他的家里看电视，这是主人展示自己好客和好人缘的机会。为了维系和睦的邻里关系，主人应该打开大门，准备零食和茶水，招待不请自来的客人，而客人在以后的日子里，会将看电视的机会看成是一种恩惠，回报给主人，比如对主人的态度更加友好、在农忙时节帮忙等等。在一次田野访谈里，访谈对象对我回忆起他二十年前成为村子里个人拥有电视机第一人的情况时这样说道：“我经常不在家，家里只有老婆孩子，农村不比城市，大门一关，谁想进来还是能进来。人家来看电视，也不碍我什么事，我就让老婆好好招待他们，来的都是客。

① 参见郑玥：《文化全球化对香港青少年的影响——以哈利·波特现象为例的实证研究》，2006年中国传播学论坛论文集。

咱靠的不就是邻里关系嘛!”在非西方国家里,收视情境往往是喧闹的、人来人往的,甚至是混乱的,电视带给这些地方的后果因而除了观念和态度变迁之外,人际关系、交往模式和社区结构都因为看电视这一活动而发生变化。在这样的收视情境下,可以期待的是,西方媒介产品里对个人隐私和个人价值的强调,在非西方国家里一开始的接受都不会那么顺利。

宗教是形塑当今世界文化的重要力量之一,在那些宗教氛围深厚的非西方国家,基督教文化背景下的西方文化很难被接受,伊斯兰教要求女性遮挡除眼睛之外的其他身体部位,那些暴露身体过多的外国文化产品里的镜头自然被删掉。在霍梅尼统治下的伊朗,美国媒介产品经过严格审查和筛选,反而被普通受众当做了暴露美国阴暗面的反面教材,他们的民族认同感由此获得加强,伊朗政府借此巩固了自己的统治,美国媒介产品因此没有产生负面后果,而是被收编进非西方国家的现实政治情境里。

如果电视机在非西方国家里仍然被视为奢侈品,看电视不能成为大部分人群的日常仪式,那么可以期望的是,它并没有占据普通受众日常休闲生活的核心,更遑论影响社会生产和社会地位。在非西方国家里,黑板报、街头演出、招贴画、有线广播喇叭、手抄小报更加占据着受众的休闲时间。传统媒介跟电视电影等现代媒介最大的不同,在于它传播地理范围的有限性、时间上的短暂性、节目制作上的任意性和数量的有限性,这是它的劣势。然而在特定环境下,这些又可能是它的优势,因为它的制作成本低廉、传播费用便宜,本地受众支付不起相对较高的电视电影收看费用,只好转向这些传统媒介。当西方媒介产品进入传统媒介势力范围之内时,必须考虑到本土受众的收视习惯而进行某种程度的改编。这样一来,外国文化产品首先重构了本土受众的休闲方式和日常生活,才能凭借自己的意识形态内容产生说服效果。关于西方国家的受众研究,往往假设市民社会、治理和消费者民主的正当性,却忽视了在非西方国家里这些理论概念的适用性。以治理概念为例,非西方国家受众可能更接受由政府主导和控制的媒介体制,而不是由社会组织、跨国机构和自发个人监管的媒介体制,“弱者”并非像西方理论家所假设的那样,乐意选择被理论家事先规划好的前进道路。

二、中国受众与外国媒介产品

在中国,从国外引进的文化产品水土不服是常事。以央视索福瑞公司的调查数据为例,如表 9-1 所示,2007 年 6 月至 7 月,CCTV-8 北京地区收视率最高的前 15 位电视剧里,7 部为国产片,8 部为引进片,其中引进片收视率最高的是韩国电视剧和印度电视剧,美国电视剧的排名在十名之外。如表 9-2 所示,2007 年上半年 CCTV-8 收视率前十位的引进电视剧里，韩剧和台湾电视剧完全占据了其中九席，只有一部英国出产的电影《尼罗河上的惨案》以其经典性而获得高收视率。

表 9-1　2007 年 6—7 月 CCTV-8 收视率前 15 位电视剧（北京地区）

电视剧	收视率（%）
乞丐王子（韩）	2.8
英雄虎胆	2.1
房前屋后	2.0
天经地义	1.7
岁月风云	1.4
奇迹第二部（印）	1.0
为爱燃烧	1.0
为你燃烧	1.0
案发现场第二部	0.9
黄手帕第三部（韩）	0.9
奇迹第一部（印）	0.8
奇迹第四部（印）	0.8
黄手帕第二部（韩）	0.7
罪恶（美）	0.6
状王宋世杰（香港）	0.5

数据来源：央视索福瑞收视率调查数据。

表 9-2　2007 年 1—7 月 CCTV-8 收视率前十位引进电视剧和电影（北京地区）

引进电视剧	收视率（%）
乞丐王子（韩）	2.8
世间路第九部（台）	2.5
世间路第八部（台）	1.9
尼罗河上的惨案（英）	1.6
小妇人（韩）	1.6
天地有情第三部（台）	1.5
天地有情第五部（台）	1.4
青青草（韩）	1.4
天地有情第七部（台）	1.4
天地有情第八部（台）	1.4
百万朵玫瑰大结局（韩）	1.4

注：《尼罗河上的惨案》是电影，其余为电视剧。

数据来源：央视索福瑞收视率调查数据。

韩剧、台剧和印度电视剧——都属于“东方”——有一些共同特征：第一，在叙事内容上，重视家庭、传统伦理规范和集体主义，很少有过分暴露和色情镜头，也很少有暴力犯罪镜头，比如很少呈现同性恋、艾滋病、乱伦和社会运动内容；第二，采用了较慢的叙事节奏，情节冗长结构拖沓，动辄数百集；第三，强调人物之间的恩怨纠葛，感情戏是电视剧表现的重点，其中爱情更是不可或缺的重要元素；第四，采取了封闭的叙事结构，全剧贯穿始终，男女主角往往只有一个，要么是讲述这个主角的故事，要么是讲述两个男女主角之间的故事，其他人物戏份再多，都是配角。根据收视率的统计结果显示，中国观众更乐于接受具备这些共同特征的电视剧。

反观在美国收视率很高的电视剧，在中国的收视情况并不乐观。美国哥伦比亚广播公司于1996—2005年播出的喜剧《人人都爱雷蒙德》在本土收视率不俗，2003年和2005年两次获得艾美奖最佳喜剧奖，其内容取自小人物的日常生活。为了实现老少咸宜，剧中安排了三个小演员，分别是四岁和两岁，因此剧中没有任何少儿不宜的镜头，所有笑料都经过一再斟酌仔细考虑。然而，美剧每周播出一集，采用了开放的叙事结构，即多个主角并存，每个人都可能成为某一集的主角，集与集之间的联系并不紧密，漏掉了某一集也不妨碍继续收看，该剧也重视亲情，然而它更加重视展现普通家庭的烦恼和从烦恼中寻找的快乐。2005年和2006年，CCTV-8引进该剧，安排在春节黄金收视期间播出，对它寄予厚望。根据央视索福瑞的调查数据，前六季的北京地区收视率分别是0.4、0.4、0.3、0.2、0.5和0.6，并没有如期望得那样火爆，但也没有跌到谷底，如果考虑到全国市场，这个数据还应该更低。

2005年底，CCTV-8播出了刚刚红遍全美的电视剧《绝望的主妇》，成为央视引进速度最快的美国热门电视剧。该剧于2004年9月在美国首播，获得2005年艾美奖15项提名，很多人认为，如果不是《人人都爱雷蒙德》在2005年结束，那么最佳喜剧奖应该属于《绝望的主妇》。该剧融合了悬疑、喜剧、推理、时尚等诸多流行元素，然而在中国的收视率只能用惨败来形容。美剧在中国没有韩剧受欢迎，究其原因主要有以下几个方面。

第一，美剧的开放式叙事结构很难获得中国观众认可。美剧每周只能播出一集，因此被迫放弃了“一个主角一个故事”的封闭式叙事结构，多条叙事线索并重，多条时间线交织，多个主角并行。这打破了中国电视剧封闭式叙事结构所培养的受众口味，观众期望的主角很可能下一集里只有一个镜头一晃而过，使得观众必须放弃对一个主角一个故事的忠诚感，培育起对多个主角多个故事的兴趣，同时在这多重时间线里确立彼此之间的联系，这对观众的记忆能力和理解能力都是新的挑战。在年长的观众那里,这一表现尤其明显,比如同样采用开放式叙事结构、拥有五条叙事线索的电影《疯狂的石头》是2006年上半年国产片票房冠军,然而年长观众对它并不买账。[①]

第二,美剧结构紧凑,超过了中国观众的期望。在美剧里,很难看到两个人对话超过一分钟,寥寥数语之后镜头就会切换。因为存在着多个角色,每个角色都要露脸,因此每个角色的出镜时间被压缩,每周只播出一集,在韩剧里三四集才能讲完的内容,美剧一集就讲完了,因此叙事节奏加快是美剧的普遍特征,其中一些热门电视剧更是扣人心弦。除了广告时间,观众上个厕所回来之后都会漏过精彩内容,收看时的紧迫感和由此带来的压力不符合中国观众的习惯。

第三,美国文化里对性的开放心态在中国根本行不通。《绝望的主妇》在央视播出时,里面有一段情节:女主角之一的苏珊裹着浴巾气呼呼地跟前夫理论,前夫上车关门,绝尘而去,车门夹住了她的浴巾,拖到地上。苏珊全身赤裸,房门又被风带上了,只能翻窗入户。为了避免邻居发现,她以树枝盆栽遮挡身体的重要部位,然而还是被自己暗恋的新邻居给发现了,令她更加尴尬。这一连串镜头笑料不断,在镜头里,苏珊裸体的重要部位都没有暴露,这段戏体现了她"傻大姐"天真单纯的形象。还有另外一段情节:另一位女主角加布里尔跟花匠偷情,丈夫中途回家进门,她把刚刚脱下裤子的花匠从窗户推出去,装作若无其事跟丈夫周旋。花匠穿着上衣隔着窗户跟她丈夫打招呼,接着镜头一转,从后面看,花匠下半身赤裸。在国内播出时,苏珊跟前夫理论的一组镜头被删掉,花匠跟丈夫打招呼的镜头保留,但他下半身的镜头被删掉。文化差异还体现在选择引进影视产品时的态度上,美国经典喜剧《老友记》(又译《六人行》)因为涉及性的内容太多而迟迟不能引进,收视率一直雄踞同时段全美第一的《犯罪鉴证科》(CSI)因为涉及暴力犯罪和引人不快的镜头(比如逼真的解剖人体镜头和鲜血四溅的案发现场)太多而无缘跟国内观众见面。

第四,翻译和配音方式受到诟病。英语跟汉语属于两种不同的语系,语法结构和表达方式存在很大差异,翻译会令原汁原味的内容失掉味道,很多美国幽默和笑料不能引起中国观众的回响。这里面固然有文化差异导致的翻译问题,如《绝望的主妇》里所有与"性"有关的词都被"爱情生活"或"卧室生活"代替,也

① 多线条的开放式叙事结构在中国古典小说里并不少见,比如《西游记》里唐僧师徒历经九九八十一难,每一难都是一个单独的故事;《红楼梦》除了宝、黛、钗之外,其他人物也有笔墨章节专门书写。然而在当下中国影视产品里,很少见到这种叙事特征的作品。

有配音方式不当的问题，如《绝望的主妇》是一部喜剧，语言轻松诙谐，口语化程度很高，然而央视配音首先强调发音标准清晰，配音之后的电视剧充满了刻意甚至夸张的抑扬顿挫，失掉了朴素而真实的日常情感。诗朗诵一般的配音不仅看过美版的观众不买账，就是初次看配音版的观众也会感觉很奇怪。

文化的接近性是一个很复杂的研究主题。已有的研究发现，不同文化之间的通约性和相似性会影响本土受众对国外文化产品的接收，而且本土受众人群的人口统计学属性也会影响他们的收看模式，其中，年龄是一个重要变量。在中国年轻人中间，美剧迷的数量并不少。2008 年，美国演员温特沃斯·米勒作为中国某服装品牌的代言人，来上海进行商业宣传活动。虽然他主演的电视剧《越狱》在中国内地从未正式播放，然而他的中国影迷人数众多，甚至有人从外地赶到上海专程看偶像一面。中国年轻受众通过网络下载能够绕过监管和法律限制，获得及时更新的美国文化产品。一旦有电视剧在美国正式播出，便有人将它下载、翻译字幕、重新上传，便利更多的人下载和收看。网民自发翻译和传播的美剧采用了“原音加字幕”方式，保留了更多美国文化元素，同时对受众的英语水平提出要求，这就意味着年轻人更容易掌握英语，也就更容易成为美剧迷。对美剧迷的多家媒体报道显示，他们的年龄大多在 30 岁以下，在校大学生或刚毕业大学生比例很高。[①] AGB—尼尔森公司在 2007 年上半年对广东地区的美剧观众收视调查发现，24 岁以下的人群占到了总人数的 43%，25—34 岁人群占 16%，在各种职业里，学生占了 34%。[②] 而且，美剧节奏紧凑、不会拖泥带水、内容推陈出新（韩剧几乎总是在讲一个团圆家庭的故事，而美剧里有医务剧、罪案剧、真人秀等等），因此在年轻人中间更有市场。

技术的进步扩大了年轻人对外交流的范围，也拉大了不同年龄人群的差异。央视引进播出的美剧之所以收视率不理想，很重要的一个原因在于播出时间安排在晚 10 点之后，收看者大多为年长的中年和老年女性观众，这些观众更喜欢韩剧、台剧和印剧里的传统价值观和家庭琐事。在关于广州地区星空卫视和华

① 参见 Howard W. French, “Chinese Tech Buffs Slake Thirst for U. S. TV Shows,” *New York Times*, August 9, 2006；陈赛、刘宇：《〈越狱〉的中国隐秘流行》，载《三联生活周刊》2006 年 12 月 18 日；胡凌竹：《当美剧遭遇央视》，载《新世纪周刊》2007 年 2 月 12 日；孙鹏远：《神秘的中国字幕组》，载《南国早报》2007 年 2 月 28 日；解青：《揭密网络发烧字幕组》，载《北京晚报》2007 年 4 月 30 日；秦于淳：《字幕组：好事打成擦边球》，载《法制晚报》2007 年 5 月 14 日；戴震东：《字幕组正当较劲时》，载《新闻晨报》2007 年 10 月 11 日；王佳敏、曹阳：《大学生热衷兼职美剧字幕翻译》，载《青年报》2007 年 10 月 14 日；胡瑛、李立志：《发烧美剧字幕组：只干活不拿钱》，载《广州日报》2007 年 11 月 13 日。

② 转引自文卫华、王圆、杨静、王苗：《从美剧的流行看中国观众对外来节目的接收》，http://academic.mediachina.net/article.php? id = 5607。

娱卫视的观众的调查中,研究者发现,年龄越小的受众,对这两个外资电视台节目上出现的过激言行就越接受,对西方、日本、韩国和台湾地区的生活方式就越接受。[①] 然而这个研究并没有发现受众年龄跟"对西方社会的物质欲望"、"对待性的态度"和"对待暴力的态度"这三个变量之间有任何统计学意义上的相关关系。同时,这个研究也发现,受众受教育程度越低,越喜欢西方和日韩台的生活方式,越赞同物质取向的生活态度。但是一个隐含的问题是:如果年龄越低的受众越接受西方生活方式,那么应该期望大学生比中年人更加赞同西方生活方式,但是20岁人群的教育程度可能高于50岁人群,那么到底是20岁大学生更喜欢西方生活方式,还是50岁中年人更喜欢西方生活方式?而且,即使年轻人接受了西方的生活方式,也不一定就看重物质欲望对人生的重要性,更不一定接受西方的性与暴力观念。这说明,我们需要更多实证数据来考察年龄及其他变量与受众对国外文化产品的态度之间的关系。

对其他国家的研究也发现,受众年龄越低,越容易接受外国媒介产品。有一次,研究者在巴西研究不穿鞋子在街头玩耍的孩子,三个男孩对他的第一个问题是:你怎么穿了这么一双老土的耐克鞋?

研究者:我在来巴西之前的三个月才买了这双鞋!

男孩们:你买这个旧型号也无所谓,嗯哈?为什么你不买空中飞人(Air Jordan)系列呢?

研究者:有什么区别吗?

男孩们七嘴八舌地告诉研究者,空中飞人系列能够跳得更高、跑得更快、给脚踝更好的支撑、穿着更透气等等。此情此景,研究者觉得自己正在看耐克鞋的广告片,只不过叙述者是巴西街头连普通鞋子都买不起的男孩。[②]

三、复杂的受众身份

对美剧《达拉斯》的研究发现,不同国家和地区的受众总是结合个人的社会地位、文化传统和意识形态氛围来形成自己的独特理解。比如荷兰的女性地位较高,女性结合自己追求男女平等的实践,对该剧流露出来的贬低女性的态度进

① 参见谢毅、杨洸:《跨国传媒集团旗下电视频道对受众的影响研究——以星空卫视和华娱卫视为例》,载《现代传播》2007年第3期,第9—13页。

② 参见 Patrick D. Murphy, "Chasing Echoes: Cultural Reconversion, Self-representation and Mediascapes in Mexico," in Patrick D. Murphy and Marwan M. Kraidy, eds., *Global Media Studies: Ethnographic Perspectives*, London: Routledge, 2003, pp. 257—275。

行了嘲讽，澳大利亚土著居民则看重剧中表露出来的对大家庭和血缘关系的重视。[①] 换言之，受众个人更多地在跟自己所处的文化打交道，而不是跟美国文化打交道，受众的态度和解读必须获得“自己的”文化的认可，来自美国电视剧和美国文化的肯定也必须得到“自己的”文化的理解才能够被确立起来。

如果我们接受“受众具有某种程度的主动性”这一观点，就会看到在全球传播的现实里，面对外来媒介产品时，种族、性别与阶级因素纠缠在一起，形成复杂的受众身份。关于南非大学生接收外国媒介产品的研究发现，较之高收入家庭学生，低收入家庭学生更倾向于接受体现了传统价值观念的媒介产品；换言之，社会地位高的人更乐意接受外来价值观念，而社会地位低的人更支持传统文化。[②] 然而，社会地位或者阶级这样的单一变量并不足以解释受众对国外媒介产品的态度，媒介产品所使用的语言（英语或是阿非利堪斯语）、种族（白人、黑人或其他人种）、教育程度、家庭居住地（城市或是乡村）、父母的职业（白领或是蓝领）等等变量都会影响同一所学校同一个班级里大学生对国外媒介产品的理解。

出身乡村、家庭收入较低、毕业于学费低廉的公立中学的黑人学生更喜欢听本土音乐，那些跟他们特征相反的学生则喜欢国外音乐，而且，考虑到南非种族隔离制度的长期影响，在所有变量里，种族是最重要的变量。在访谈里，大学生们都提到了他们基于自己的日常生活世界来选择媒介产品。出身农民和产业工人家庭的大学生很少接触国外信息和商品，因此也相应地缺乏对国外媒介产品的理解。他们经常会说：“我喜欢某某（本土）电视剧，因为我的爸爸和哥哥跟电视剧里演的一样，都是矿工，他们经常回家也谈论矿上的事情，我一看到电视剧就想起了他们跟我说过的事情”，“对我来说，南非电视剧更像是真人真事，他们说的是我知道的”，“一看到外国电视剧里面的人长得跟我不一样，我就没办法理解这些人在干什么”等等。与之相对比，出身富裕城市家庭的白人学生在谈论美国电视剧《欲望都市》（*Sex and the City*）时，纷纷表示：“照我看，这（即电视剧）就是我们的生活，它描述的是我们的状态”，“它跟本土电视剧很不同，但它讲了实话”，“它展现了一种整体的生活方式，而不是仅仅讲性，每个人都想找到理想的另一半，万里挑一的那一个”等等。大学生之间的差异如此之明显而深

---

① 参见泰玛·利贝斯和埃利胡·卡茨：《意义的输出：〈达拉斯〉的跨文化解读》，华夏出版社 2003 年版。

② 参见 Larry Strelitz, "Where the Global Meets the Local: South African Youth and Their Experience of Global Media," in Patrick D. Murphy and Marwan M. Kraidy, eds., *Global Media Studies: Ethnographic Perspectives*, London: Routledge, 2003, pp. 234—256。

刻,令研究者也感到惊讶。从另一个角度来看,这些差异可以看成是长期种族隔离制度将南非国内人群刻意分割的后果之一。隔离意味着分裂,这些大学生上不同的小学和中学,日常生活里讲不同的语言,吃的和穿的都是不同的商品,住在不同的社区里,往日生活经历的差异并不会因为他们在大学里同属一班而自动消失,反而不时跳出来,提醒研究者,也提醒研究参与者,更是提醒整个社会,这个国家里族群隔离的惨痛教训。

宗教和性别也会影响南非大学生的解读。出身穆斯林家庭的女大学生已经接受了父母为自己安排的夫婿,却赞赏电视剧对爱情至上的描写;她在周末跟同学出去喝酒,却反对美国电视剧对穆斯林恐怖分子的反面描写。看上去很矛盾,但是大学生们自如地在不同身份之间转换。对他们而言,身份如同衣服,在不同环境下要穿不同的衣服,在家里要遵守父母流传下来的传统,在学校可以表现得更现代、更摩登一些。受众能够分清楚现实与虚幻的区别,能够选择外国媒介产品里的部分内容为己所用,也能够以"太荒唐了"、"太假了"、"只有美国人才那样做"为理由抛弃其中部分内容。南非研究个案说明,外国文化产品在本土的传播,是一个不平衡的过程,本土受众对此的反应不是整齐划一式的,种族、阶级和性别变量纠缠在一起,形成受众对外国文化产品的理解。

然而,在关于中国大学生对美国电视剧《六人行》的解读的研究中,研究者却发现,那些更多接触美国影视剧的大学生倾向于以游戏的心态来评价这部电视剧,更少接触美国影视剧的大学生则往往把里面的人物当成真人真事来看待,并且把他们与自己的现实生活联系起来,因而受影响更大。[①] 来自江西某县的大学生几乎全盘接受电视剧里的信息,用剧中人物的言行指导自己的生活,"当我失落的时候看看《六人行》,我就会变得乐观起来,我就会想人家那么乐观,自己怎么能这么悲观呢"。来自北京的大学生则在访谈过程里自始至终保持着冷静态度,对剧中人物没有表现出特别的喜欢和反感,"我收看《六人行》刚开始时为了娱乐,现在还是为了娱乐","这毕竟是一部情景喜剧嘛,人物情节上肯定有夸张"。

看上去中国个案跟南非个案有冲突,但是仔细分析,其中的道理也可以解释得通。在南非个案里,即使是那些拒绝了美国影视剧的大学生,也是经过严肃的、情感投入的、参与式的分析之后才做出"拒绝收看"的决定;在中国个案里,

---

① 参见李丽颖:《美剧的跨文化接受研究——以中国大学生对〈六人行〉的解读为个案的分析》,http://academic.mediachina.net/article.php? id=5473。

喜欢美剧的大学生也是以严肃的态度对待电视剧,投入个人情感之后才做出“继续收看”的决定。虽然后果不同,然而接触机会较少甚至以前根本不接触美国媒介产品的大学生都采用了严肃认真的态度,混淆了美剧里的情节人物和自己的现实生活。他们的态度一致,却做出了不同的选择。这说明,外国媒介产品能够影响本土受众的态度,然而他们选择的结果,还要受到更多复杂因素的影响。

后　　记

从一个想法发展到一本书,其中包含着很多人的辛勤付出。我尤其感谢自己的母校和工作单位中国人民大学新闻学院。母校培养了我,用她的宽容平和无条件地接纳我,没有她提供的工作条件,就不会有这本书。

我还要感谢周丽锦和张盈盈编辑,她们的效率和认真令我佩服。我是个粗心且缺乏耐心的人,跟我这样的作者合作,一定耗费了她们很多精力。

本书部分内容参考了百度百科和谷歌学术搜索,搜索引擎改变了我们获取知识的方式,这也是全球化与媒体转型的后果之一。

由于个人才疏学浅,本书纰漏之处一定不少,欢迎各界人士进一步探讨,我的 email:chenyangruc@gmail.com。

陈　阳

2009 年 3 月 20 日